グローバル市場原理に抗する

静かなるレボリューション

自然循環型共生社会への道

小貫雅男　伊藤恵子

御茶の水書房

はしがき ― 解題にかえて

資本主義経済固有の不確実性と投機性、底知れぬ不安定性。とりわけ人間の飽くなき欲望の究極の化身とも言うべき、今日の市場原理至上主義「拡大成長路線」の虚構性と欺瞞性。そして何よりも目に余る不公正と非人道性、その残虐性は、いずれ克服されなければならない運命にある。

二〇一三年一月一六日、アルジェリア南東部、サハラ砂漠のイナメナスの天然ガス施設で突如発生した人質事件は、わずか数日のうちに政府軍の強引な武力制圧によって凄惨な結末に終わった。その後、メディアを賑わす話題は、この種の事件の今後の対策へと収斂していく。現地住民の立場をも視野に入れた公平にして包括的な本質論はほとんど見られず、もっぱら内向きの議論に終始する。こうした中、一月二八日、安倍首相は衆参両院の本会議で内閣発足後初めての所信表明演説を行った。演説の冒頭、アルジェリア人質事件に触れ、「世界の最前線で活躍する、何の罪もない日本人が犠牲となったことは、痛恨の極みだ」と強調。「卑劣なテロ行為は、決して許されるものではなく、断固として非難する」とし、「国際社会と連携し、テロと闘い続ける」と声高に叫び胸を張る。

一方的に断罪するこうした雰囲気が蔓延すればするほど、国民もわが身に降りかかるリスクのみに目を奪われ、事の本質を忘れ、ついには軍備増強やむなしとする好戦的で偏狭なナショナリズムにますます陥っていく。こうした世情を背景に、為政者は在留邦人の保護、救出対策を口実に、この時とばかりに自衛隊法の改悪、集団的自衛権の必要性を説き、憲法改悪を企て、国防軍の創設へと加速化していく。

　このような時であるからこそなおのこと、センセーショナルで偏狭な見方を一転しなければならない。当該現地の民衆が置かれている立場に立って、わが身の本当の姿を照らし出し、この事件を深く考えてみる必要があるのではないだろうか。

　他国の荒涼とした砂漠のただ中に、唐突にもここはわが特別の領土だと言わんばかりに、あたかも治外法権でも主張するかのように、頑丈で物々しい鉄条網を張りめぐらしたミリタリーゾーン。その中で軍隊に守られながら他国の地下資源を勝手気ままに吸い上げ、現地住民の犠牲の上に「快適で豊かな生活」を維持しようとする先進諸国。一方現地では、外国資本につながるごく一部の利権集団に富は集中し、風土に根ざした本来の生産と暮らしのあり方はないがしろにされる。圧倒的多数の民衆は貧窮に喘ぎ、外国資本と自国の軍事的強権体制への反発を募らせ、社会に不満が渦巻いていく。「反政府武装勢力」、そして各地に持続的に頻発するいわば「一揆」なるものは、資源主権と民族自決の精神に目覚めたこうした民衆の広範で根強い心情に支えられたものなのではないのか。これを圧倒的に優位な軍事力によって、強引に制圧、殲滅する。

　まさにこの構図は、今にはじまったことではない。アフガニスタンおよびイラク、イランをはじめとする中東問題が、再び北アフリカへと逆流し、さらには世界各地へと拡延していく。こうもしてまで資源とエネルギーを浪費し、「便利で快適な生活」を追い求めたいとする先進資本主義国民の利己的願望。それを「豊かさ」と思い込まされている、ある意味では屈折し歪められた虚構の生活意識。この欺瞞と不正義の上にかろうじて成立する市場原理至上主義「拡大成長路線」の危うさ。この路線の行き着く先の断末魔を、この人質事件にまざまざと見る思いがする。

はるか地の果てアルジェリアで起こったこの事件は、今までになく強烈にこれまでの私たちの暮らしのあり方、社会経済のあり方がいかに罪深いものであるかを告発している。と同時に、私たちの社会のあり方が、もはや限界に達していることをも示している。「拡大成長路線」の弊害とその行き詰まりが白日の下に晒され、誰の目にも明らかになった今、一八世紀イギリス産業革命以来、二百数十年にわたって拘泥してきたものの見方、考え方を支配する認識の枠組み、つまり近代の既成のパラダイムを根底から転換させない限り、どうにもにもならないところにまで来ている。

大地から引き離され、根なし草同然となった現代賃金労働者《サラリーマン》という名の人間の社会的生存形態は、今ではすっかり常識となった。一方こうした中で、人間は自然からますます乖離し、自らがつくり出した社会の制御能力を喪失し、絶えず生活の不安に怯えている。高度に発達した科学技術によって固められた虚構の上に築かれた危うい巨大な社会システム。人間は、自然から遮断されたこのごく限られた、僅かばかりの狭隘できわめて人工的な空間に幽閉され、生来の野性を失い、精神の虚弱化と欲望の肥大化が進行していく。今あらためて大自然界の生成・進化の長い歴史のスパンの中に人類史を位置づけ、その中で近代を根本から捉え直し、未来社会を展望するよう迫られている。

しかし、わが国の現状はどうであろうか。大胆な「金融緩和」、放漫な「財政出動」（防災に名を借りた大型公共事業の復活）、巨大企業主導の旧態依然たる輸出・外需依存の「成長戦略」。とうに使い古されたこの「三本の矢」で、相も変わらず経済成長を目指すという「アベノミクス」なるもの。戦後六十余年におよぶ付けとも言うべき日本社会の構造的破綻の根本原因にはまともに向き合おうともせずに、ただひたすら当面のデフレ・円高脱却、そして景気の回復をと、選挙目当てのその場凌ぎの対症療法を今なお性懲りもなく延々と繰り返す。むしろこのこと自体に、この国の政治と社会の深刻な病弊を見るのである。

歴史の大きな流れの一大転換期にあって今まさに必要としているものは、その場凌ぎの処方箋などではない。社会のこの恐るべき構造的破綻の本当の原因がどこにあるのか、その根源的原因の究明と、それに基づく長期展望に立った社会経済構造の深部におよぶ変革に、誠実に挑戦することではないのか。

大地への回帰。この素朴とも言うべき哲理こそが、行き場を失い混迷に陥った今日の社会を根本から建て直す指針となるのではないか。大地への回帰、これを空想に終わらせることなく、現実のものとするための大切な鍵は何か。本書では、近代のはじまりとともに生み出され、長きにわたって社会の基層を構成し、今ではすっかり常識となった賃金労働者という人間の社会的生存形態そのものに着目し、それ自身を根本的に捉え直すことによって、一九世紀以来の未来社会論が今日まで不覚にも見過ごしてきた問題を浮き彫りにし、そこから社会構築の新たなる道を探ろうとしている。

具体的には、本編第三章（「菜園家族」構想の基礎）で述べることになる週休五日制の「菜園家族」型ワークシェアリングによって、近代の歴史過程で大地から引き離された家族に、生きるに最低限必要な生産手段（農地や生産用具など）を再び取り戻すこと、つまり現代賃金労働者《サラリーマン》と生産手段との「再結合」を果たすことである。これは、いわば賃金労働者と農民という近代と前近代のこの二つの人格的融合による歴史的回帰《レボリューション》と止揚、すなわち二一世紀の新たなる人間の社会的生存形態の創出を意味している。これによって、相対的に自給自足度が高く、市場原理に抗する免疫力に優れた「菜園家族」が形成される。それはいまだかつて見ることのなかった、精神性豊かな、慈しみ深い、しかも大地に根ざして生きるおおらかな、素朴で繊細にして強靭な人間の誕生でもある。

　新しく生まれてくるこの「菜園家族」を社会の基礎単位に据えることによって、「家族」と「地域」による多重・重層的な協同関係成立の主体的条件が芽生えてくる。それはやがて、土壌学で言う団粒構造のふかふかとした滋味豊かな土を彷彿とさせる、きわめて自然生的《ナチュラル》で人間味溢れる、しかもグローバル市場原理に抗する免疫を備えた自律的な社会構造へと熟成していく。まさにこれは、人間存在を大自然界に包摂する新たな世界認識のもとに、自然の摂理とも言うべき、自然界の生成・進化を貫く「適応・調整」の普遍的原理（本編第十章「今こそパラダイムの転換を」で詳述）に則して、「抗市場免疫の自律世界」を構築していくことなのである。これこそが、今日の市場原理至上主義「拡大経済」社会に対峙する、二一世紀における「菜園家族」基調の自然循環型共生社会への道であり、静かなるレボリューションの名にふさわしい、長期にわたる耐える力と英知を内に秘めた本物の変革と言うべきものではないのか。このことなしには、もはやこの国の今日の事態の解決はありえないであろう。

　このレボリューションには、長い時間と根気が必要不可欠である。この自覚と覚悟がなければ未来はない。こうした変革への着手を遅らせ先延ばしにすればするほど、事態はますます悪化していく。それだけ解決の道のりは遠のき、困難を極めていく。そうこうしているうちに、恐るべき絶望の淵へと追い込まれ、この国の社会の混迷と世界の構造的矛盾は、いっそう深刻な事態に陥っていくことに気づかなければならない。

アルジェリア人質事件は、大切なもう一つのことを思い起こさせてくれる。圧倒的に強大な権力の圧政、弾圧、暴力に対しては、非暴力・不服従の忍耐強い抵抗運動をもって対峙する。これは、イギリス植民地支配下のマハトマ・ガンジーが苦難に満ちた実践から到達した、実に深くて重い思想である。この思想は、真の解放は暴力によっては決して勝ち取ることができないだけでなく、むしろ暴力によって暴力の連鎖をいっそう拡大させていくという、当時のインドと世界の現実から学びとり導き出された今日にも通ずる貴重な結論でもある。

嘆かわしいことに、今日の世界で起きている事態は、巨額の軍事費を費やし最新の科学技術の粋を凝らしてつくり上げた、政・官・財・軍・学の巨大な国家的暴力機構から繰り出す超大国の恐るべき軍事力と、自己と他者のいのちを犠牲にする方法によってしか、理不尽な抑圧・収奪に対する怒りを表し、解決する術のないところにまで追い詰められている「弱者の暴力」との連鎖なのである。かつてガンジーがインドの多くの民衆とともに「弱者」の側から示した精神の高みからすれば、大国の強大な軍事力すなわち暴力によって「弱者の暴力」を制圧、殲滅し、暴力の連鎖をとどめようとすることが、いかに愚かで恥ずべきことなのかをまず自覚すべきである。「弱者」が窮地に追い込まれ、そうせざるを得なくなる本当の原因が何であるかを突き止め、その原因を根本的になくすことに努力する。これ以外に暴力の連鎖を断ち切る道はない。

結局、それを突き詰めていけば、先にも述べたように、先進資本主義国私たち自身の他者を省みない利己的で放漫な生活のあり方、それを是とする社会経済のあり方そのものに行き着くことになるであろう。暴力の連鎖がますます大がかりに、しかも熾烈を極め、際限なく拡大していく今日の状況にあって、超大国をはじめ先進資本主義国の深い内省と、そこから生まれる寛容の精神、そして大国自身そのものの変革が何よりも今、求められている所以である。

ガンジーはイギリス資本主義の植民地支配と闘う中で、真の独立・自治（スワラージ）は単なる権力の移譲ではなく、インド再生の鍵は農村にあるとし、個人の自立と民族の独立の象徴として紡ぎ車を選び、村落の手仕事の伝統をインド経済の基礎に据え、スワデーシ（地域経済）を復活させようとした。今こそこの深い思想の核心を「弱者」のみならず、むしろ先進資本主義国私たち自身の社会に創造的に生かす時に来ている。

かつて人々は、現実社会の自らの生産と生活の足もとから未来へつながる小さな芽を慈しみ、一つ一つ育み、しかも自らのためには多くを望まず、ただひたすらその小さな可能性を社会の底から忍耐強く静かに積み上げてきた。人間は、このこと自体に生きがいと喜びを感じてきたのである。本来これこそが、生きるということではなかったのか。大地に生きる人間のこの素朴で楽天主義とも思える明るさの中に、明日への希望が見えてくる。これはまさに「静かなるレボリューション」の真髄にほかならない。

旧き世界に訣別し新たなる社会システムを構築するには、それをはるかに超える新たな認識の枠組みが必要になる。今こそ迷いやためらいを断ち切って、一八世紀産業革命以来長きにわたって囚われてきた近代の呪縛から、解き放たれなければならない時に来ている。この重大なパラダイムの転換を成し遂げてはじめて、近代を画する新たなる世界、すなわち市場原理に抗する免疫的自律世界、つまり「菜園家族」基調の自然循環型共生社会構築の道は、次第に切り開かれていくであろう。変わらなければならないのは、中東やアフリカやアジアの人々ではない。何よりもまず、先進資本主義国の私たち自身なのである。

21世紀人々は、大地への回帰と人間復活の高度自然社会への壮大な道を歩みはじめる。

目次

プロローグ ― 東日本大震災から希望の明日へ

九・一一ニューヨーク・マンハッタンの超高層ビルの崩落は、今も私たちの脳裏に焼きついて離れない。二〇〇一年のことであるから、あれから早や十余年の歳月が過ぎようとしている。今、世界覇権の巨大なシステムは、あの時の予感が的中したかのように、自らが抱える矛盾によって崩れようとしている。そして、世界を揺るがすその根源的矛盾は、日本社会の深層にもおよび、抑えがたい地殻変動をもたらす。諦念と反転への思いが錯綜する長い苦悶の中から、人々はいよいよ覚醒の時代へと動きはじめる。

今こそ私たちは、戦後六八年の歴史から深く学び、与えられた上からの「政策」ではなく、自らの頭で考え、自らのすすむべき道を探り、主体的に行動し、自らの地域を自らの手で築きあげていく時代を切り拓いていかなければならない。

戦後六八年を振り返ると、私たちはあまりにも為政者の上からの「政策」に振り回されて来たのではなかったのか。そしてまたしても、「平成の開国」の喧伝とアメリカ主導の環太平洋経済連携協定（ＴＰＰ）強行の動きの中で、さらなる多国籍巨大企業、巨大金融資本優先の政策が打ち出され、外需依存型市場原理至上主義「拡大経済」の極限へと突き進んでいく。農業・農村をはじめ、中小・零細企業は壊滅的な打撃を蒙り、「家族」や「地域」は、ますます衰退への道を辿らざるを得なくなるであろう。ＴＰＰ参加によるカネ勘定の「メリット」、「デメリット」の試算どころの話ではない。わが国は今まさにその土台を揺るがす重大な歴史的局面を迎えようとしているのである。

底知れぬ
深い闇に沈む
閉塞の時代
私たちはあまりにも目先の瑣事
その場凌ぎの処方箋に惑わされ
そこから一歩も抜け出せずにいる。
今、私たちにもっとも欠けているものは
元々あったはずの人間の素朴さであり
確かな意志をもって
遠い不確かな未来へ挑む
精神なのではないか。

あのときの衝撃を一時の「自粛」に終わらせてはならない

二〇一一年三月十一日、東北・関東を襲った巨大地震と恐るべき巨大津波、そして、東京電力福島第一原子力発電所の大事故は、私たちが日常に安住し抱いてきたこれまでの幸福感や人生観、さらには自然観や社会観をはじめ、科学・技術のあり方に至るすべての観念をもことごとく打ち砕いた。

一八世紀イギリス産業革命にはじまる近代とは、成長を前提にした時代である。したがって、実に長きにわたって多くの人々の心を捉えていたものは、「成長はいいこと」、「ゼロ成長などとんでもない」、ましてや「脱成長なんてあり得ない」という考えであった。

3・11は、この近代の成長神話を根底からくつがえす、実に衝撃的な出来事であった。まさに私たちは、3・11によって近代文明終焉への大きな分水嶺に立たされた。これまでの価値観の大転換なしには、もはや生き延びることができない時点に差しかかっていることを知らなければならない。今となっては、せめてこの自覚が、そして自粛の念が一時的なものに終わらないことを切に願う。

ところがどうしたものか、一ヵ月も経つか経たないうちに、すべてを忘れ何もなかったかのように、テレビにはお馴染みの商魂たくましい派手なコマーシャルが早々と復活する。人々の欲望をこれでもかと掻き立て、購買欲を煽り立てる。そして、大震災に真剣に向き合い、被災地の状況を伝え、支援の手を差し伸べようと努力する報道の一方で、しばらく休止されていたかつての番組が旧態依然たる姿のまま頭をもたげはじめ、瞬く間に勢いを増していった。被災地では依然として苛酷な状況が続く中、多くの人々の癒されぬ苦しみや悲しみを尻目に、相も変わらぬ低俗なバラエティー番組が息を吹き返し、四六時中、日常の暮らしの中に這入り込んでくる。今どき何がそんなにおかしいのか、たわいもないことにおどけ、ニヤニヤ、ゲラゲラ、馬鹿騒ぎに興じ浮かれている。

こうした番組の合間を縫うように、ワイドショーでは、代わり映えのしない有識者や学者や評論家が登場し、復旧・復興を語る。いかにももっともらしい口調で、「過度な自粛は経済を停滞させ、企業活動を衰退させることにつながるので、被災地の支援にはならない」と、偏狭な市場理論もどきを振りまわし、まことしやかに実に巧妙な手口で、震災前の「成長戦略」なるものの軌道に引き戻そうとするのである。そこには、時代への根源的な問いかけや省察は微塵も見られない。

はたまた政治・経済・社会問題を題材にした討論形式のバラエティー番組では、似たり寄ったりの面々がずらりとゲストに招かれ、不真面目きわまりないふざけた態度で時評や政治談義にうつつを抜かし、意図的に一方的な考え方を茶の間に垂れ流す。おどけを入り混ぜながらの実に巧妙な手口で、世論を操作、誘導する。電波のもつ公共性など、もはや眼中にない。報道の公正・中立はすっかりかなぐり捨て、無責任に好き勝手したい放題である。そうこうしておいて、いざ選挙である。

やがて結果が出ると、候補者は「民意」を得たとばかりに傲慢になる。住民自治の精神からはほど遠い何の縁もゆかりも無い実に怪しげな「地域主権」を振りかざし、上から目線の「大阪都構想」なるものに従わない者はすべて敵に仕立てる。独裁統治をカモフラージュするために、「決定できる民主主義」をと、がなり立てる。対話と称しながら、人には発言の暇《いとま》すら与えず、一方的に遮二無二まくし立て押しまくる。果てには市長の業務命令だとして、市職員全員を対象に、憲法第一九条が保障する「思想・良心の自由」をも踏みにじる「アンケート調査」を強要し、自分の命令に従わない者には「処分」をちらつかせ、威嚇する。これだけでもファシストの資質躍如たるものがある。束の間の人気旋風にあやかろうと、どいつもこいつもすり寄っていく。何と哀れでおぞましい光景か。今や代議制民主主義の根幹は揺らぎ、地に落ちた。これほどまでに堕落した政治風土も、メディアも、世界でもめずらしいのではないだろうか。いつからこんなことになったのか。暗い時代への逆行を憂える。

私たちが3・11を機にあらためてこうした放送番組の異常さに気づいたとすれば、それ以前の私たちとは、一体、何だったのであろうか。私たちは、実に恐ろしく歪められた情報の氾濫に自己を見失い、思わぬ方向に誘導されていたのではなかったのか。

大震災の瓦礫に圧し潰され、津波の不気味な濁流に多くのいのちが、家が、一瞬のうちに押し流された。放射性物質拡散の不安と恐怖の底知れぬ深い闇に、すべてが沈んでいった。なおも懸命に生きようとする被災地の人々の姿が、脳裏から離れない。おそらく全国各地の多くの人々がこうした心境の中、自問を繰り返しながらこれまでの暮らしのあり方や人生観を深く反省し、あらためようとしているのではないだろうか。決して一時の「自粛」に終わらせてはならない。

あれから二年二ヵ月が過ぎた。あの悲惨なあまりにもむごい災難を忘れたかのように、あるいは、あらゆる巧妙な手を弄して忘れさせようとしながら、またもや市場原理至上主義「拡大経済」の奥底に潜む得体の知れない巨大な怪物が息を吹き返し、頭をもたげ蠢《うごめ》きはじめている。こうした動きに打ち克ち、一人ひとりが自らの意識を変え、いかにその状況に対抗する基軸を確立できるのか。新たな理念のもとに、被災地の真の復旧・復興ができるかどうか、そしてさらには、日本のこの現実を変えることができるかどうかは、長い至難の道のりではあるが、このこと如何に大きくかかっていると言ってもいいであろう。つまり、被災地復興の問題は、被災地の当事者だけに限られたことではなく、まさに私たち自身の未来のゆくえを真剣に考えることなのである。

誠実な心から、きっと希望の明日は見えてくる。

「原発安全神話」の上に築かれた危うい国

私たちはこれまで市場原理至上主義アメリカ型「拡大経済」の延長線上に、化石エネルギーとそれに代わる「夢のエネルギー」原子力に下支えされた文明にしがみつき、経済の発展とよりよい暮らしを際限なく追い求めてきた。しかしそれは、ことごとく裏目に出た。長い歴史の中で培われてきた人間の絆は分断され、地域コミュニティは衰退し、「無縁社会」という実に人類史上まれに見る異常事態を現出させた。人間にとって本源的な農林漁業を衰退させ、農山漁村の超過疎・高齢化とともに、都市部への人口集中と巨大都市の出現を許し、それを放置してきた。

今や東京への一極集中に対する不安と恐怖も、いよいよ現実のものになってきた。今回の大震災時に発生した首都圏での交通麻痺や「計画停電」、放射能の拡散、水・食料・その他生活必需品の買い込みによる混乱状況からも、多くの人々がその恐ろしさをひしひしと実感したはずだ。首都圏直下型や東海、東南海、南海地震が起きたら、そのパニック状態だけをとっても計り知れないものがある。

経済成長の日陰となった僻地に原発を集中させ、遠隔地の大工業地帯や巨大都市の電気需要を賄う電力供給システムは、「原発安全神話」を喧伝し、住民を欺きながら構築されてきたものである。このたびの巨大地震と津波と福島原発による複合災害は、東北地方に広がる農林漁業の基盤に壊滅的な打撃を与えたばかりでなく、家族を引き裂き、人間のいのちに、そして長い歴史の中で培われてきた人間の絆と地域のコミュニティの息の根に、最後のとどめを刺しかねないものとなっている。

そればかりではない。憂慮すべきは、原発に下支えされた市場原理至上主義「拡大経済」は、人間の心をとことん麻痺させ、恐るべき精神の退廃へと追い遣っていくということなのだ。財界や為政者たちや「科学者」たちは、「原発は安全です」と人を欺き推進し、これほどの大惨事を引き起こしておきながら、その舌の根の乾かぬうちに、今度はもっとずる賢く「経済成長のためには」、「国家国民のためには」と人を欺きながら、他国に原発を輸出し、金儲けをしようというのである。それを恥じようともしない。どこまで精神が病み、落ちぶれたら気が済むのであろうか。この精神の退廃は、ごく限られた原発推進者にとどまらない。やがて広く人々の心を蝕んでいく。その意味でこれは、大多数の国民にとって決して無縁などとは言っていられない、実に根深い問題なのである。

誰のための復興構想なのか

東日本大震災後ほどなく、論壇やマスメディアにおいて、大震災前の旧態依然たる価値観が早くも息を吹き返し、それに基づく見解や復興への提言が次々と出され、横行したのには驚かされた。

大震災から三週間も経つか経たないかのうちに新聞に発表された梅澤高明氏の提言「東北に未来都市をつくろう」（朝日新聞、二〇一一年四月二日付「耕論 ―3・11再起」）などは、その典型である。今後のためにも、少し長くなるが引用しておこう。

（前略）私たちは青森市や富山市などで進む「コンパクトシティー」の発想を取り入れた大胆な地域づくりを、政府関係者に提言しています。

コンパクトシティーとは、都市機能と集合住宅を中心部に集約した利便性の高い街のことです。この未来型の都市を東北の農村にいくつかつくりましょう、そこにみんなで住みませんか、という提案です。

この地域は高齢化と人口減少が進み、しかも広大な土地に集落が転々と存在しています。これを前提にインフラや公共サービスを復旧し、医療や介護を続けるには膨大なコストがかかり、効率も悪すぎます。

そこで、まず海岸から離れた危険度の低い土地をいくつか選びます。それぞれの中心部には免震・耐震構造の高層ビル群を建て、そこに行政機関や商業施設、医療や介護施設、そして住居が入ります。高層ビルは津波からの避難場所も兼ねます。

中心部の住居は、お年寄りに入ってもらいましょう。歩ける範囲で、すべてがまかなえるようになります。介護サービスをする側も目が届きやすい。周辺部は子ども世代です。おじいちゃん、おばあちゃんが孫の顔を見に行くのもすぐです。将来、子ども世代が年をとったら中心部に移り住む。こういう発想です。

外側には広い土地ができます。ここに田畑をつくり、コンパクトシティーから通えば、年をとっても安心して農業を続けられるでしょう。生活の質は確実に上がるはずです。（中略）

それぞれのコンパクトシティーは、（中略）先端的な特色を持たせる。

例えば高度な高齢者医療の集積地をつくるとか、産学協同の再生・循環型エネルギー推進地にするとか、東北ならではの温泉・食・スキーをパッケージにした観光基地にするとか。「農業の工業化」、つまり生産から加工・調理・包装までを取り込んだ新たな形態をつくるのもいいかもしれません。（中略）

財源ですか？ 国内だけで考える必要はありません。世界にはコンパクトシティーを支援する会社もある。外国の資金やノウハウ、人材を持ってくることも考えてほしい。（中略）

もちろん、土地所有など私権の大幅な制限が必要です。（後略）

この記事に添えられた略歴によると、梅澤氏は、一九六二年生まれ。日産自動車勤務を経て、アメリカ大手経営コンサルティング会社のA・T・カーニーへ。二〇〇七年から同社の日本代表。経済産業省のクール・ジャパン官民有識者会議の委員であるという。

さすがにアメリカの大手コンサルティング会社の日本代表であるだけに、徹底した市場原理主義者である。大震災からまだひと月も経たないうちに、被災地の人々の知らないところで、アメリカ金融資本参入をはじめ、外国からの人材投入等々を目論む言動から垣間見えるものは、「復興」を食い物にした新たな利権をめぐって政・官・財・学が一体となって蠢動する姿である。

氏は、3・11大震災が起こる数ヵ月前、二〇一〇年十一月九日付でWEBサイトに掲載された講演録の中で、こう語っていた。

「日本は、……国内産業がばらばらであるためになかなか世界でうまく戦えていません。その状況を打破するひとつのきっかけとして有り得る話が、『生態系輸出』というストーリーです。たとえば、原子力や火力発電設備に高圧の送電設備、さらには発電オペレーションをセットで売っていく戦略です。……東芝や日立といった重電メーカーと東京電力やJ-POWERのような電力事業者がセットで海外の大型案件をとりに行く。そして発電所を納入する設備需要だけでなく、その先二〇年～三〇年と続く発電オペレーションやメンテナンスの需要をとりにいくという戦い方です」（オンライン経営情報誌『ＧＬＯＢＩＳ．ＪＰ』、二〇一〇年十一月九日付掲載講演録「グローバル超競争と日本経済の復活」より）。

そして今度は、東北のコンパクトシティーという大型案件をセットでとりに行くという戦い方なのか。かつて、人を殺す武器を売って巨利に群がる者を国際政治学者の岡倉古志郎氏は、「死の商人」と呼んだが、果たしてこれは、何と表現したらよいのだろうか。

梅澤氏は、大震災前の同じこの講演の中で、次のように続けて語っている。

「さらに言えばＥＶのエコシティ。最近では『スマートシティ』とか『スマートコミュニティ』とか、色々な呼びかたをされていますが、不動産開発の領域から街のコンセプトを考え、分散型発電を行うエコタウンをつくるという事業です。ここにマイクログリッドやスマートメーター、あるいは充電ポストといった関連サービスを組み合わせたら、相当大きなプロジェクトになりますよ。しかも日本はそれら分野ですべて技術要素を持っています。それを組み合わせて大きく売りましょうというのが生態系輸出ですね」。

続々と現れる復興への目論見

こうした考え方は、梅澤氏に限ったものではない。同じような見解や構想案が次々に出てくる。氏と同じ二〇一一年四月二日付の朝日新聞社説「復興再生ビジョン ― 希望への一歩構想しよう」では、「例えば仕事と生活の場を極力分け、住居は高台に置く、『職住分離』を原則に考えたい。……一人一人の高齢者が分散して暮らすのではなく、一定の地域に集中して住み、病院通いや買い物など気楽に出来る街を作りたい。そのモデルになる中核都市を東北各地に作れないか」と述べている。先に引用した梅澤氏のコンパクトシティーに酷似した考え方である。復興財源については、「現行消費税に上乗せして課税する方法も考えたい」としている。

また、同じ日付の同紙記事によると、菅首相（当時）は、「すばらしい東北、日本をつくるという夢を持った復興計画を進める」と強調。三陸沿岸の再生策については、「山を削って高台に住むところを置き、海岸沿いの水産業（会社）、漁港まで通勤する」「植物やバイオマスを使った地域暖房を完備したエコタウンをつくり、福祉都市としての性格を持たせる」などと説明した、と報じられている。

さらに、同紙二〇一一年四月一七日付記事では、菅政権は「津波被害を受けた各地の農地を集約して大規模化を進める一方、壊滅した小さな漁港も拠点ごとに集約するための法案を今国会に提出する方針を固めた。東北地方を新たな『食糧供給基地』と位置づけ、攻めの復興策を目指す」とされている。「規制も緩和し、農業生産法人などの新規参入を促す」という。

そこには、農林漁業、ひいては農山漁村の衰退の原因をつくってきた過去の政策に対する省察も反省も見られない。もともと農林漁業は、家族を基盤に自然と人間と地域の有機的一体性の中にあってはじめて、本来の繊細にして豊かな機能を十二分に発揮し成り立つものである。戦後の農政は、経済成長と引き替えに、農林漁業が持つこの固有の特性をないがしろにし、農林漁業と農山漁村を衰退へと追いやってきた。菅政権、それを引き継いだ野田政権、そして二〇一二年十二月に政権復帰した自民党安倍政権は、この大震災を機に、今度は軽率にも圧倒的多数を占める中小家族経営を排除し、本格的な規模拡大と効率化をさらに徹底した形で推し進めることによって、その同じ誤りをまたもや繰り返そうとしている。これでは、日本の農山漁村に最後のとどめを刺しかねない重大な失策を犯すことになるであろう。

これまた朝日新聞二〇一一年四月一六日付の土曜版『ｂｅ』では、日本政策投資銀行参事役の藻谷浩介氏を二ページにわたって大々的に喧伝。氏は、その数日前、政府の復興構想会議の下に設けられた検討部会のメンバーに指名されたところである。この記事によると、氏は、新書のベストセラー『デフレの正体』（角川グループパブリッシング、二〇一〇年）の著者であり、学者でも評論家でもなく、銀行員であるという。

氏は、この著書にこう書いている。「……水だとか、ワインに日本酒にお米に野菜に果物に肉、そして装飾品、服飾雑貨についても、日本製品は世界最高だと、車がやってきたのと同じようにアジアの金持ちに言わせることができるか、そこが本当に命をかけてやるべき競争なのです」。また、こうも書いている。「ハイブリッドカーの場合の言い訳は実利面と理想面と二つもあります。前者がエコカー減税や買い替え補助金であり、後者が『地球環境を考えるのはいいことだ』という大義名分です。このように利得とタテマエと両方の言い訳があれば、人間は抵抗少なく購買行動に走ります」。

このいかにも軽い市場原理主義者が、同じ著書の末尾に、何の脈絡もなく「私が深い確信をもって想像するのは、『多様な個性のコンパクトシティたちと美しい田園が織りなす日本』の登場です」と述べるのである。そのあまりにも大きな落差には、これまた驚きである。

藻谷氏は、大震災後ほどなくして出された雑誌に寄せた文章の中で次のように述べ、この記事を、復興構想会議第三回検討部会（二〇一一年四月二九日）での自らの報告「震災復興と今後の日本の戦略」

の添付資料の一つとしても提出している。「首都圏は大きな揺れに見舞われたが、壊滅的な物的被害があったわけではない。だが、電車が止まり、電気が消えてしまったことが、人々の不安感を煽った。『これはただごとではない』と、消費へのマインドを一気に冷やしてしまった。そこに被災地の不幸を悼む自粛ムードが重なった。（中略）過度の自粛が経済に何をもたらすか、人々はまだ気づいていない。『これまでの消費の多くは無駄だったのではないか』と消費行動を反省する動きも出てきている。（中略）しかし、お金の流れを止めたときに、何がもたらされるのか。（中略）この先、『無駄な消費』がはげ落ち、憑きものが落ちたように、ライフスタイルが変わってしまう恐れすらある。そうなれば、待っているのは、経済の逆回転だ。なぜ、そこまで想像が及ばないのか。嫌な予感がしてならない」（『プレジデント』二〇一一年四月二五日発売の五月一六日号掲載記事より抜粋）。

「浪費が美徳」とするこうした経済思想は、藻谷氏に限ったものではない。大震災と原発事故の大惨事の直後においてもなお、このような考えが根強いことに驚かざるを得ない。こうした考え方に基づいて、被災地の人々の知らないところで復興のビジョンについていつの間にか話が進められ、ある時突然、上から押しつけられてきたとしたら、たまったものではない。

復興構想私案の震源地はここにあり

『文藝春秋』二〇一一年五月特別号（四月九日発売）で、日本経団連会長の米倉弘昌氏は、「震災に負けない『日本経済復興プロジェクト』」と題する文章の中で、次のように述べている。

「昨年十二月、経団連は日本経済の復活・再生に向けた民主導の競争力強化のためのアクションプランとして『サンライズ・レポート』を発表した。……その中の目玉ともいえる『未来都市モデルプロジェクト』は、全国十二の都市・地域に環境、エネルギー、ＩＴ、医療、交通、農業などの分野で日本企業が有する最先端の技術を結集し、革新的なシステムやインフラの開発を行っていく計画だ」。

たとえば農業分野については、「最先端技術を駆使した先進農業に取り組む。具体的には、ＧＰＳを使って農機や無人ヘリコプターの自動運転を行うほか、農薬や肥料を精密散布する。さらには、ＩＴ技術を使った農作物の生産、流通の工程管理に取り組む」という。「このような最先端の技術に基づいた革新的なシステムやインフラが完成すれば、これを国内に広く展開すると同時に、海外に輸出していくことで、日本の新たな成長産業を生み出すことができるだろう」とし、「現在、政府は日本が卓越した技術を持つ新幹線などを世界に積極的に輸出することで、新たな成長の原動力としようとしている。経済産業省はインフラ輸出関連のＧＤＰが二〇〇七年の一・一兆円から、二〇二〇年には一三・四兆円になると予測しているが、この『未来都市モデルプロジェクト』が成功すれば、その額はもっと増えるはずだ」と続けている。

この引用の中で内容の一部が紹介されている「先進農業・教育推進都市」のほか、日本経団連の『サンライズ・レポート』には、未来都市モデルプロジェクトとして、「スマートシティ」、「先進医療・地域医療連携と地方観光資源の融合による日本型ツーリズム地域活性化」、「アジアにおける物流先端都市」など十三の具体的プロジェクトが挙げられている。そして、これら未来都市モデルプロジェクトの実施場所については、「インフラ整備や事業展開のしやすさ、地域活性化への貢献などの観点から、とりあえず人口二〇万から三〇万人程度の区域を中心に、実証実験の内容や地域特性、さらには、自治体の意欲などを勘案して柔軟に判断する」とある。

この『レポート』には、さらに「本プロジェクトが連携を予定している政府の総合特区制度は、二〇一一年の通常国会に関連法案が提出され、早ければ二〇一一年春には特区の提案募集、二〇一一年夏から秋頃には特区の指定が行われる見込みである」と書かれている。

国会は、国権の最高機関であったはずだ。財界のいわば私的機関に過ぎない経団連界隈でお膳立てされたプロジェクトなるものが、政府の特区制度と連携すべく、その関連法案が国会の日程まで約束され国民に見えないところで準備されていたのには、驚かされる。大震災によってこのスケジュールは若干遅れてしまったとしても、復興の切り札を装い、強引にすすめられていくにちがいない。

ここで先に一部簡単に触れた梅澤氏、朝日新聞社社説、菅首相（当時）、藻谷氏、これら諸氏のコンパクトシティーなるものには、なぜかお互い見事に相通ずるものがある。それらの背景には、かなり以前から準備されてきた経団連の『サンライズ・レポート』と気脈を通ずる一連の様々な動きがあったのであろう。震災からひと月も経たないうちに、競うように続々と類似の提言があらわれてきているのも、やはり背景にこのような事情があってのことにちがいない。震災後の今となっては、被災地の復興は、経団連の「未来都市モデルプロジェクト」を推進する、あるいはそれに乗る絶好のチャンスとばかりに、その周辺を蠢きはじめたということなのであろう。

財界の意を汲む復興構想の末路

経団連の『サンライズ・レポート』がまとめられ公表されたのは、二〇一〇年十二月のことであった。それは、一九八〇年代、アメリカが国内製造業の大苦戦を強いられる中で、自国産業の国際競争力を回復するためのプランとしてまとめた『ヤング・レポート』の取り組みをヒントに、財界主導でかなり以前から準備されてきたものであろう。東日本大震災直前に菅内閣によって打ち出され（二〇一〇年六月一八日閣議決定）、野田内閣に引き継がれた「新成長戦略」なるものの本質も、もとを正せば実は財界主導のこうした動きの中で、その意を受けて出されてきたものであると言える。こうした事情を含めてこれらを「新成長戦略」と呼ぶならば、大震災後の民主党政権の一連の動きも、震災以前の旧態依然たるこの「新成長戦略」に、何の反省もなくただひたすら追従しようとするにすぎないものではなかったのか。震災後ただちに発表された前掲『文藝春秋』（二〇一一年五月特別号）誌上での米倉経団連会長の発言は、大震災後もこの「新成長戦略」を変更することなく推進する決意を、あらためて表明したものにほかならない。

その後二〇一二年十二月に政権復帰した自民党安倍内閣が、大震災による時代転換の重大な歴史的意味を深く認識することなく、震災以前につくられた財界主導の方針にただただ追従し、相も変わらずこうした成長戦略路線のもとに被災地の復興を性急に上から押しつけていくならば、取り返しのつかない大きな誤りを犯すことは目に見えている。

特に東北地方は、戦前からも、そして戦後六八年の歴史の中でも、たえず大都市部へとヒトとモノを送り出し続けてきた結果、農山漁村地域の過疎・高齢化がもっとも進んだ地方の一つである。長きにわたって続けられてきた過去の政策のツケに加え、この大震災によって最後のとどめを刺されかねない事態に陥っていることを忘れてはならない。東北被災地の復旧・復興の困難さは、天災のみならず、人災、しかも今の一時期ではなく歴史的に蓄積されてきた様々な要因による複合的な人災によるものなのである。

効率的であるからといって、周縁の広大な農山漁村と切り離した形で都市機能を中心部に集約し、快適なコンパクトシティーを急ごしらえする発想は、これまで人工的な巨大都市で贅沢な生活を享受し、農林漁業のなりわいやその多様な機能・意義を肌身で知らないごく一部の都市エリートによる、財界の意を汲んだ思いつきでしかない。それは、決して東北地方の人々のために考えられたものではない。大切なのは、戦後一貫して経済成長の犠牲となり、放置され見過ごされ、未解決の大きな問題を抱えたまま取り残されてきたこの広大な東北の農山漁村をどのようにして再生していくのか、という課題意識のもとに、そもそも地域とはいかにあるべきかを今こそ根本から考えなおすことなのではないか。東日本大震災からの復興にあたって、地域づくり、街づくりのあり方を論ずるのであれば、少なくともこうした考察を抜きにしては考えられない。それは、全国各地の地域についても言えることである。

かつて高度経済成長の時代に、地方の農山漁村から大都市への人口移動が急速にすすむ中、時代の要請に即応するかのように、大都市郊外の農地や林野を開発して、大規模な宅地造成をし高層アパート群を建て、その地域のもともとのなりわいや伝統とは切り離された形で続々と巨大ニュータウンを建設していった。大阪の千里ニュータウン（一九六二年入居開始）、東京の多摩ニュータウン（一九七一年入居開始）がその代表的な典型である。高度成長の波に乗って地方から出てきた若者は、やがて家庭を持ち、甘い夢を抱いて住みついていった。

あれから四〇年経った今日、かつて最先端の街であったこのニュータウンも、急速に進む少子・高齢化の波の中で実に奇妙な街へと変貌を遂げた。人口の年齢構成は過疎地並みとなり、高齢者の単身世帯も増加している。生活を営む人々にとって、当初から住みやすいとは言えないものであったこの近代的都市は、今や高齢住民の医療・介護問題、経済的困窮化、「孤独死」、さらには建物やインフラの一斉老朽化など、新たに深刻な問題を抱え、「都市の限界集落」と揶揄されるにまで至っている。わずか四〇年の歴史的変貌である。長期展望のないままコストや効率といった近視眼的で偏狭な経済的側面にとらわれ、人間らしい営みや近所同士の関わりあい、家族の成熟や世代継承などを軽視し、地域の自然に根ざしたなりわいとは隔絶した形で極めて人工的に急ごしらえする都市開発が、いかに危険きわまりないものなのかを、この事例からも学ぶ必要があろう。

大震災から一〇ヵ月が過ぎた二〇一二年一月三〇日、国立社会保障・人口問題研究所は、五〇年先の二〇六〇年までの『日本の将来推計人口』を公表した。これは、公的年金、医療、介護など社会保障の財政見通しをはじめ、さまざまな政策立案の基礎データとなるものである。それによると、日本の総人口は、二〇一〇年の一億二八〇六万人をピークに減少し、五〇年後の二〇六〇年には三割減の八六七四万人まで減るという。二〇一〇年が高齢者一人を現役世代二・八人で支えるいわば「騎馬戦型」社会とすれば、驚くべきことに二〇六〇年には現役世代一・三人で支える「肩車型」社会に変わるという。

政権担当者は、こうした「予測される事態」を前にしても、このデータを逆手にとって、このままではわが国の財政は破綻し、ギリシャのようになると問題をそらし、「社会保障と税の一体改革」なるものを唱える。巨大資本、富裕層優遇の今日の不公正税制には手をつけようともせずに、それが庶民、中小・零細企業いじめになろうとも、とにかく消費税増税なのだと血眼になって訴える。さらには社会保障の給付水準の引き下げ等々に至っては、事の本質を見究め、今日の社会の行き詰まりの根源に迫ろうとする姿勢はまったく見られず、まさに財界言いなりのその場凌ぎの対症療法に終始する。

この『将来推計人口』が予測するこの事態は、決して不可抗力の自然災害などによるものではない。少なくとも戦後六十数年の長きにわたって私たち自らがつくりだしてきた、いわば人災というべき積年の積み重ねの結果にほかならない。なぜわが国の社会は、このデータが示す事態を招くような体質に陥ってしまったのか。まさにこのことが問われているのだ。

カネと現物給付のみに頼る政府の少子化対策にしても、それはその場凌ぎの当面の救済措置になりえても、この『将来推計人口』が予測する絶望的とも言える「人口世代構成の歪み」の深刻さからすれば、それだけでは決して根本的な解決にはならないのではないか。この「予測される事態」には、大地から引き離され、本質的に不安定で脆弱な現代賃金労働者《サラリーマン》という今日の人間の社会的生存形態を歴史的にどう位置づけ、どう評価するかという問題に端を発して、生産と暮らしのあり方、それに規定される家族や地域のあり方、さらには社会構造全体にまでおよぶ実に根源的な問題が横たわっているのである。

今こそ私たちは、あらためて戦後史六十数年を振り返り、なぜこのような絶望的とも言える深刻な「人口世代構成の歪み」を生み出す脆弱な社会的体質に陥ってしまったのか、この国の家族や地域のあり方にまでおよぶ社会の深部のメカニズムとその歴史にしっかり向き合い、温存に温存を重ねてきた積年の構造的矛盾とその原因を明らかにし、それを根本的に解決するためには何をなすべきなのか、そして社会そのもののあり方を今後どのように変えていくべきなのかを、真剣に考えなければならない時に来ている。

私たちは、自然や歴史への根源的なまなざしと長期的な展望に立ってものごとを考える力を、今こそ取り戻さなければならない。

二一世紀未来像の欠如と地域再生の混迷 ― 上からの「政策」を許す土壌

3・11を機に政府や財界をはじめ、大手シンクタンク、コンサルタント、有識者などから出される見解や提言の特徴は、エネルギーや資源の無限利用と経済の際限のない拡大を前提にした、従来型の経済成長路線の延長上にあらわれた地域構想であり、社会構想であるという点にある。

このような上からの構想が出てくるのも、無理もないことなのかもしれない。こうした上からの「政策」に対し、科学的に批判し、かつ批判にとどまることなく、さらにその対抗軸となりうる透徹した包括的な未来への展望と、それに基づく有効で具体的な対案を提示し得ずにいるのは、それを導き得る理論的大前提となるべき二一世紀における新たな未来社会論の探究と深化が、平時の普段からあまりにも不活発で不十分であったことによるものであろう。わが国においてはマスメディアをはじめ論壇や言論界は、欧米などと比べても、あまりにも「経済成長」の枠内での細部の差異にこだわる議論を繰り返し、その時々の目先の施策に終始したものであった。つまり、こうした狭い枠組みを超えた、まさに未来を展望し得る根源的な論究は、極力避けられてきたように思う。「ゼロ成長」とか「脱成長」とか「ベーシック・インカム」といった社会構想にしても、ほとんどがたまたま欧米から輸入される翻訳書の紹介程度にとどまるのである。それすらも単発的な紹介記事に終わり、継続してさらに議論が深められることはほとんどない。ましてやわが国の現実から出発し、そこから未来への新たな可能性を独自に見出していこうとする気風や土壌は、あまりにも欠如していたのではなかったのか。

この欠如こそが今、大震災からの復興をはじめ、わが国の将来を長期ビジョンのもとに描くことを困難にしている。それは、二一世紀を長期的展望に立って見通すことができる、しかもわが国の現実から出発した地道な議論が、「失われた一〇年」とか「失われた二〇年」などと繰り返し騒がれながらも、その間、実に長きにわたって封印されたまま、今日に至るまでなされてこなかったこと、つまり、私たち自身の二一世紀未来社会論の不在に遠因があると言わざるを得ない。この現状をまずしっかり自覚しておく必要があろう。

先に梅澤氏の見解を取りあげたのは、それをただ批判すればそれで済むと言うことではもちろんない。また、それが目的でもない。震災直後から、氏と類似の復興への見解や提言が次々に出されていることと自体に驚いているからである。それは、震災によってこれほど壊滅的な打撃を受けたにもかかわらず、3・11以前の国民の思想的土壌が今なお払拭されずに、依然として根強く存在し続けているからなのであろう。冒頭でも敢えてテレビ番組を例に触れたように、由々しきことは、国民を3・11以前の意識状況に引き戻そうとする得体の知れない大きな力が絶えず体系的かつ系統的に働き、それがますます強まってきているという現実である。いわば経済成長論の枠組みから一歩も外へ出ようとさえしない内輪の議論が、文明史の流れを分けるとまで言われているこの未曾有の非常事態を体験してもなお、延々と繰り返されているのには、それなりの根深い理由があると見なければならない。

新たな二一世紀の未来社会論を求めて ― 本書の目的と構成

3・11から早や二年と二ヵ月が経った。私たちは、文明史の一大転換期としておそらく後世に記憶されるであろうこの東日本大震災の惨禍の耐え難い体験を通して、まさにこの渦中からこれまでのものの見方、考え方を支配してきた認識の枠組み、つまり近代の既成のパラダイムを根本から変えるよう迫られている。

原発がこれほどの脆さと危うさを露呈した今、エネルギー政策を根本から変えなければならない。いかなる弁解ももはや必要ではない。原発廃絶を明確に定め、現存のすべての原発の再稼働ゼロを厳守し、国内新設も海外輸出も禁止しなければならない。原子力ビジネスの国際競争の激化と大国の軍事力学的思惑の中で、核燃料の原料ウラン鉱の開発によって大地を荒らされ、核廃棄物の貯蔵・最終処分を押しつけられるモンゴルのような「世界の辺境」の人々を思えばなおさらのことである。同時に、太陽光、太陽熱、風力、地熱、小水力、バイオマスなど、地域に適した小規模かつ再生可能な自然エネルギーを生み出し、それを「地産地消」する地域分散型のエネルギーシステムへの転換を計っていくことが急務である。

しかし、ここで忘れてはならないことは、これまでの生産と消費と暮らしのあり方をそのままにして、それに必要とされるエネルギーや資源（レアメタル・レアアースを含む地下鉱物など）の消費総量の削減を一切問わずに、ただ単にエネルギー源を新エネルギーに転換しさえすればそれで済む、という問題では決してないということだ。人間の欲望のおもむくままに際限なく生産を拡大し、エネルギーと資源の消費量の増大を野放図に放置しておく今日の経済社会の仕組みのままでは、この慢性的エネルギー不足病も、資源開発が生む自然破壊と社会問題も、どこまで行っても解決されない。あまりにも大地からかけ離れ、市場原理に翻弄されてきた今日の私たち自身の暮らしを深く省みて、家族に農ある暮らしを組み込むことによって、自らの体内に市場原理に抗する免疫力を高め、後に本編第三章で述べることになる新しいライフスタイルを創出し、それを地域社会の基底にしっかりと据えることができるかどうか。時代のこの転換期にあって、今このことが厳しく問われているのである。

このことを抜きにして、大量生産・大量消費・大量破棄型のこれまでの市場原理至上主義「拡大経済」下の生産と消費と暮らしのあり方は、根本から変えることはできないであろう。それは、生産手段（自給に必要な最小限の農地と生産用具など）から引き離され、根なし草同然となった賃金労働者という人間の社会的生存形態を前提とする、一八世紀産業革命以来の近代社会のあり方からの脱却にほかならない。生産効率が多少下がろうとも、モノが少なくなろうとも、再び家族に自立の基盤を取り戻し、大地に根ざしたよりおおらかで精神性豊かな自然循環型共生の暮らし、つまりグローバル市場原理に抗する、原発のない「免疫的自律世界」を時間がかかっても着実に築きあげていくことにこそ、希望があるのではないか。

私たちは今から十余年前の二〇〇〇年に、二一世紀の未来社会論として「菜園家族」構想を初めて公表した。二〇〇一年からは、滋賀県の琵琶湖に注ぐ犬上川・芹川の最上流、鈴鹿山中の限界集落・大君ケ畑《おじがはた》に里山研究庵Ｎｏｍａｄという拠点を定め、彦根市・多賀町・甲良町・豊郷町の一市三町を含むこの森と湖を結ぶ流域地域圏《エリア》を地域モデルに、農山村地域とその中核都市の調査・研究に取り組んできた。こうした地域の現実を組み込みつつ、理論的にもこの「構想」をより深めながら数次にわたって検討を加え、その都度改訂を重ね今日に至っている。これら一連の著作（本項の末尾に列挙）は、自然と人間、人間と人間との関係を深く見つめ、二一世紀の人間のあるべき社会的生存形態を根源から問い直し、「家族」や「地域」を新たな視点から捉え直しつつ、目指すべき日本社会の未来像について探究した論考である。それは、二一世紀未来社会論へのささやかな試論となっている。

本書は、3・11を機に近代文明終焉の分水嶺に立たされたまさに今、この「菜園家族」構想の意味するところをあらためて吟味し、今日の新たな時代状況を組み込みながらまとめたものである。これまでにも言及し、本書の中でも展開している時代認識や二一世紀未来社会構想の核心部分は、私たちが直面している被災地の復興においても、そして二一世紀社会の再生のためにも、その基本理念、基本原理として生かされなければならない、という思いを今あらためて強くしている。

市場原理至上主義アメリカ型「拡大経済」が破綻に瀕し、これまでの経済社会体制がいよいよ終末期を迎えようとしているまさに今、私たち自身の社会が、そして人類がイギリス産業革命以来、近代のパラダイムに囚われそこから脱却できずに長い間抱え込んできた思想的・理論的負の遺産にも、いよいよ本格的に目を向け、それを清算し、そこから二一世紀未来への確かな手がかりをつかまなければならない時に来ている。そのためにも私たちは今ここであらためて、少なくとも一九世紀近代に遡り、人類が資本主義をいかに超克しようと努力してきたのか、その足跡を辿ることによって、今日の事態の解決への手がかりを探り当てなければならないと思っている。本書をまとめるにあたって、序編「あらためて近代の淵源に立ち返って考える」を敢えて設定したのもそのためである。

序編では、近代の胎動とともに現れてきたさまざまな思潮を辿るとともに、経済学原論としての『資本論』の現代的意義を今日の時点からあらためて確認する。その上で、今から百数十年前の一九世紀半ばという、いわば時代的制約のもとで構想されたマルクスの未来社会論の限界と欠陥に刮目する。この限界と欠陥をあらためて今日の視点からより厳密に検証するならば、後世においてしばしば論争の的になった資本主義超克としての未来社会論、なかんずく未来社会に至るプロセスをめぐる議論の混迷の原因がいよいよ明らかになってくるであろう。今日までなされてきた大方の議論は、実に長きにわたって、経済学原論としてのマルクスの卓越した学問的理論体系と、そこから論理上導き出される未来社会論の両者を峻別することなく、むしろ敢えて混同することによって、マルクス未来社会論の時代的制約による理論的限界と欠陥を曖昧にしてきたのではなかったのか。

本書の本編「二一世紀の社会構想 ―グローバル市場に対峙する免疫的自律世界の形成」では、その理論的限界と欠陥を克服し、自由な発想のもとに、特に3・11後の二一世紀世界の現実を組み込み、かつまたわが国自身の地域の現実に立脚した生命本位史観（本編第十章「今こそパラダイムの転換を」で詳述）とも言うべき新たな歴史観に基づき、二一世紀の私たち自身の新たな未来社会論を展開していく。

それは、3・11という近代文明の大きな分水嶺に立たされたまさに今、少なくとも近代の淵源に立ち返り、もう一度、人間が、なかんずく人間の精神が、そして社会の基層を成す家族と地域がなぜこうも衰退してしまったのか、この根源的な問いに同時に答え得るものでなければならない。そして、一九世紀の未来社会論に代わって、どのような私たち自身の新たなる二一世紀の未来社会論を構築し得るのか。またその展望のもとに、より具体的な指針となるべき地域構想をどのように描くのか。読者は本書とともに模索していくことになるであろう。

こうする中で、今日の地域の混迷や絶望的とも言える「人口世代構成の歪み」の真の原因とその本質も、その意味するところも、そして何よりも今日の社会の閉塞状況を打開する糸口も、歴史の長いスパンの中で明らかになってくるに違いないと思っている。この至難の営為の中にこそ、人間の本源的とも言える絶えざる探求心と創造の喜び、生きる力を見出すに違いない。

※ これまでに公刊された「菜園家族」構想に関する一連の著作は、左記の通りである。

『週休五日制による三世代「菜園家族」酔夢譚』(小貫雅男、Ｎｏｍａｄ、Ｂ5判・八九頁、二〇〇〇年)
『菜園家族レボリューション』(小貫雅男、社会思想社・現代教養文庫、二〇八頁、二〇〇一年)
『森と海を結ぶ菜園家族 —21世紀の未来社会論—』(小貫雅男・伊藤恵子、人文書院、Ａ5判・四四七頁、二〇〇四年)
『菜園家族物語 —子どもに伝える未来への夢—』(小貫・伊藤、日本経済評論社、Ａ5判・三七三頁、二〇〇六年)
『菜園家族21 —分かちあいの世界へ—』(小貫・伊藤、コモンズ、四六判・二五五頁、二〇〇八年)

序編　あらためて近代の淵源に立ち返って考える

人類史は
自然への回帰と止揚《レボリューション》の
壮大な運動である

今なぜ近代に遡るのか

今からおよそ十年前の二〇〇三年九月一六日ことであった。午後一時すぎ、テレビの画面に突然、ニュースが飛び込んできた。

激しい爆音とともにビルの窓から炎が噴き出し、間もなく激しい黒煙が上がった。場所は、名古屋市東区のオフィスビルで、刃物を持った男性がガソリンのようなものをまき、人質を取って立てこもったこの事件は、発生から約三時間後に、その男性を含む三人が死亡、四〇人以上が負傷する惨事となった。

あまりにも凄惨な十年前のこの過去の事件を、ここで今敢えて取り上げるのはなぜか。順風にのり、経済成長たけなわの一時期、現代資本主義の本性はすっかり影を潜めたかのように見えていた。しかし、二一世紀に入ってまもなく起きたこの事件をもう一度生々しく思い起こし、その背景を垣間見る時、近代初期資本主義の粗暴で露骨な搾取とは違い、真綿で人の首を絞めるような陰湿、狡猾な手口で現代賃金労働者を苦しめ、貧困のスパイラルへと追い遣っていく仕組みが、現代日本社会の隅々まで頑強に張りめぐらされていることにあらためて驚かされる。そして、現代資本主義が表面ではすっかり変わったかのように見えながら、実はその本質は近代初期資本主義以来、一向に変わっていなかったどころか、むしろより巧妙かつ大がかりに、社会を地域を根こそぎ衰退させ、果てには人間の精神をもとことん蝕み、社会を混迷の深い闇に落とし入れていることに気づかされるのである。この序編では、今日のわが国のこの現実にあらためて刮目し、そこから近代の淵源に立ち返ってもう一度その本質を考え、その克服の糸口を探ることからはじめたいと思う。

さて、この男性は、立てこもった後、そこにいた支店長に軽急便の本社に電話をかけさせ、「七、八、九月の未払い分の給与二五万円を振り込め」と委託運送代金の振り込みを要求。同社によると、契約料は二ヵ月後に支払う約束で、男性には七月分を九月一九日に支払う予定だったという。黒煙とともに窓ガラスや書類が飛び散ったあの光景は、今でも鮮明に脳裡に焼きついて離れない。

新聞報道によると、押し入って死亡したこの男性（当時五二歳）は、中学校を卒業、建具会社に一五年間勤めた後、運送会社など四社を転々としていた。その後、食品会社では配達業務を担当。同僚の社員は、「仕事はきっちりまじめだった」と話している。前に勤めていた運送会社の社長（当時五一歳）も、「無断欠勤ゼロで有休もほとんど消化せず、まじめ一筋」と評している。近所の方は、事件の一年ほど前、この男性の妻から、「貯金を食いつぶしたから、私もパートで働く」と聞いたという。

事件の数ヵ月前に、この男性は軽急便の会社と委託契約を交わし、経費込みで約一〇五万円の配達用バンを購入。頭金六〇万円を払い、残り四五万円を六〇回払いで返済している途中だった。実際には事件のあった年の三月末ごろから働き始め、六月までに支払われた委託運送料は月平均一〇万円程度、周囲の人には給料が安いと愚痴をこぼしていたという。高校生の娘さんと息子さんと妻の四人暮らし。名古屋という大都会のただ中で、この収入では一家四人がとても生活できるものではなかった。困り果てたこの男性は、早朝に新聞配達もはじめたという。

少しでもましな別の仕事口があったとしても、今の会社に借金で縛られている身では、職を変えようにも変えられない。どうにも身動きできない窮地に追い込まれた挙句の事件であったようだ。借金返済のためだけに労働を強いられる「債務奴隷」という制度が、経済大国を誇る高度に発達したこの現代日本の社会にもあったことが、白日のもとに晒されたのである。日本の社会は、一国の首相ともあろう者が、「人生いろいろ、社員もいろいろ」などと、そんな呑気なことを言っていられるような状況ではない。

この事件は、たまたま起こった特殊なケースとは思えない。今流行《はやり》のパート、フリーター、派遣労働者。そのどれひとつとっても、これでは使い捨て自由、取り替え自由の機械部品同然ではないだろうか。これほどまでに人間を侮辱し貶めたものもない。完全失業者三八五万人、フリーター四一七万人、自殺者年間三万四四二七人（数字はいずれも二〇〇三年事件当時）の現実から、起こるべくして起こった事件であったと言わざるを得ない。

この事件が新聞やテレビで報道されたのは、事件当日を含めてわずか二日間であった。あとは何事もなかったかのように、街の賑わいは日常に戻り、人はそ知らぬ顔でまた急ぎ足に歩きはじめる。茶の間のテレビのチャンネルも、いつものように、何がそんなにおかしいのか、四六時中、つまらぬギャグに空《から》笑いの大騒ぎである。

特に現代の若者の大半は、時給いくらのアルバイトに慣らされながらも、「賃金労働者」という社会的存在については、あまり突き詰めて考えることもないようだ。人類史上、遠い昔から今に至るまで、現在の「働き方」が永遠不変のものとして存在し続け、これから先もいつまでも続くごく当たり前のものとして、何の疑問もなく見過ごされているのだ。そこへもってこの事件は、あらためて「賃金労働者」という人間の社会的生存形態が、大地から遊離した根なし草のように本質的にいかに脆く不安定なものであり、いかに非人間的で惨めな存在であるかをあらためて気づかせてくれた。

「賃金労働者」は、資本主義形成の初期の段階とは違って、高度に発達した現代資本主義の今日では、賃金の格差や職階制による待遇の様々な違いによって、階層分化がすすみ、その内実は単純ではなく、複雑な様相を呈している。したがって、今日、社会の圧倒的多数を占める都会の勤労者を、一口で「賃金労働者」という概念で捉えがたいことも事実である。しかし、今日の深刻な不況下で、パートや派遣労働者など不安定労働者の比率がますます増大し、比較的恵まれ安泰であると思われてきた大企業の正社員であっても、突然のリストラによっていとも簡単に職を奪われてゆく現実に直面すると、「賃金労働者」という概念の本質が、今ほどあからさまな形で露呈した時もないのではないかと実感される。

こうした中で、この事件は、私たちに極めて強烈な形で、「現代賃金労働者」の問題をあらためて歴史を遡って根源的に捉え直すよう迫っている。二百数十年前の昔、産業革命によって社会が激動していた時代に、私たちの先人たちが真剣に考え取り組んだように、二一世紀の初頭にあたって今、私たちは、あらためて人間とは一体何なのか、そして、人類史上、人間はどのような生存形態を辿り、さらに未来へむかってどこへ行こうとしているのか。このことについて、現代社会の圧倒的多数を占めているこの「現代賃金労働者」に焦点を当て、いよいよ考えなければならなくなってきたのである。

ところで、終戦を青少年期にむかえた世代は、ほとんどの人々がそうだったのであるが、戦後の廃墟と飢えと漠然とした不安の中で、未来へのほのかな希望を胸に、心の奥底から湧き出ずる何かに突き動かされるように、中・高・大学などでの学校教育や、あるいは独学に励み、精神的にも何か手応えのあるものを求めて学んできたように思う。今から思えばそれは、一国にしか通用しないあの偏狭で忌々しい思想の呪縛からの脱却であり、壮大な人類史的視野に立つ世界の普遍的な知の遺産を、戦後日本の歴史学や経済学研究が引き継ごうとしたものであったのかもしれない。

そしてそれらは、学問の世界ではいざ知らず、世間一般、とくに今日の若い世代には、はるか過去のものとして忘れ去られてしまった。しかし、それらを今、あらためて謙虚にここでのテーマに則して振り返ってみると、意外にも新鮮な形で甦ってくるのに気づく。と同時に、今、私たちが生きているこの現代資本主義社会が、あらためて人類史の全過程の中に、首尾一貫した透徹した論理でくっきりと照らし出されてくるのに気づくのである。そして今、私たちが突き当たっている状況とその課題が何であるのかも、より明瞭になってくる。古臭いと烙印を押され、洗い流されてしまった数々の理論的諸命題が、イギリス産業革命以来、二百数十年におよぶ人類の苦渋に満ちた数々の闘いと現実の実践的経験を組み込みながら、修羅場にも似た現代の行き詰まった状況の中で、改めて「否定の否定」として、生き生きと活力ある新たな命題に甦り、あらわれてくるのを感じるのである。

それは、旧ソ連邦の崩壊とともに高らかに謳いあげられた資本主義勝利の大合唱が、その後の世界の事態の進展によってまたたく間に色褪せ、しかも一八世紀以来、人類が身をもって苦闘し明らかにしてきた資本主義そのものに内在する運動法則が、かえってこの法則自体によって導かれ陥っていく現実によって、皮肉にも検証される結果に終わろうとしていることと無関係ではない。

少々長くなるが、本書で取り組むべき二一世紀の未来社会論の構築という課題と関連して大切な論拠にもなってくるので、まず序編では、古いと断罪され烙印を押されたこれらいくつかの諸命題にも触れ、一八世紀イギリス産業革命を起点に胎動する近代初期資本主義から、今私たちが生きている二一世紀初頭の現代資本主義に至る二百数十年の歩みを大まかに辿りつつ、それぞれの時代の特徴や特質、それにその時々に浮上してきた問題や解決されずに残された課題などを整理しながら考えていきたいと思う。

こうすることによって、本編で述べる「菜園家族」とそれを基盤に成立するＣＦＰ（Capitalism・Family・Public）複合社会（本編第三章「菜園家族」構想の基礎）の歴史的位置が、人類史の長いスパンの中でどんなものであり、そしてその果たすべき歴史的役割が何なのかが、あらためてより明確になってくるのではないかと思っている。

(1)　一九世紀イギリスにおける恐慌と新たな時代への胎動

世界で初めての恐慌と悪循環

一八八六年十一月五日、フリードリヒ・エンゲルスは、マルクスの『資本論』英語版の序文（邦訳、岩波文庫）で、当時のイギリスの状況について、次のように述べている。

「イギリスの産業体制の活動は、生産の、したがって市場の不断の急速な拡大なくして不可能であるが、いま休止状態に入ろうとしている。……一八二五年から一八六七年にいたる間つねに繰返された停滞、繁栄、過剰生産および恐慌という一〇年の循環は、たしかにそのコースを走り終えたように思われる。その結果は、ついにわれわれを、継続的で慢性的な不況という絶望の泥沼にもっていってしまったのだ。好景気という待ちこがれた時期はこないだろう。われわれはあんなにもしばしば好景気を予告する徴候を見たと信じた。しかし、あのようにしばしば空しく消え去った。その間、くる冬もくる冬も新たに問題が繰返された、『失業者をどうする?』と。しかし、一方失業者の数が年々増大しているのに、この問題に答える人は一人もいない。」

ここまで読まれて、はたと今日のわが身日本に引き寄せて考えられた方も少なくないだろう。それから百数十年ののち、アジア大陸の東海の果てに浮かぶわが列島でも、人々を一時期沸かせた成長率一〇パーセントを超える高度経済成長と、その後の収束。そしてバブルの崩壊、引き続く先の見えない長く深刻な不況。今は誰も信じなくなってしまったので、すっかり聞かれなくなったあの経済担当相の、桜の花が咲く頃には、とか、梅の花が散る頃にはなどという、しばしば繰り返された景気回復への期待。百数十年前のイギリスの状況に、あまりにも似ているのに驚かされるのである。と同時に、資本主義に内在するこの不況と恐慌の問題を未だ解決できずに、今日においても繰り返している人類の不思議さと愚かさに、苛立ちをおぼえる人も少なくないのではないだろうか。

一八二五年から一八六七年までの間、一〇年ごとにイギリスをおそった世界ではじめての恐慌と悪循環。民衆におそいかかる、むごくて厄介きわまりないこの新しい妖怪の出没に、人々はしかし、ただおののき手をこまねくだけではなかった。目前の冷厳な現実に直面して、それを克服し乗り越えようとし、一九世紀以来、人類は並々ならぬ思いと努力で、実にさまざまな思索と実践を重ねてきた。その後もその努力は続けられ、今日に至っている。その思索と実践の試みは、もちろんことごとく未完におわっている。だからこそ今、私たちは、二〇〇年におよぶこうした先人たちの努力をあらためて振り返り、大切なことを掘り起こし、謙虚に公正な態度で学ばなければならない時に来ているのではないだろうか。

俗流政治的偏狭さや、私的利得や、ささやかな名誉欲から、実に真摯な新しい思索や実験に対しては、容赦なく安易なレッテルを貼って退け、あとは自己の思考を停止させ、付和雷同し、もっぱら保身につとめる。こうしたことの繰り返しが、いかに多かったことか。そして、二一世紀の今日においてもなおも繰り返されている。それは、権力をわがものにしているごく一部の少数者に限ったことではない。ごく普通の一般の大多数の民衆がこの偏狭さに訣別を告げ、公正さの側に敢然として立たない限り、人類に残されたこの二〇〇年来の課題の解決をはるか遠いところに置き去りにしたまま、先送りを繰り返しつつ、ずるずると現状に流され、やがては破局へと転落していくほかないであろう。

ケインズと並んで二〇世紀を代表し、また戦後日本の高度経済成長の理論的支柱ともあがめられた経済学者シュムペーターは、一九二六年に出版した著書『経済発展の理論』（邦訳、岩波文庫）の中で、「恐慌は経済発展の転換である。そしてその限りにおいてのみ、われわれは恐慌を問題にしようと思う。〝恐慌〟という表現もこの場合に限りたい。他のすべての場合はわれわれにとって原理的に興味のない不幸でなければならない」とも述べている。

なるほど経済学者であれば、冷静さを装ってでも経済学の範疇にとどまっておれば、それで済むのかもしれない。しかし、今日の現代世界は、そう言っていられるほど呑気な状況ではない。人類は、資本主義とともに歩んだ二〇〇余年というわずかな歴史の間にも、いくたびかの不況や恐慌を繰り返し、そのたびごとにその解決の手段として戦争を選ぶ誘惑にすらかられ、現にそのような悲惨な事態を体験してきたし、今もその危険に晒されている。

今では日本でも一般の人々にもよく知られている、二〇世紀最大の経済学者といわれるケインズは、一九三六年に出版した『雇用・利子・および貨幣の一般理論』（邦訳、東洋経済新報社）の中で、経済学の「パラダイム」を示した。のちにこれが「ケインズ革命」と呼ばれることになるのであるが、経済全体の雇用、生産、消費、投資、政府支出、貨幣供給量といった集計された量を変数として、その相互関係、因果関係を考え、モデルをつくり、そこから、ある変数を動かせばどんな効果が生ずるか、したがって、「どんな政策をとればよいか」についての明快なノウハウをしめしてくれるマクロ経済学を構築したということが、「ケインズ革命」の主な中身となっている。

ケインズは、こうしたモデルから、政府が財政支出を増やすことで総需要を拡大する政策が有効だ、という結論を引き出している。資本主義は、病気になることもある。治療を誤れば、命取りになることもある。一九三〇年代の大不況の経験は、そのことを教えてくれた。人体（経済）のメカニズムについて正しい知識をもち、その上で治療法を編み出さなければならない。……これが、ケインズの立場だった。

今日、この前提を心底から信ずる人は、あまりいなくなってきたようだ。霞ヶ関の官僚たちが経済運営に有効な手だてをもっていないことも、ようやく分かってきた。さらに困ったことに、今の日本では、型通りのケインズ政策を繰り返しても、国家財政の累積赤字が増えるばかりで、企業倒産や失業者は増加の一途を辿る。効果を発揮できるどころか、かえって日本経済は深刻な長期不況と行き詰まり状態に陥り、人々は苦しむことになった。

ケインズは未来を予測して、「大きな戦争も人口のきわだった増加もなければ、一〇〇年以内（二〇三〇年まで）に経済的問題は解決されてしまうか、あるいは少なくとも解決のめどが立っているだろう。このことは、未来のことを考えてみると経済上の問題は人類にとって永遠の問題ではないことを意味している」、とも述べている。これは、あまりにも楽観的に過ぎた見解ではないだろうか。そうした考えに立てるのは、資本主義経済が不可避的に不況や恐慌を繰り返し、おおくの民衆を苦しめ、そして不況や恐慌を引き金に世界戦争への危機すらはらんでいる世界の事態を、ヒューマニズムの精神から捉えることができないところに、その根本原因があるように思えてならない。

世界は今、イギリス資本主義の勃興期とは比較にならないほど巨大な生産力と、世界のすべてを焼き尽くし、破壊し尽くすことができるほど壊滅的な破壊力を持つ核戦力を保持し、人々は一触即発の危機に日常的に晒されている。二〇〇一年のニューヨークにおける九・一一、その直後のアフガニスタンへの報復攻撃、矢継ぎ早におこなわれたイラクへの先制攻撃。あれからおよそ一〇年。二〇一一年に入ると、北アフリカ・中東では、石油利権独裁体制に異議を申し立て反抗する民衆の蜂起が燎原の火の如く広がり、大国の思惑によるイラン・シリアをめぐる情勢は、いよいよ緊迫している。

一方、先進資本主義国においても状況は深刻だ。二〇〇七年夏、アメリカにおけるサブプライム危機の顕在化から二〇〇八年のリーマン・ショックに至る世界金融危機によって、いまだ経済危機から脱出できず、債務危機、雇用情勢悪化など、改善の兆しは見えない。アメリカでは失業率が高止まりし、二〇一一年、多くの若者たちが格差の拡大やマネー資本主義のツケを国民に回す政治への怒りを「ウォール街占拠運動」への参加で表明し、そのうねりは全米から全世界へと広がっている。ヨーロッパでは、ギリシャやイタリアなどの財政危機に端を発し、ＥＵの根幹が揺らいでいる。事態の打開策として期待されている成長戦略にも決め手が見出せず、ヨーロッパ経済不安は中国などにも波及し、世界経済全体への影響が懸念されている。

日本では輸出依存型経済の脆弱性が露呈し、賃金の低迷や超円高のもと、国民の暮らしや中小企業の経営は、いよいよ困難に直面した。さらには東日本大震災からの復旧・復興、原発、ＴＰＰ参加問題を抱え、巨大資本と国民との矛盾は、これまでになく激化している。それは、首相官邸前に持続的に結集する、これまでには見られなかった広範な市民による大規模な抗議行動の高まりと、全国各地への波及に現れている。これらどれひとつとっても、世界の危機的状況がいかに深刻で、かつ現実味を帯びてきているかが分かるはずである。

今日の世界危機の根源に何があるのかを見究めるためにも、恐慌と悪循環の要因と、その克服のために注がれてきた実に数々の先人たちの努力の跡を辿りながら、今日私たちが直面する課題の解決の糸口を探っていきたいと思う。そのために何よりも大切なことは、繰り返しになるが、俗流政治的な偏狭からくる安易な決めつけや、これまた使い古されてきた安易なレッテル貼りの悪しき習性からの訣別でなければならない。その上で大切なことは、唯一それが大多数の民衆にとって、究極においてどうなのか、この一点によってのみ、公正さは問われなければならないのである。

人類始原の自然状態

今ここで一旦、人類始原の自然状態に立ち返って考えてみよう。

はるか古い時代からたびたび、すぐれた哲学者や思想家や詩人たちは、人々の苦悩やそれゆえの強烈な憧れを代弁するかのように、人類始原の自然状態における私有財産なき自由で平等な人々の共同生活を、けがれなき理想状態として賛美してきた。そして本来、人は神や仏によって平等につくられたものであり、生命、自由、財産についての権利は、譲るべからざる自然権であると考えてきた。それは、生の全体的統一性を謳い得た古代神話の世界に対して、現世は分裂と不平等の時代であるとするアイロニーを主体の無限遡行的な自己反省の契機にして到達していく、自然な成り行きでもあった。つまり、人間の歴史が、この自然状態を歪めてきたのだと考えるのである。

時代をくだって、『ユートピア』の著者トマス・モア（一四七七〜一五三五）も、労働者の運命は、今や重荷を負った獣の運命よりみじめであり、貨幣というううぬぼれが、すべての害悪の根源である。耕地の囲い込みによって、かつてはおとなしかった羊が農民と土地を食い潰していると指摘し、農業をあくまでも基礎とし、農業人口と都市人口の交替制や、分権的な州議会制を想定した、単純で贅沢を知らない農的生活を描いている。

その後のフランス革命も、最終的には、中・下層民衆の立場に立つ徹底した社会変革へと進展していく。資本主義的市民的枠を乗り越えて、土地を農民へ全面的に分配し、有産者の投機的利得を統制し、経済生活の実質的平等をめざしたのである。

後で触れるロバート・オウエン（一七七一～一八五八）もまた、人間の自然状態への回帰を夢見て、その夢に近づくべく、さまざまな考えをめぐらしていった。工業と農業、都市と農村の再結合、分業による労働の単純化の克服、直接民主主義の可能な分権的で自立的な共同生活などは、すべてその方向をめざすためのものであった。

スイス・ジュネーブの富裕な僧侶の家に生まれ、銀行家となり、フランス革命当時、父とともに投獄されたシスモンディは、『経済学新原理』（一八一九年）を著している。その中で、資本の蓄積が、農民の収奪を通じて消費需要をせばめ、その結果、消費を超える生産の過剰が生じ、窮乏がそこから生じざるをえないとし、その解決の方策として、生産と所得と人口の理想的均衡体系を、家父長的農耕生活への復帰によって回復することを提唱している。このシスモンディのロマン派社会主義は、のちにレーニンが社会主義運動の初期に批判したロシアのナロードニキに受け継がれていく。

こうしたきわめて古い時代から絶え間なく生起してきた数々の思想の底に流れるものは、人類始原における自由と平等と友愛のけがれなき自然状態への憧れであり、不平等・貧困・不道徳・苦悩は、人類始原の自然状態を歪めてきた歴史の結果なのだ、という強烈な意識であった。

一九世紀後半のマルクスやエンゲルスたちも、この点では共通であったといえよう。したがって、彼らの新しい歴史観、すなわち唯物史観も、この人類始原の自然状態の考察からはじまる。マルクスは、経済学研究の集大成である『資本論』第一巻が出版された一八六七年よりも一〇年ほど前に、『資本主義的生産に先行する諸形態』の手稿をまとめ、その中で、人類始原の自然状態について実に詳細な研究をおこなっている。

マルクスは、この研究の歴史的考証の糸口を、ひとつはパルミーラ、イエメンの廃墟、エジプト、ペルシア、およびヒンドゥスタンの諸地方にある廃墟、もうひとつは、当時、イギリス資本主義の手に帰したインド西北部になお完全な形で現存した村落共同体や、フランソワ・ベルニェの記録したモガール大帝のカシミール進軍等々の記述に求めている。そしてマルクスは、土地のアジア的無所有の地域を、特にサハラからアラビア、ペルシア、インドおよびタタールを経て高地アジアに連なる大砂漠地帯、ヒンズー勢力の影響下にあったジャワ、さらにわが日本にまで拡大し想定している。

マルクスのこのアジア的生産様式に関する研究の目的は、明らかにヨーロッパよりも著しく早期に発展し、かつ停滞していったアジア諸国の奴隷制と封建制の特質とその崩壊の原因を見極め、さらにローマ・ゲルマンの生産様式と比較研究することによって、原始無所有の自然状態から出発した社会構成体が、いかなる普遍的法則のもとに発展するかを解明することにあった。

動物から進化した人類の原初の社会は、あらゆる動物が類的群れをなしているのと同じように、動物界の母斑としての類的群居が本源的な生存の形態であり、生産という側面から見るならば、それはつまり、最初の生産様式としての原始共同体なのである。人類は原初において、類的集団であらねばならないというのが、そもそもその生存様式のはじまりなのである。

狩猟・採取によって辛うじて飢えをしのいでいる原始人は、動物界から受け継いだ自然発生的な種族的血縁団体を形成している。狩猟・採取から野獣を馴らして遊牧生活がはじまるにしても、土地(水系やその他の資源を含む)との結合関係、すなわち所有関係はまだ極めて不安定であり、食物や牧草のあるところへ絶えず放浪し、移動している。やがて、狩猟から遊牧が、採取から農耕が発生するころになっても、個々人は群れから離れて孤立しては生きていくことができないので、この段階においてもやはり、群れが個々人にとって生きるための不可欠の条件であり、群居生活をする種族の群れ、すなわち種族的血縁共同体が、土地所有の前提にならざるをえなかった。

この土地所有関係は、定着農業、あるいはより発達した遊牧への移行によって、はじめて安定する。これが、原始共同体の段階における土地の共同体的所有の発生過程である。この原始共同体の成員である各個人は、共同体の一成員としてのみ、土地に対する占有者ないしは所有者になりえるのであって、共同体内部の個々人の私的所有は、まだ発生していない。そしてそこでは、共同所有に対して、共同労働が対応している。つまり、この時点では、個々人には私的所有は存在せず、若干の農業がみとめられるとしても、共同で狩猟・採取をおこなうのが支配的であり、このような共同労働による成果は、共同体成員に平等に分配され消費されていた。これを別の側面から見れば、平等に分配しなければ、共同体の個々人の生命が維持できないほど、低位の生産力水準にあったということなのである。

この段階では、たしかに生産力の面では低位にあったけれども、それゆえに人間の平等と、人間と人間の協力と協和が基調となる客観的な根拠がそこにはあった。そして、自らがその中で生存しなければならない自然と大地こそが恵みの源泉であり、その自然の循環を破壊するような乱獲や自然への過度な働きかけは、自己の生命を否定する致命的な行為になることから、そこでは、循環の思想と倫理が基調になる。この時代に発達した自然に対するタブーや土地神に対する讃仰の精神が、何よりもそのことを物語っている。

自然状態の解体とその論理

人間が動物から区別されるのは、道具の使用である。

人間が自然にむかって自己の労働力を働きかける際に、この道具が媒介するのであるが、これによって、労働の成果はより上がる。人間の知能が道具を発達させ、発達した道具がさらに人間の知能を発達させるという相互作用の中で、道具すなわち生産用具は、加速度的に発達していく。簡単な石斧からはじまって、現代の高度に発達した精巧な機械やコンピューターなど、そして人間がついに原子核にまで手をつけ、制御不能な莫大なエネルギーを引き出すことになった原子力発電の不気味な巨大装置に至るまで、凄まじい発達を遂げてきた。

こうした道具の発達と人間の知能の発達によって、人間労働は、自己の生命を維持する以上のものを生産することが可能になった。つまり、この超過部分を「剰余生産物」といい、それに対応する労働を「剰余労働」というのであるが、この剰余生産物を生産することが可能になった時点から、人間は、他人の労働による生産物を自己のものにする習性を身につける。つまり、人間による他人の労働の搾取がはじまるのである。

このとき、共同体を支配していた人間と人間のあいだの平等は、もろくも崩れはじめる。それまで、数十億年の長きにわたって、自然界の秩序とその進化を支配してきた原理、すなわち「適用・調整」の普遍的原理(本編第十章に詳述)に代わって、人間界にはじめて、それとはまったく異質の原理、すなわち「指揮・統制・支配」の原理があらわれ、作動しはじめる。

人間が人間をまさに生きた道具、つまり奴隷として使用して、その剰余生産物を自分のものとして取得するという習性が定着していくと、他人の剰余生産物を取得する一部の人間が私的に富を蓄積し、その富がさらに蓄積を加速させていく。

その富の内実は何かといえば、まず動産である食糧などの生産物であり、原料などであるが、その次には、生産に必要な道具すなわち生産用具の私的な蓄積であり、そして富の基本的な源泉である土地（水系やその他の資源を含む）の蓄積である。この富の私的な蓄積の中でも、生産用具と土地の私的な蓄積は、さらに一層生産の拡大に拍車をかけ、人間による他人の労働の使用も、それに伴ってますます拡大していくことになる。

生産用具や土地を一括して「生産手段」として把握するのであるが、この生産手段は、もともと共同体のもとにあるか、共同体を構成する個々人のもとにあった。ところが、生産手段が共同体の一部の成員に集中していくことによって、大多数の成員は、生産手段からしめ出されていくことになる。こうなってくると、原始共同体内部の無所有の状態、すなわち原始共同体内部の共同所有は崩れて、私的所有が発生し、やがて共同体に亀裂が深まっていく。

ところで、分業の原形は、原始共同体内部にもすでに芽生えていた。ひとつの共同労働の組織であったこの共同体では、狩猟・牧畜・農業などの部門の分業は、男女別や老若別による自然発生的な分担のもとに、全体として計画的権威的に組織されていた。個別作業、ことに簡単な手工業においては、工程分割による分担の固定化は、まだ生じていなかった。

やがて、より発達した段階に至ると、共同体内部の分業の発展が生産力を高め、より多くの余剰を生むことになる。そして、自然環境や生活様式を異にする共同体の間での相互的な剰余生産物の交換、すなわち端緒的な商品交換がはじまる。この交換が、また、共同体内部に徐々に私的所有をはぐくみ、共同体間の交換が私的交換に転化していくにつれて、共同体は解体していき、社会的分業の範域も拡大されていく。こうしてあらわれてきた手工業者や商人は、都市を形成し、都市と農村は分離していく。

人類が採取・狩猟から農業へ移行するにつれて、生産手段の一要素であった土地、特に耕地は、重要な意義をもちはじめる。大地は、これまた生産手段の一つの要素でもある生産用具や原料を提供し、家族や集落の居住の地、そしてあらゆる人間活動の基地を提供するところの大きな仕事場でもあった。人間は、この大地において、自然の法則を認識し、これを労働過程に適用して、自己の目的を実現する。この労働過程で、知能や技能は技術に転化し、たゆみなく技術水準を向上させていく。それを可能にしているのが、自然という場であり、家族という場であり、「地域」という場であり、集団という場である。このようにして人間は、生産力を絶えず高めてきただけでなく、自己の労働とこうした場の結合、つまり、人間労働と生産手段の結合が、人間自身の発達をも可能にしてきた。

しかしながら、こうした生産力の向上は、今見てきたように、剰余生産物を生み出し、剰余が分業を促し、そして分業がさらに生産力をおし上げ、剰余生産物を増大させる。その結果、富はますます一方の極に集中し、大多数の人間の労働と生産手段（土地・生産用具・その他の労働対象）との結合をゆるがし、不安定にしていく。人類の原初から潜在していた、労働の主体である人間と生産手段とのこうした分離の法則は、やがて原始共同体的生産様式を変革し、その後に継起する古代奴隷制的、中世封建制的生産様式をも変革し、解体していくことになるのである。

このように前資本主義的な生産形態を解体して、社会の一方に資本に転化されるべき生産手段の集中を、他方に二重の意味で自由な労働力（人身的隷属および生産手段から自由な労働力）をつくりだす歴史過程を、マルクスは「資本の本源的蓄積過程」として研究を深めていった。この過程は、単に封建制から資本主義への転化過程にとどまらず、人類史全体に射程のおよぶ世界史的意義をもっていたのである。

資本主義成立以前には、今見てきたように原始共同体的諸関係、自由な小生産者の自己労働にもとづく所有、奴隷制や農奴制など、様々な過渡的形態が存在していた。これらの諸形態は、生産手段の所有者が直接生産者であるのか、搾取者であるのか、直接生産者と生産手段との結合が自由意志であるのか、隷属的で強制的であるのかなどのちがいがあるにしても、直接生産者、すなわち労働の主体である人間と生産手段とが結合していた点では、そのいずれの場合も同じである。したがって、「資本の本源的蓄積過程」は、まさにこれらの諸形態をいっさい残らず解体するプロセスであり、生産手段と労働との結合にもとづく過去の一切の社会との訣別なのである。

こうして、「資本の本源的蓄積過程」がすすむと、この社会は、生産物が商品となるだけではなく、人間の労働そのものが商品となるような全面的に発達した商品生産の社会となり、生産手段を私的に所有する資本家と、生産手段（生産用具・土地など）を失った賃金労働者との階級関係が支配的な社会になる。これが資本主義社会の特質である。

この特質については、私たちは、この資本主義社会に現に生活しているので、実感としてもよく理解できるはずである。つまり、私たち都市生活者の大多数は、生産手段、つまり生産用具や農地や山林をもたずに、唯一、給与による賃金収入で、食料や日常必需品から、各種サービス・教育等々に至るまで、すべての生活手段を買いもとめて生きている。つまり賃金労働者とは、賃金がなければ生きていくことができない、いわば大地から引き離された根なし草同然の極めて不安定な人間の社会的生存形態なのである。そしてついには、自分の労働力そのものが商品と化したのである。

私たちは、生産手段を所有している資本家の企業なりその他の職場との契約にもとづいて、自己の労働を売って、賃金を得ている。つまり、自己の労働力を、一般の商品と同じように売買しているわけである。もっと分かりやすい例でいえば、パート労働者の場合である。時給いくらという形で、労働力を一般の商品と同じように売り買いしているのを想定すれば、理解しやすいものと思う。労働力の商品化とは、そういうことなのである。

資本主義以前の社会であれば、生産用具や土地などの生産手段は、直接生産者のもとにあって、人間の労働と直接かたく結合していた。それが、資本主義社会になってはじめて、人間労働と生産手段との分離が決定的になったのである。私たちは、現実に慣らされて、このことを当たり前のように思っているが、人類の全史から見れば、資本主義社会は、極めて特異な社会であるといわなければならない。ここにも資本主義の歴史的特質と限界性がひそんでいると言える。

冒頭に紹介したあの凄惨な名古屋・宅配会社立てこもり事件は、労働と生産手段の分離によって人類史上一時期の特定の時代にあらわれた賃金労働者という人間の特異な社会的生存形態が、究極において人間の内面に何をもたらすかを、誰の目にも分かるように白日の下にさらけ出したといってもいいのかもしれない。

マルクスは、このような「資本の本源的蓄積過程」の研究を深めていく中で、人類史は、搾取関係、階級対立の有無ということを基準にして、原始共同体—さまざまの階級社会—未来における無階級社会という三つの段階に区分されるという壮大な展望を示したのである。

新しい思想家・実践家の登場

ここでもう一度、一九世紀のイギリス社会に戻って考えてみたいと思う。

先にも触れたように、前時代からの長い「資本の本源的蓄積過程」を経て、いよいよ一八世紀後半の産業革命をむかえたイギリスでは、一九世紀に入ると、社会の一方の極には資本の膨大な蓄積がなされ、他方の極には貧困が累積していく中で、社会不安がいよいよ深刻なものになっていった。

こうした一九世紀の時代状況を背景に登場してきた思想家・実践家の中でも注目すべきは、サン・シモン、フーリエとならんで、のちにいわゆる三大空想的社会主義者の一人に数えられたロバート・オウエン（一七七一～一八五八）である。オウエンが呱々の声をあげたのは、この激動の時代がはじまろうとする一七七一年であった。北ウェールズで馬具・金物商の家に生まれ、ロンドンの商店員から身をおこし、イギリス産業革命の中心地マンチェスターで、当時イギリスで急速に発展しつつあった綿糸紡績業の産業資本家としても若くして成功している。

オウエンは、イギリス社会の一端を、次のように述べている。「……産業革命以前は、最も貧しい親たちでさえ、子供が労働をはじめる年齢は一四歳である、と考えていた。その年齢まで、子供は屋外で遊び、頑丈な体格の基礎を作りあげ、家庭生活についての有益な知識を教えられていた。ところが、最近では、親たちは、男女とも七、八歳の子供たちを夜が明ける前の六時には工場に通わせ、夜八時まで働かせていた。」

これは、産業革命が、いかに児童労働に急激な変化をもたらしたかを語るものである。そしてさらにオウエンは、イギリス労働者の悲惨な状態を、アメリカにおける黒人奴隷と比較しながら、「私がのちに西インド諸島およびアメリカ合衆国で見た家庭奴隷より、はるかに悪いものであった」と告発している。ロバート・オウエンの思想の形成過程を知る上で重要なことは、当時のイギリス労働者のおかれていたこの悲惨な状態と、これを彼がどう受け止めていたかという点である。

一八〇〇年からはじまったスコットランドのニューラナーク綿紡績工場の「統治」において、彼は、当時支配的な社会思想となりつつあった功利主義を特異な形で適用していく。彼があえて「経営」とは言わずに「統治」と言いたかったのは、単なる利潤めあてではなく、新しい原理を採用し、労働者の生活全般を見直して、新しい人間形成が実現できる工場にしたい、との意気込みからであった。この山間の工場では、労働力を調達するために住宅を用意し、また、とりわけ労働力の一部を救貧院の児童に依存していたので、売店や食堂や礼拝堂など、生活の一切の施設をも整えた。つまり、工場は、生産と生活をあわせ営む村であり、「ファクトリー・ヴィレッジ」とか「ファクトリー・コミュニティ」とか呼ばれていた。

ニューラナークの人口は、家族ぐるみで居住している一三〇〇人と、教区からあずかった七〜一二歳の子供たちを含む、総数一七〇〇〜一八〇〇人であった。その大多数が実に怠惰で、盗みをはたらく、つまり悪習と不道徳にそまった人々、とオウエンには映ったといわれている。こうした現実の中でオウエンは「統治」をはじめたわけであるが、経費をともなう改革には、出資者であるパートナーからの抵抗があったし、利益をあずかるはずの労働者もことごとくオウエンの施策に反対するなど、乗り越える障害はあまりにも多かったといわれている。

しかしオウエンは、まず労働者の信頼を得て、労働生産性の向上に結びつく具体的なプロセスを追求することからはじめた。ニューラナークにおけるこうした経営実践は、持論の環境決定論を成熟させ、経営の哲学から社会の哲学に発展させる上で、欠くことができない通過点であった。

環境決定論に基づいて展開した『新社会観』(一八一二年)は、書名を『新経営観』としなかったことからも分かるように、社会思想家でもあることの自己主張を暗に意味していた。オウエンは、人間は環境と教育によって形成されると考え、労働者階級が貧困、無知、労働苦、道徳的退廃など悲惨な状態にあるのは、自己改善の努力をしない結果であるという見解を否定し、そこから施策を組み立てていく。そして、彼の独自性は、労働者の生活と労働条件の改善が、労働能力と意欲の向上、したがって利潤の増大をも導くと主張し、さらに、国家の失業対策事業による失業の絶滅をも意図したことにある。

この『新社会観』によって、工場経営の枠を越え、思索を社会の視野にまでひろげたオウエンは、これ以降の全生涯を社会改革に献身することになる。

イギリス宗教界の最高指導者カンタベリ大主教は、オウエンに対し、貧民救済策を提言するよう諮問した。こうした経緯から、一八一七年三月、「労働貧民救済委員長への報告」が答申された。この「報告」では、労働者階級の貧窮の原因は、広く導入された機械によって、人間労働の価値が低下したことであると指摘されている。

貧民化の要因と現状をこのように認識したとなると、もはや機械を壊すわけにはいかないのであるから、根本的な発想の転換しか残されていないことになる。かの有名なコミュニティ計画は、時代の要請という社会の内的必然性によって、というよりも、こうした個人的な経緯に基づく、かなり恣意的な発想の中から姿を現してきた、といった方が正確であろう。この構想は、ニューラナークの「工場村」の考えに、新たに農業を加えた農工一体型のコミュニティであった。しかし、これを実施するには、社会制度そのものの大改革が必要である。オウエンは、下院の救貧特別委員会で審議するよう取り計らったのであるが、下院は体《てい》よくその場を回避してしまった。オウエンの期待は、挫折を余儀なくされることになったのである。

このコミュニティ構想の挫折を契機に、彼は、広く議会外の世論にも、積極的に自説を訴えていくことになる。彼の周辺には「オウエナイト」と呼ばれる賛同者が集まり、彼の生涯に重大な転機をもたらしていく。

景気回復の徴候は見られず、不景気が続く中、スコットランドでは、経済苦境をいかに打開するか、抜本的な対応策に苦しんでいる人々が、オウエンの発言に関心を寄せた。ラナーク州のジェントルマン委員会の諮問を受けた彼は、一八二〇年五月、『ラナーク州への報告』と題する答申を提出した。

この『報告』は、一八一七年の彼のコミュニティ構想を発展させ、いっそう具体的に展開したものであった。この中で注目すべき点は、貨幣はすべての害悪の根源であり、貨幣制度の廃止が不可欠である、としていることである。具体的には、貨幣に代えて、現在の日本でも各地で試みられている地域通貨にあたる「労働券」を発行して、これを交換手段とするというものであった。この考えには、古典派経済学者のリカードらが唱えた「投下労働価値説」が採用されている。

そして、この『報告』の主要テーマであるコミュニティについては、一八一七年の最初の提案よりも理想化された内容になっている。それによると、土地面積は、一二〇〇人規模であれば、一二〇〇エーカー（一エーカー＝四〇・四六九アール）が適当である。広大な土地には、コミュニティ構成員の住宅、貯蔵室、倉庫、病院など、住民の生活に必要な建物が、東西南北の側面にロの字型に整然と並び、その内側に広がる中庭の中央部には、教会と学校と炊事場つきの食堂が配置される。各建物の周囲を庭園で囲み、さらにこの居住・生活ゾーンの外縁部を森でうめつくす。人々の生活の場を閑静な居住空間の中に設けるのである。主要な労働の場となる農耕地や工場や作業場などの施設は、この緑の森の緩衝地帯の外側にすべて配置される。このように、居住・生活空間を中心に、同心円状にその他の機能別各ゾーンが広がっていく。……オウエンの農工一体の理念に基づくコミュニティは、ざっとこうした森と農耕地の緑で囲まれた田園小都市の観を呈することになる。

オウエンがこのコミュニティ構想にたどりつくまでには、その間、「ファクトリー・ヴィレッジ」つまり「工場村」を手がけながら、もうすでに二十余年の歳月が過ぎていた。この時期のオウエンは、機械制生産と分業に対して、厳しい批判の姿勢を見せはじめていた。もともと製造業の専門家であるはずのオウエンは、この構想の中で、工場についてはあまり触れることなく、工場が配置される位置をごく簡単に説明するにとどめている。分業と協業を前提とする機械は、人間労働が本来もっている多面的な豊かさを細分化し、細分化されたどれか一つに限定することによって、人間に一面的な発達しかもたらさない結果となる、と懸念したのである。その一面性への埋没を避けるために、農業と工業の労働に交互に携わり、食料を自給することが大切であると強調したのである。

また、コミュニティの構成員は、一家族のように協同生活を営むことから、炊事、洗濯、掃除なども、個別の家事労働よりもはるかに節約できるし、食料も大量に貯蔵が可能で、無駄が省かれ、炊事はより短時間に少ない燃料でおこなわれるとして、家事労働の社会化による利点を指摘している。

そして肝心のコミュニティ管理・運営であるが、それは資金の拠出の仕方によって、二つに分かれると見ていたようである。一つは、大土地所有者・大資本家、あるいは州や教区などの拠出資金によって建築された場合には、コミュニティの構成員は、これらの出資者が任命する人物の指導のもとに、その指導者が定めた規則に従うというものである。もう一つは、労働者階級や中産階級であるコミュニティ構成員が出資した場合には、彼らが管理・運営の主体となって、自治を実現するというものであった。当時の労働者の悲惨な状況からして、オウエン自身は、コミュニティの構成員が当初から自主的に管理・運営にあたれるとは、期待していなかったようだ。しかし、このコミュニティ構成員、つまり労働者や手工業職人などを主体とするこの自主管理の方式には、工場経営の経験と手腕のある彼の見積もりによれば、将来においては十分に根拠があると見ていた。この方式によって、コミュニティの生産性は著しく高まるので、出資金を返済しても十分に利潤を獲得でき、したがって、構成員自身が出資した場合でも、創業資金が償還されれば、コミュニティのすべての所有権は、コミュニティ構成員自身のものとなり、最終的には構成員自身の「共同所有」が実現すると見ていたのである。

以上が、一八二〇年の時期にロバート・オウエンの頭の中で描かれたコミュニティ構想の骨子である。

オウエンのニューラナークでの実践から二百余年が経過した。私たちは、本質的には今なおオウエンと同じように資本主義の弊害に苦しみ、その克服への道をいまだ見出せずにいる。資本主義超克の長い歴史において、オウエンのニューラナークは、一地域に限られた小さな試みではあるが、最初の本格的な資本主義超克の実践であった。後述のオウエンのニューハーモニーでの引き続く実践とともに、その両者の挫折は、二〇世紀九〇年代初頭におけるソ連社会主義の崩壊を先取りしたものであるだけに、この資本主義超克の先駆的で原初的な形態には、社会主義崩壊の普遍的な要因や問題点が萌芽の形ですべて包含されているとも言える。これを時代的状況の違いをふまえた上で、今後、歴史的に厳密に検証し、記憶にしっかりととどめておくことは、未来社会論がいまだに不透明で未完である今日の私たちにとって、極めて重要な意味を持ってくる。本編「二一世紀の社会構想 ― グローバル市場に対峙する免疫的自律世界の形成」の叙述の展開全体から、そのことは一層はっきりしてくるものと思う。とりあえずここでは、このオウエン・コミュニティ構想について肯定的・否定的両側面をまじえて、二、三指摘するにとどめて、あとは本編の叙述の展開にゆだねたいと思う。

まず、人類史上において、労働の主体と生産手段とが分離したことによって、恐慌や貧困など社会的弊害が深刻になってきた時、オウエンがその原因を彼なりにいち早く的確に捉え、それを独自の構想によって解決しようとした情熱は、高く評価されなければならない。彼は、今日においてもなお人類の悲願ともいうべき労働の主体と生産手段との再結合という課題を、土地や生産用具、つまり生産手段を共同所有化し、その基礎の上に共同運営することによって実現しようとした。人々が自分の頭で考え、創意工夫し、自己の労働を自然やその他の対象に働きかけ生きるという暮らしの基本の姿を、いかに復活させるか模索したのである。なかんずくその実践力は、評価されなければならない。

また、この構想自体に誤謬や不十分さがあったとしても、これらを含めて今日、私たちが学ばなければならないことは、きわめて多いといわなければならない。オウエンは、不況と低賃金とが、資本主義的自由競争下の盲目的利潤追求に起因していることをみとめ、貨幣と分業と私有財産の廃止を主張するにいたった。しかし彼は、産業資本家としての経営者の思想的立場を完全に捨てたわけではなかった。自由競争体制の根本からの変革を主張しながらも、あくまでも企業的に構想された農工一体の経営の、分業と私有財産のない〝村〟が、不況も失業もなく、高度の生産力を生み出すものであることを実験的に例証することによって、資本主義が徐々に社会主義に移行すると信じていたのである。

次に、否定的な側面を指摘しておきたいと思う。オウエンが自らよく自覚していたように、やがてコミュニティの主体となるべき当時の労働者が、今日では想像もできないほど、貧困と無知蒙昧と怠惰と不道徳を強いられていた状況下で、こうした主体とは無関係に、主観的には外部の善意に期待して資金を調達し、しかもこのような主体とは無関係にその外部で考えられた構想を上から導入することは、結果的には、コミュニティ内部の人々の自主性と人格発達の芽を抑え込み、窒息させる結果にならざるをえなかったということである。

こうした資金調達の方法は、肝心な資金をはじめから外部の善意に期待するのであるから、たとえ期待どおりに調達できたとしても、それはきわめて恣意的なもので、この社会にあっては、きわめて例外的で幸運な特殊ケースにすぎず、決して普遍的なものではないと言わざるをえない。こうした恣意的で主観的な願望におおくを負っているところに、このコミュニティ論が空想的であると言われる最大の理由があるのであろう。

もう一点、重要な側面を指摘しておきたいと思う。

資金が調達できて、スタートすることができたと仮定しよう。その後、出資金が返済され、施設の所有権が構成員自身のものとなり、「共同所有」が実現し、生産手段が形式論理上、構成員の「共同所有」となったとしても、現実には、生産手段は個々の構成員のもとに直接有機的に結合し、実感的に「自分のもの」として把握されているわけではない。つまり、個々の構成員にとっては、観念の上での所有に過ぎない。そこには、生産性の問題、人格の発達の問題、さらには管理・運営の問題で、さまざまな弊害が生ずる要因が当初から内包されていたと言うべきであろう。つまりこの「共同所有」においては、観念的には論理上、生産手段は「自分のもの」になるのだが、それはあくまでも、自分を含めた構成員全員のものであるという前提のもとでの「自分のもの」であるに過ぎない。

こうした「共同所有」のもとでは、自己の労働の成果は個々人にとって直接具体的に実感されにくく、創造の喜びは減退し、創意工夫が生かされる過程、つまり家族小経営としての優れた側面が当初から欠落してしまう。これは、生産に直接たずさわる者が、日常的かつ恒常的な自己鍛錬の場をはじめから失っていることを意味している。このことは、コミュニティ内部で個々の構成員に家族小経営としての自立の基盤を積極的に認めるかどうかの問題とも関連して、オウエン以後長らく論争になってきた点であり、今後も多いに議論を深めていかなければならない永遠のテーマなのである。

ニューハーモニー実験の光と影

ところで、この一八二〇年五月の『ラナーク州への報告』で、コミュニティ実験の思想的基盤を固めたオウエンは、そのコミュニティ思想の実践へとむかって準備を開始していく。

周辺の人々からも期待が膨らみ、熱心なオウエンの支持者もあらわれた。この支持者の提案は、もし州が四万ポンドを出資するならば、自分の所有地五〇〇~七〇〇エーカーを永久借地として提供し、オウエン自身が管理者となるコミュニティを設立しようではないか、というものであった。

しかし、州が資金の提供を渋ったので、結局、この計画は頓挫した。

それでもオウエンは、希望を捨てなかった。このコミュニティ実験の試みは、短命に終わったとはいえ、この苦い体験をバネにして、アメリカのインディアナ州ニューハーモニーのコミュニティ建設へと突き動かされていくことになる。

なぜアメリカだったのかは、分からない部分も多いのであるが、オウエンは、アメリカ訪問以前から、一七世紀イギリスのピューリタンが、宗教的迫害を逃れメイフラワー号に乗って移住して以来、さまざまなセクトが大西洋を越え、アメリカの広大な大地に建設してきたコミュニティの伝統について、かなり具体的な情報を入手して、関心を寄せていたようである。今日、ニューハーモニーに残されているレンガ積みの建物は、オウエン以前の時代に入植したこうした人々の労働の結晶でもある。

当時は、このコミュニティ施設の所有者が、ちょうどハーモニー村を売却しようとしていた時期であった。また、オウエンにとっては、その頃、ニューラナーク工場は規模も小さく、農工一体の構想を実施するには不適当であり、共同出資者との確執もあって破局をむかえていた時でもあるなど、事情は重なっていたように思われる。

一八二四年十一月に買収交渉のためアメリカに渡ったオウエンは、翌年一月には売買契約を結び、コミュニティ実験の開始を決断した。手に入れた総資産は、七〇〇人を収容できる住居、それに売店、集会所、教会、さらに四つの工場などおよそ一八〇のレンガ造り・木造などの建物群、それに耕作地二〇〇〇エーカーを含む総面積二万エーカーの土地であった。この時すでにオウエンは、アメリカ国内で講演活動を展開しており、その演説は一般の人々だけでなく、現職の大統領モンローをはじめ政府高官なども耳を傾け、注目をあつめるようになっていた。成功した工場経営者というオウエンのイメージとその経営の体験から生まれた「新社会観」は、宗教的寛容を国是として承認している国々の人々にとって、危険思想を感じさせるものではなかったようだ。

一八二五年四月、ニューハーモニーは、十分な準備もなくあまりにも性急に開村の日をむかえることになった。コミュニティに参加する住民の採用基準もないため、労働意欲に欠けるものを拒むことができず、住宅は絶えず不足し、工場は企画されても操業が遅れ、経営活動の中核を担うと位置づけられた農業も沈滞していった。この期間、生産性はきわめて低く、消費をまかなうまでにはいたらず、赤字は累積する一方であった。

オウエンは、一八二〇年の『ラナーク州への報告』ですでに描いていたコミュニティ構想を、今こそこの地で実現せねばならなかったのである。世界変革の大事業をアメリカのこの地で成し遂げようと、理想にむかってますます精神が高揚するオウエン。その実現を性急に待望するコミュニティ構成員やこの地の住民たち。出発当初からふりかかってくる難題に狼狽するコミュニティの共同出資者や首脳部。この三者は、ある意味で同床異夢の思惑をかかえての旅立ちであった。

理想主義は一時期の間、構成員の心をひきつけることができたとしても、現実の中から湧き出る批判は不可避であった。市場経済では、労働意欲の向上は、私的利益によって促されるのであるが、共有社会ではどうするのかという問題が、このコミュニティにもさっそく突きつけられた。オウエンは、その方策として、教育による人間の改造をまず第一におき、激烈な調子で精神革命による完成を主張した。次には、交換手段として貨幣を廃止し、各人の生産に要した労働時間を表示した「労働券」による交換方式を採用した。一挙に事態を打開しなければならないとする焦燥感は、現実を根源的に否定するラディカリズムの姿をとって鮮明にあらわれはじめた。しかし、この二つの方策のいずれもが、失敗に終わっている。

ニューハーモニーに地上の天国を求めてやってきた人の数は、八〇〇人から一〇〇〇人と言われている。まず住宅不足に悩まされ、食糧不足の解決も急を要していながら、すべてを自給するために多品種の作物を計画的に栽培することなどは、到底不可能に近いことであった。「労働券」の制度が採用されたとはいえ、貨幣による交換は停止されていなかったようだ。生活必需品をコミュニティ外の市場に依存しようと思えば、コミュニティ外の市場で取り引きするいわば「外貨」なるものを保有しなければならない。「外貨」準備高を必要水準に保つには、外部の市場に販売する余剰生産物が確保されていなければならない。ニューハーモニーのコミュニティは、こうした側面からも破綻の道を辿っていく。市場経済という大海の中の小島で、そこだけラディカルに共有社会に移行していくことがいかに至難の道であるかを、二〇世紀九〇年代のソ連崩壊を待つまでもなく、オウエンの社会的実験は、ここでも世界に先取りして示したのである。

コミュニティの経済状態は、一八二六年秋から急速に悪化していった。コミュニティの危機が深まるにつれて、教育計画の実施と併行して、いくつかの新たな改革に乗りだしていく。しかし好転の兆しは見えない。危機が深まれば深まるほど、強力な統治が要請されてくるのは必然である。共同資産の管理は、オウエンと毎年彼が任命する他の四名からなる「強力な統治機関」によってなされる、という改革案が提示された。コミュニティ構成員に対しては、自由と権利の保障にかわって、義務と責任が強制され、無権利状態が一般化していくことになった。後のソ連社会主義が強大な中央集権化への道を辿っていった姿が、ここにもすでに先取りして垣間見られると言えよう。そこに、中央集権化の普遍的な原因の萌芽を見て取ることができる。

この頃のコミュニティの機関紙は、最も欠陥のおおい人々が村を去っていった、と伝えている。そして一八二七年六月一日、ついにロバート・オウエンは、ニューハーモニーを去ることになった。

オウエンが帰国した一八二九年は、イギリスの労働運動史上、画期的な年であった。その頃から、さまざまな社会運動の領域で、オウエナイトの活躍が目につくようになった。オウエン自身が再び活動を開始する舞台が用意されていたのである。一八二四年から二九年の彼のアメリカ滞在中にも、イギリス労働者階級の間には、協同組合《コープラティブ・ソサエティ》が次々に組織されはじめ、その活動は全国規模で展開していった。一八三〇年九月には、マンチェスター＝リバプール間の鉄道が営業を開始し、経済の大変動は社会のあらゆる領域へと拡大し、人々の暮らしと意識を根底から揺り動かしていった。

ニューハーモニーでのコミュニティ建設の試みの失敗にもかかわらず、こうした当時のイギリス社会の状況の中で、オウエンの社会改革の理想への情熱は、少しも衰えることはなかった。しかし、理想への情熱と楽天家の天性をいかに彼が備えていたといっても、資金が枯れてしまった今、オウエンは、コミュニティ実現のための実践活動からは手を引き、講演などを通じて、この新しき協同組合《コープラティブ・ソサエティ》の普及活動に専念することを余儀なくされていくのである。

(2) 一九世紀、思想と理論の到達点

資本主義の発展と新たな理論の登場

オウエンは、一九世紀後半の多くの人々に多大な影響を与えた。中でも著名な詩人であり、かつまた著名な工芸家でもあったウィリアム・モリス（一八三四〜一八九六）も、深く影響を受けた一人であった。ロバート・オウエンが世を去った一八五八年の年には、モリスは二四歳の青年だった。ロマン主義の芸術運動を、ちょうど同時代に新たな理論として登場していたマルクス主義と結びつけたモリスは、社会のあるべき理想の姿への情熱と、少年のような無垢な心を生涯もち続けたオウエンへの賛辞を惜しまなかった。

モリスは、日本では、今では有名百貨店などで開催されるウィリアム・モリス工芸展などにおいて大勢の観客を動員することもあって、一般には、家具・室内装飾・壁紙や織物の図案・ステンドグラス・印刷と造本などの工芸家として知られているが、彼は、自らが不得意とする社会主義の経済学分野の勉強をはじめるようになる。マルクスの『資本論』の学習は、必ずしもモリスにとって楽な知的

作業ではなかったことも、自ら述懐している。

ロマン主義的中世趣味的詩人として出発したモリスが、その詩人兼工芸家としての半生の後にたどりついた思想的立場とその遍歴を垣間見ることによって、一九世紀後半のイギリス社会の思潮に触れることができる。モリスは、一八三四年生まれであるから、詩人として活動を開始した青年期は、一八五〇年代である。それはまさにイギリス産業革命の進展とともに、人々の生活が根底からくつがえされていく激動の時代でもあった。

芸術家としてのモリスには、何よりも美しいものを作りたいという欲求があり、同時に素朴で美しいものを容赦なく破壊していく一九世紀産業文明に対する強い憤りがあった。機械の勝利によって氾濫する画一化された商品、手づくりの美の放逐、素朴な人間労働に宿る芸術性の破壊、貧困者の増大とますます少数者に累積する富、愚かしいまでのあらゆるものの巨大化への傾向、民衆の素朴な愉しみへの蔑視、人間生活の低俗化へますます拍車をかける貨幣と商品。こうした現代文明への憎悪が、芸術家モリスを社会のあるべき姿、その理想の探求へとかりたてていった。そして、その理想とは、彼なりに理解していた社会主義であった。

モリスは、彼の理解する社会主義を、貧富の差別がなく、主従の差別もなく、怠惰もなければ過労もなく、知的労働と肉体労働の区別もない社会状態である、と定義していた。さらに一八八〇年代以降のイギリス社会主義復興の機運とともに、理想実現の方法が社会主義にあると知った時、彼は敢然としてその実践運動に身を投じていった。人間の理想は、芸術即生活、生活即芸術であり、すべての人間にとって、芸術的創造の喜びのない真の生活はあり得ない、とモリスは考えていた。利潤追求の営利主義的現代文明、すなわち資本主義は、徹底的に否定されなければならないと考えたのである。病める社会を前にして、一九世紀後半は、彼にとっては闘争の時代にほかならなかった。

このきわめてラディカルな姿勢は、決してひとりモリスだけのものではなかった。産業革命の勃興期のイギリス社会では、機械によって職を奪われた労働者たちのラッダイト運動を経て、一八三八から四八年のチャーティスト運動の昂揚期、そして八〇年代のイギリス社会主義復興期へと機運が高まっていく中で、人類史上初めて登場した労働者階級の奔流が、一人の芸術家をも突き動かしていくまでになっていたのである。

そして晩年、モリスは、到達した思想に立脚して、芸術家であり社会革命家としての自己の理想を一篇のユートピア物語に結晶させ、一八九一年、『ユートピアだより』としてまとめ公刊した。それは、もちろん、未来の社会主義国が必然的に採るべき設計図ではない。それは、美しいものを愛し、美しいものを作ることを愛した作者モリスの人間観と自然観が色濃く反映した、架空の国である。そこには、人間の素朴な生の喜びを尊重し、大地に根ざした人間の営みと自然を心から愛した人間モリスの生来の好みが、強く滲み出ている。それでいて、「実践的社会主義」、モリス自身この語をしばしば好んで用いているのであるが、この思想が断ちがたく結びついている。この作品が牧歌的で詩情的でありながら、科学的であるところに、マルクス(一八一八~一八八三)やエンゲルス(一八二〇~一八九五)が活躍した一九世紀半ばから後半期の、モリスと同時代の思潮を読みとることができる。

一八三一年、リヨンで初めて労働者の蜂起が起こり、一八三八年から四年間にわたる最初の国民的労働運動へと発展する中で、資本と労働の対立的抗争は、歴史の全面にあらわれてくる。労働者は、ロバート・オウエンの時代に、貧困の故に怠惰・無知蒙昧・不道徳の汚名や屈辱に甘んじ、慈善的施しの対象とされていた状況から、次第に社会の一大階級としての自己を自覚しはじめるようになってくる。こうなると、資本と労働の利害は一致すると説き、自由競争の結果として国民的福祉がもたらされるとするそれまでの経済学の学説は、事実によって、その虚偽が明らかになってくる。こうした中で、資本と労働の本質をこれ以上、否定するわけにはいかなくなってきた。

歴史観についても同様である。それまでの古い観念論的歴史観は、資本と労働の対立も、結局は、物質的利害の対立にもとづくものであるということを認めようとしなかった。生産も経済的関係も、この古い歴史観にあっては、せいぜい文化史の一従属的な要素として扱われてきたに過ぎなかった。先に触れたロバート・オウエンの思想と実践の限界も、一八三〇年以前の社会発展の水準に規定されたものであったといわなければならない。

こうして次々に生み出されてくる新しい事実にせまられて、これまでの人類史の全体が新しく研究しなおされなければならないようになってきた。時代の要請するこの大課題に真正面から取り組んだ人こそが、マルクスやエンゲルスたちだったのである。

人類の歴史は、原始社会を別にすれば、古代社会も、中世社会も、近代社会も、それぞれの時代や歴史段階によって、奴隷と奴隷主、農奴と領主、労働者と資本家といったように、姿や形態は変わっていても、剰余生産物をいかに取得するかという、物質的利害をめぐる階級間の対立抗争であるという点では、本質的になんら変わりはない。そして、社会の中のこれら対立・抗争するそれぞれの階級は、いつの時代においても、その時代の物質的生産関係と交換関係が生み出すところの結果にすぎない。したがって、生産関係を基礎とする経済的構造が、それぞれの時代の社会の土台をなしている、と見なければならない。そして、時代時代の政治的制度や思想・宗教・倫理・哲学・文化などの意識のあり方などの総体も、究極においては、この土台から説明されるべきものであるということが、マルクスやエンゲルスの研究によって明らかになってきた。

こうした歴史観は、今ではもう常識になっている。終戦直後にアメリカのGHQの指令のもとに、天孫降臨の神話にもとづく皇国史観による国定の国史教科書に墨塗りをさせられ、そしてやがて新しい中学校・高校の教育制度のもとに学んだ世代にとっては、この新しい歴史観は、ごく普通の常識として養われていった。

今日の教科書ではどうだろうか。山川出版社の高校地理歴史科用・文部科学省検定済教科書『詳説世界史』(二〇〇三年発行)を開いて見ると、「マルクスは友人エンゲルスと協力して、資本主義体制の没落は歴史の必然であるとする経済学説を展開し、労働者階級の政権獲得と国際的団結による社会主義社会の実現を説いて、以後の社会主義運動に大きな影響をあたえた。その根本思想は、一八四八年に発表された『共産党宣言』に要約されている」と記述されている。

また、高校公民科用・文部科学省検定済教科書『倫理』(東京書籍、二〇〇三年発行)にも、「マルクスは、人間の本性は自然に働きかけ自然をつくり変えていくところ、すなわち労働するところにあると考える。……労働はもともと、……人間としての喜びや生きがいまで与えるものである。ところが資本主義体制のもとでは、生産手段をもたない労働者は、(中略)自発的な労働ではなく強制的な労働になるなど、まったく非人間的なものにならざるをえない(疎外された労働)。マルクスは、この非人間的な状況から労働者を解放するためには、生産手段の私有を廃し、それを労働者全体のものにする社会主義社会を実現する以外に道はないと考えた。この考え方をささえるものとしてマルクスがうちたてた歴史観が、つぎにみる唯物史観である。マルクスは、この世界を変化発展するものとしてとらえ……変化発展の原動力となるものを……物質的なものにもとめる唯物論の立場をとった。（中略）マルクスは、以上のような考え方から、これまでの歴史は階級闘争の歴史であるとみなし、歴史の必然にそって、いまや労働者階級（プロレタリア階級）は団結し、社会主義革命をおこなうべきであると説いた」と記述されており、マルクスの思想を、人類の哲学・思想史において、一時代を画するきわめて重要なものとして位置づけ、紹介している。

現在の高校生が、こうした教科書の記述をどのようにどの程度まで理解するかは別としても、一九世紀三〇年代以降のイギリス社会の大変革と、それにともなって新たに登場してくる労働者の意識の高まりと運動の進展の中で、それまでの古い歴史観に対置して、マルクスやエンゲルスによって次第に仕上げられていったこの新しい歴史観が、今日、わが国の教科書でもとりあげられ、高校生たちがそれを学んでいる。

このことからも、終戦直後に青少年期を過ごした世代が、古い偏狭な歴史観から脱却して学び、やがて目を開く契機になった新しい歴史観は、その間、歴史教科書をめぐるさまざまな問題があったにせよ、基本的には戦後六十数年間、次の世代へと受け継がれ、私たちの心の中に息づいてきたことは、確かであろう。

マルクスの経済学研究と『資本論』

社会発展の法則としての唯物史観は、マルクスによる『ドイツ・イデオロギー』(一八四五～四六年)においてほぼその輪郭をつくりあげられ、歴史の科学的解明への道をはじめて開くことになった。この歴史観によって、マルクスのその後の経済学の研究も着実に進展していくことになった。

プルードンとの論争の書『哲学の貧困』(一八四七年)と一八四七年末のブリュッセルでの講演『賃労働と資本』(一八四九年)には、すでに経済学の核心である剰余価値説の萌芽的形成がみられる。

こうしてマルクスは、経済学理論の確立に努力しながら、他方では、この理論の基礎の上に、労働者の革命的運動を組織する活動にも参加していく。こうした中で、一九四八年、エンゲルスとの共同で、かの有名な『共産党宣言』が出版された。

余談になるが、これは、ドイツ語で Manifest der Kommunistischen Partei であるから、直訳すれば「共産党のマニフェスト」ということになる。今、わが日本の政界で騒がれている「マニフェスト」などとは、およそ比べようもないほど壮大な理論的体系を成している。また、これほど世界を震撼させ、世界の隅々にまでとどろきわたり、労働者や農民、知識人に至るまで、世界の多くの人々の心をとらえ、現実世界を動かした文書も他にはないのではないだろうか。

一八四八年、パリで起こった二月革命の直前に発表されたこの不朽の文書には、新しい世界観、社会生活の領域を含む首尾一貫した唯物論、最も全面的で深遠な発展の学説である弁証法、世界史に新しく登場してきた労働者階級の世界史的役割とその運動の理論が、天才的な明瞭さとあざやかさで描かれている、と後世の多くの人々によって語られてきたことは周知の通りである。

マルクスは、パリを経て、一八四九年秋、ロンドンに亡命、以後、同地に永住することになる。ロンドンでの亡命生活では、ニューヨーク・デイリー・トリビューン紙への寄稿（一八五二～六二年）と、エンゲルスの友情としての、そして同志としての物心両面にわたる献身的な援助に支えられて、貧困や病気と闘いながら、経済学の研究に集中していく。

一八五七年、史上最初の世界恐慌を契機として、マルクスはそれまでの多年にわたる経済学研究の体系的総括に着手する。それから一〇年間、マルクスは、政治的活動から身をひき、大英博物館の図書室にある経済学に関する豊富な資料を渉猟して、研究に没頭することになる。そして、『経済学批判』第一分冊（一八五九年）を公刊し、一八六七年九月には『資本論』第一巻（第一部）を公刊した。

その間、一八六四年には、ロンドンで第一インターナショナル（国際労働者協会）が創立され、マルクスは、この協会の中心人物として活躍している。『賃金・価格および利潤』は、この協会の総評議会の席上で行われた講演にもとづいてまとめられたものである。また、一八七一年のパリ・コミューンに際しては、『フランスにおける内乱』を著し、そして一八七五年には、社会主義への移行と建設についての展望を示した『ゴータ綱領批判』を執筆している。

マルクスは、余生を『資本論』の続刊の完成のために捧げたが、ついに一八八三年三月、完成をみることなく、享年六五歳でこの世を去った。マルクスの遺稿をもとに、『資本論』第二巻は八五年に、第三巻は九四年に、エンゲルスの編集によって出版された。

『資本論』は、岩波文庫にして全九分冊。ページ数が一番少ない第一分冊でも三〇六ページ、一番多い分冊になると五二八ページもある膨大な著作である。『資本論』は、研究の初期の段階からマルクスとエンゲルス自身によって一貫して構築されてきた人類史の総括としての新しい歴史観、すなわち唯物史観に導かれ、資本主義的生産様式を分析、解剖し、この史観によって理論の全体系が貫かれている点に、まず最大の特徴がある。そして、生産様式の内的連関を、その最も簡単な範疇から複雑なものへとたどることによって、対象とする資本主義的生産様式を、多くの諸規定と諸関係から成立する真に具体的なものとして、理論的に再構成していく点に、マルクスの研究方法上のもう一つの際立った特徴が認められる。

第一巻では、まず、資本主義的生産様式の最も一般的で象徴的な範疇としての商品・貨幣の考察を全体の序論として位置づけている。そして、直接的生産過程を個別的事象および再生産過程として分析し、のちにエンゲルスがマルクスの偉大な発見と評価する「剰余価値」が、いかに生み出されるかの謎を解明し、その剰余価値生産の過程および資本そのものの生産を明らかにしている。いいかえれば、資本主義のもとで、資本家による労働者の搾取がどのようにおこなわれているのか、ということの実態解明である。資本主義的生産様式では、大きく分けて二つの社会階級が存在することを、すなわち一方では生産手段を所有している資本家と、他方ではこれらの所有からしめだされ、今では商品と化し、自分自身の労働力以外に何も売るものをもたず、したがって生活の糧を得るためには、自分自身の労働力を売らなければ生きていけない労働者階級とが存在することを前提にしている。

次に、第二巻では、この直接的生産過程を現実の世界で補足し媒介する流通過程がとりあげられ、資本が流通部面で現出する形態変換を考察している。

最後に第三巻では、資本主義生産の総過程が考察の対象となる。全体として資本の運動過程から生じる利潤・利子・地代等は、剰余価値が必然的に現象した形態にほかならないことを明らかにしている。

はじめに指摘したように、『資本論』は、まず商品の諸群と人間の諸群を対置するかのように、資本主義社会の表面に直接現象する商品世界をとりあげ、人間労働の成果としての商品という視点から、価値法則を商品世界の内的法則として明らかにし、ついでこの表面的過程の背後に隠されている資本の内的連関を考察し、資本主義社会の基軸をなす資本と賃労働の関係を、価値・剰余価値の法則によって明らかにしている。これは、のちにエンゲルスがマルクスの偉大な発見と評価する「剰余価値」が、いかに生み出されるかの謎の解明であった。

そして、最後に再び資本主義社会の表面にたちかえり、資本の現実的運動過程に生じる資本相互の関係および資本と土地所有との関係を、資本主義市場競争の根本法則である一般的利潤率および生産価格の法則を基礎に明らかにしている。

先にも触れたマルクスの哲学研究や人類史研究など、広範にわたる長年の研究の成果と、この『資本論』とによってはじめて、資本主義社会の内部構造と経済的運動法則が解明され、資本主義はそれ自身の発展の内に、それ自身の解体の諸条件をも必然的に準備せざるを得ない、ひとつの歴史的・過渡的社会形態であるという確証も、これによって可能となった。

この研究の論理構成そのものが、若きマルクスが学んだヘーゲルの弁証法を、唯物論を基礎に転倒させ、それが見事に具現しているものであるといってもいい。『資本論』の成立は、科学としての経済学の確立であると同時に、それを貫く唯物史観の確証にもなっている。また、先にふれたロバート

・オウエンなど、先駆的役割を果したたいわゆる空想的社会主義の一群からも、明確に脱却したことを意味するものであり、社会・経済研究の科学的基礎を揺るぎないものにしたと言えるであろう。『資本論』が幾多の困難にもめげずに完成に近づくことができたのは、人間にとって何よりも大切なこんな精神がその人の根底に流れていたからだ、とうなずける次の様な文章がある。それは、マルクスが一七歳の時、高等学校の卒業試験に提出した作文の一節にある。

地位を選択する場合に、われわれを導く主な道しるべは、人類の福祉ということと、われわれ自身の完成ということである。……人間の天性は、その時代の完成と福祉のために人間が働く場合に、はじめて自己の完成をも達成することができるようになっているものである、と考えるのが正しい。

もし人間が自分のためだけを考えてことをなすならば、たとえ名のある学者、たいへん賢い人、すぐれた詩人ていどのものになることは出来ても、決して完成した、真に偉大な人間になることは出来まい。

歴史は、世の中全体のために働いて、自分自身を気高くして行く人を、最高の人物と名づけるのである。　……

われわれが最も多く人類のために働きうる地位を選んだとしたら、その人の肩にどんなに多くの重荷がかかっても、これで挫折するようなことは決してあるまい。それはすべての人々のためにする犠牲に外ならないからである。だから、われわれは、決して貧弱な、狭小な、利己的な喜びをたのしみにするものではなく、われわれの幸福は、万人に属し、われわれの行為は、静かに、しかし永遠に生きることをやめず、そしてわれわれの灰は高貴な人間の熱い涙で濡らされるであろう。

一七歳といえば、今の日本では高校二、三年生のまだ幼い世代である。『資本論』の翻訳者であり、経済学者でもある向坂逸郎さんは、若きマルクスのこの文章について、次のように述べている。

私は、このマルクスの『職業の選択に当面する一青年の考察』という作文をときどき引用する。この作文が別に名文だからではない。マルクスの生涯は、この十七歳の青年が書いたとおりであったからである。マルクスは何故〝永遠に生き〟たか、この作文で人間がなさなければならぬと考えた通りになしたからである。

私は、なさねばならぬと考え、真っ正直にこれをなしたマルクスの人間的な強さに驚嘆する。

マルクスは、資本主義社会の階級の存在とその闘争を見た。その歴史的意義を発見した。同時に彼自身がその闘争の中にとびこんだ。そしてなすべきその闘争に全力を傾けた。どんな困難にもたじろがなかった。どんな苦しい生活にも耐えた。『資本論』はこのようにして出来た。十七歳のマルクスが『資本論』に到達するまでには、経なければならぬ辛苦の思想的、実際的鍛錬があった。マルクスは、それをことごとく克服して、到達すべきところに到達した。

(向坂逸郎「解題」『資本論』(九)、岩波文庫、一九九〇年より)

若き日のマルクスのこの文章を読みおえて、ふとわれにかえると、この『資本論』成立から百数十年後の現実に一気に引きもどされる。この列島の私たちの世界が、若きマルクスの心の世界とは、あまりにも大きな隔たりがあるのに驚き、不思議な感覚にさえおそわれる。すべてが我利我欲の渦の中でうごめく世界。利己心を虚言や甘言で覆い、平然と大言壮語する不気味な政治家たちの群れ。ことの本質はいつもうやむやにされ、ずるずると深みに引きずられていく大人たちの不甲斐なさ。子供たちは、きっとそう見ているにちがいない。希望などもてるはずがないではないか、身を震わせて叫ぶ声が聞こえてくる。こうして、いよいよ子供たちも、狭小な利己の世界に閉じ込められていく。

もう一度この辺で人間の原点に立ち返って、そこから、一九世紀のこの一七歳の若々しい崇高な精神と意志の力を、とりもどせないものであろうか。私たちは、今までみてきた一九世紀の人類の苦闘の足跡から、それが一体何であったのか、そしてその学問と実践の成果から、何を学びとることができるのか。このことを真摯に考えてみる必要がある。

たとえ、それを否定しようと肯定しようと、私たちは、人類が創造した過去の水準、過去の蓄積の中からしか前へは進めないのは明らかである。

資本の論理と世界恐慌

さて、ここで問題を分かりやすくするために、もう一度、中世的生産様式から資本主義的生産様式への移行過程に照準を合わせることによって、マルクスが『資本論』で解明したいくつかの重要な命題について考えてみたい。

近代資本主義の前代に当たる中世的生産様式の特徴は、家族小経営の小規模な個別的生産であった。生産手段は、個人的使用にあわせてつくられており、きわめて原初的で、効果もつつましい小さなものであった。その生産は、生産者自身の消費のためであるか、あるいは封建領主の消費のためであって、生産者にとっては、誰が消費者であるのかが明確であった。したがって、その生産は、直接的な消費を目的としているものであった。そして、この直接的な消費を超える生産の余剰は、この時代においては、まだようやく発生しはじめたばかりであった。しかし、すでにこの時に中世的商品生産は、それ自身のうちに社会的生産の無政府状態を萌芽として含んでいたのである。

中世的生産様式も、末期をむかえる頃になると、先に見てきた「資本の本源的蓄積過程」は、まず単純な協業とマニュファクチュアによっておこなわれていた工業を改造する。これまで分散していた生産手段を、大きな作業場へと集積するのである。このことによって、個々人の中世的な生産手段は、社会的手段への転化を遂げる。しかし、この転化は、全体としての交換形態には、影響を及ぼしはしなかった。古くからの生産物の取得形態は、そのまま効力をもっていたのである。そして、そこに資本家があらわれたというわけである。資本家は、相変わらず生産手段の私的所有者としての資格で、生産物を自分のものとし、それを商品にした。生産は、社会的行為になったにもかかわらず、商品交換も、生産物の取得も、そのまま前代と変わらず、個人的行為であった。これは根本的な矛盾である。そこから、資本主義社会がその矛盾の中で運動し、大工業が明るみにさらけだすところの、一切の矛盾が生まれるのである。

他方では、今見てきたように、直接生産者、すなわち労働主体である人間の生産手段からの分離が進行する。富の源泉である土地からは引き離され、自らの生産用具を失った根なし草同然の労働者が、終身賃金労働者を宣告されて社会に放り出される。社会は、労働者と資本家の対立が支配的な分裂状態をむかえる。商品生産を支配する法則がますます顕著になり、その作用がますます強められ、際限のない市場競争が激化する。個々の経営内の社会的組織と、総生産における社会的無政府状態との矛盾が深刻になっていく。市場競争のために機械設備を改良することが経営主にとっての至上命題となり、それが結果として、労働者の解雇につながる。これは、マルクスのいう「産業予備軍」が準備されることを意味している。このことがまた、労働者の賃金を抑制することにもなる。そして、市場競争の強制法則が経営主に働き、無制限な生産拡張へと駆り立てていく。

このような両側面から、前代では見られることのなかった生産力の急速な発達が遂げられ、需要に対する供給の超過、過剰生産、市場の過充が許容限度をはるかに超え、不況と恐慌の悪循環がはじまることになる。それは、社会の中に、一方における生産手段と生産物の過剰と、他方における仕事も生活手段もない労働者の過剰としてあらわれる。世の中にものがあり余るほど溢れながら、労働者は貧困に苦しむという、不思議な現象が現出するのである。このことは、今日の不況下に生きる私たち自身が身をもって体験し、よくよく知っているところである。これは、資本主義以前の中世にも、古代にも、原始共同体の社会にも見られなかったことである。しかし、この現象は、不思議でもなんでもなく、資本主義自身に内在する法則によって現出したものにほかならないことを、マルクスはすでに、資本主義の経済研究の集大成である『資本論』の中で解明している。

こうした生産の無政府性は、資本主義の基本矛盾の現象形態であり、資本主義の運動法則は、資本の蓄積＝再生産であり、そして集中・集積がこの運動法則を貫いている。やがて、少数の大資本のもとへ生産手段の集積がすすむ。資本集中の二大槓杆は、競争と信用である。資本間の競争は、商品を安くすることによっておこなわれる。商品の安さは、技術革新や労賃の引き下げによる労働の生産性によって決まる。この生産性はまた、規模拡大によっても決まるのである。したがって、大資本は、小資本を倒し、集中・吸収・併呑・合併するしかない。また、信用によって、諸資本の集中、資本による資本の吸引、合併、資本結合、株式会社設立などがおこなわれ、集積が促進される。こうした社会現象は、資本主義社会にあっては、決して特殊なことではなく、日常茶飯事の如く当たり前のことであって、今日の日本社会を見るだけでもよく分かるはずだ。

資本主義の成立とともに、自由競争の時代がはじまった。自由競争は資本の蓄積・集中運動を促進し、少数の大資本のもとへと生産手段の集積をもたらした。その結果として、巨大な独占資本主義が形成され、これとともに資本主義の独占資本主義時代への移行がおこなわれるのである。

『資本論』でマルクスは、資本主義が一方において、生産力を無制限に発展させ、他方では、この生産力を手段に無限の価値増殖を目的としていること、この二つが相容れないということ、このことに資本主義の矛盾を見ている。そして、資本主義の歴史的使命は、生産力を無制限に発展させ、それに対応した大工業と世界市場を創出することにあるが、『資本論』は、大工業のもつ突発的で飛躍的な拡張能力と、世界市場向けの生産の増大が、周期的に全般的過剰生産を発生させ、その結果、社会的生産の盲目性・無政府性、その極致としての恐慌、さらには世界市場恐慌が引き起こされることが避けられないことを論証している。

不況や恐慌がおこると、多数の起業家が破産して借金を背負い込み、労働者は失業と賃金低下と過労に苦しみ、起業家も労働者も、自殺に追い込まれるような惨憺たる状態に陥っていく。今日の不況下の日本社会を思い起こせば、それがいかに深刻であるかが分かるはずである。その意味で、恐慌は、現代社会における最も悲惨な人災と言ってもいい。

人類史上、過去の社会でも、天変地異・凶作・伝染病・戦争などによって、物資の生産が不足をきたし、人々が物の欠乏に苦しむということは、しばしば起こった。しかし、これらの現象と比べて、資本主義の恐慌には、根本的な違いがある。恐慌では、生産の不足によってではなく、生産の過剰によって人々が苦しむということなのである。それはまさに人災であり、資本主義に特有のものなのである。

恐慌は、決して偶発的に起こる社会現象ではなく、資本主義に内在する法則に基づく自己運動の結果、起こるべくして起こる必然的な現象であることを、マルクスは、イギリスにおける一八二五年のはじめての恐慌以後、一八三六年、一八四七年、一八五七年、一八六六年と、繰り返し一〇年ごとの周期で起こった恐慌を、自らも体験し、その原因を科学的に分析することによって突きとめたのである。ひとたび一定の運行軌道に投げ入れられた天体が、絶えずその運動を繰り返すように、社会的生の産も、ひとたび膨張と収縮の交互運動に投げ込まれると、絶え間なくこの運動を繰り返すことになるので、移転する景気の四局面、すなわち活況・好況・恐慌・停滞は、周期性の形態をとることになる。マルクスがこの世を去ったのは、一八八三年。その後も恐慌は相変わらずおこり、二度の世界大戦による循環の中断や、一九六〇年代のベトナム戦争による恐慌の繰り延べなど、特殊な事情のケースを除くと、恐慌と恐慌の間隔は、一〇年前後になる。一八九〇年、一九〇〇年、一九〇七年、一九二〇年、一九二九年、一九三七年、一九四八年、一九五七年、一九七四年、一九八〇年と、二〇世紀に入っても、恐慌は依然として頑強に繰り返され、その周期運動は原理的には今も続けられている。

マルクスが資本主義を徹底的に分析し、それを一大理論体系にまで構築した『資本論』が、二〇世紀全般を通じ、そして百数十年後の二一世紀の今日においても、人々の心を捉えて離さないのは、恐慌の問題一つをとっても、その理論の核心部分が、今なお現実社会の中で生き続けていることを、自明の事実として、世界の人々が知っているからである。

マルクスの思想と理論は、それ以前にあらわれた様々な経済学の思想の豊かな源泉と多様な試みの流れの中にあらわれ、それらの積極的な意義を継承発展させるとともに、それらの弱点を克服することによって、二〇世紀にかけて広範な人々の心を捉え、二〇世紀を革命の世紀として推移させる有力な指導理念となった。その理念のすぐれた点は、人類史を総括して、人間の社会生活の本来あるべき姿を考え直し、その中から協同的で調和的な未来社会実現の可能性を探り出す姿勢が貫かれていること、そして社会の抑圧、差別、貧困が批判的に考察され、その解消が道義的にも重要な課題として提起されていることにある。

さらにこの人類史の総括自体、学問的により広範で正確に歴史研究の成果を吸収し、経済学の研究にも基づいて深められたもので、それは同時に、哲学的な世界観の再構築を繰り返しながら、ついに唯物史観の構築に到達するものになっている。その歴史観の特質は、人類の歴史を生産力と生産関係との対立に基づく階級社会の発展史として捉えている点であり、そこには人類史の総括のもつ、未来への深い示唆と説得力がある。

マルクスの経済学研究によって、資本主義経済の運動の原理が、その内的矛盾や歴史性とあわせて体系的に解明され、その結果、古典派経済学のせまい自然主義の限界をはるかに超えて、歴史科学としても優れた経済学の原理論が確立されたのである。それは、資本主義の矛盾を学問的に分析する理論基準を提示するものになっている。

また、こうして人類が一九世紀の後半に到達した思想と理論の成果は、資本主義の自己運動の結果として、一方の極には少数の資本家層が、もう一つの極には、根なし草同然の賃金労働者が集積し、後者がやがて社会人口の圧倒的多数を占めるようになり、この「労働者階級」が自覚的に結集することによって、資本主義社会を変革し、未来社会を構築する強力な主体として、必然的に登場してくることを、唯物史観と『資本論』の経済学に基づいて論証している。

人類の歴史を貫く根源的思想

先にも触れたように、イギリス産業革命が進行し、近代資本主義が形成される中で生まれてきたロバート・オウエンなどのいわゆる空想的社会主義といわれる一連の思想や、今日では高校の教科書にも記述されている社会主義とか共産主義という用語の根底に流れる思想は、はたして近代に限られた近代の産物であったのであろうか。決してそうではない。

それは、近代以前の古代からも人類史の中に脈々として伝えられ、人々の心を動かし、時には民衆による支配層への激しい抵抗や闘いをよびおこし支えてきた、根源的な思潮ともいえる。

それは、私利私欲に走るあさましさ、人間が人間を支配する不公正さ、抑圧される人々の貧困や悲惨さへの憤りに発する思想でもあり、人間の協同と調和と自由に彩られた生活を理想とする人類の根源的な悲願でもあり、したがって、おのずから繰り返し生まれてくる思潮にほかならない。

キリスト教も「貧しきものは幸いなり」とし、私利私欲を堕落とみなし、少なくともその初期には、共有財産による共産主義的教団生活を理想としていた。中世においても、キリスト教の教父たちやスコラ哲学の信奉者たちの中には、人類始原の自然状態における人々の自然権は、私有財産による貧富の差別をともなわず、すべてのものの共有にもとづく公正で自由で平等な生活を実現するものであったと考え、この理想的自然状態を、私有財産成立後の人間の腐敗堕落の状態と対比して発想する人たちが、少なからずいた。

こうした思潮の伝統は、中世末期から、農民一揆を支える思想として、現実的な影響力を示していた。神や仏の前に、人間は本来、平等であり、財産や身分による差別は不当であり、来世での救済だけではなく、この世においても公正で共同的な生活を実現する世直しがなされなければならない、という思想は、ヨーロッパだけではなく、世界各地の宗教の内にあらわれ、時には激しい農民の一揆や反乱を支えた。

日本でも、一五世紀後半から一〇〇年にもおよび、近畿・北陸・東海に広がった浄土真宗門徒による一向一揆、さらには、江戸時代を通じて各地に展開した農民一揆などに、こうした思想が色濃く認められる。江戸中期に『自然真営道』を著した安藤昌益(一七〇三〜一七六二)は、自然の営みと「直耕」の人々の生産活動を基本として、共有、皆労、平等の共同生活を「自然世」として実現することを呼びかけている。彼の考えは自然生的ではあるけれども、世界史的にも先駆的で独創的な共産主義思想に到達したものであるとして、評価されている。

近代に先だってあらわれた、これらの先駆的な自然権的共産主義思想は、おおくの場合、人類始原の自然状態における、差別や抑圧のない共同的で平等な生活を理想とする見地に立っていた。このような見地から、私有財産とそれをめぐる私利私欲は、身分的な支配隷属関係とともに、人間の腐敗や堕落をもたらすものとして、批判されている。

現存社会の荒廃や抑圧や不公正が、人間の本来あるべき原初の姿と対比して、不自然で歪んだ社会状態であると批判するこの思想は、人間の根源に根ざす普遍的な思想であるだけに、今日までたえず繰り返しあらわれてきたし、これからも繰り返しあらわれてくるにちがいない。そして、その自然権的思潮は、その時代時代の社会と思想の到達水準に照応した新たな内容を盛り込み、新しい形式をととのえて再生されることになる。

太古の人間社会の共有、平等、自由の自然状態を歪めてきたものは、何であり、誰であるのかの疑念が深まれば深まるほど、やがてその考えが科学に転化していくのは、自然の成り行きでもあった。商品経済による有産階層の権利を自然視する啓蒙主義的思想で代替して済まされるものではなかったのである。むしろ、人間に本来的な基本的人権とは何か、自然と人間、人間と人間との関係を律すべき根源的な原則とはいかなるものなのか、資本主義的商品経済のもとでの人間の疎外や自然の荒廃の原因は何なのか、その究明へとむかっていくのである。

マルクスやエンゲルスたちの新たな思想とその理論も、まさにこうした人類史の基底に脈々として流れる自然権にもとづく根源的な思想を受け継ぎ、さらに一九世紀三〇年代以降のイギリス資本主義の新たな発展と、それに内在する対立・矛盾とを組み込む形で、必然的にあらわれてきたものであるといわなければならない。

(3)　一九世紀に到達した未来社会論

マルクスの未来社会論

マルクス・エンゲルスの功績は、徹底した唯物論哲学を基礎に、人類の始原から近代資本主義に至る人類の全史を見通して総括しうる唯物史観を確立し、これを「導きの糸」として、経済学の研究によって資本主義の内的矛盾とその運動を解明し、資本主義経済学の原理論を確立した点にあることは、すでに述べたところである。

これにひきかえ、意外に思われるかもしれないが、マルクスやエンゲルスの膨大な著作の中には、未来社会についての具体的で詳細な体系的プランはなく、ごく簡単にしか示されていない。すでに見てきたマルクス以前のロバート・オウエンやサン・シモン、フーリエなどによるユートピア的社会主義が、未来社会の詳細な設計図を描いていたのに比べ、あまりにも叙述が少ないことについては、これまでにもしばしば指摘されてきたところである。このことは、マルクスやエンゲルスの研究の目的・課題の焦点が、当時の状況においてどこにあったのかということにも、おおいに関連しているように思われる。それは、すでに見てきたように、マルクスにとっては、ヘーゲルの観念論哲学とその社会観の批判からはじまって、さらに、それに対置する唯物史観を確立し、それを「導きの糸」として経済学の本格的な研究に取り組み、資本主義の運動法則を徹底的に解明することが最大の目的であり、またその時代がマルクスに課した最大の課題でもあったからである。

それから、もう一つの理由は、今から百数十年前の一九世紀の後半には、すでに資本主義は確立していたものの、まだ発展途上にあったということである。マルクス自身の理論からしても、社会革命は資本主義に内在する法則にしたがい、生産力の一定の高まりによって生産関係が変革されること、また変革主体としての労働者階級の質と量の一定の発展水準を待たなければならないこと、こうした諸条件が具体的に把握できていない段階で、未来社会の具体的プランや見取図を詳細に提示すること自体、慎重であるべきだという考えに基づいていたのである。

たしかにマルクス・エンゲルスは、人類史を総括し、資本主義社会の運動法則の解明を通じて、社会主義・共産主義への移行の必然性を明らかにすることによって、資本主義にかわる未来社会への壮大な展望を示すことができたのであるが、未来社会についての具体的で詳細な設計図やプランの提示には、今述べたような理由から極めて慎重であったのは事実である。しかし、未来社会の問題に全く触れていなかったわけではない。

マルクスとエンゲルスの共同執筆による歴史的文書、『共産党宣言』（一八四八年）の中には、資本主義にかわる未来社会についての大まかではあるが比較的まとまった叙述がある。

その中では、まずはじめに、今日までのあらゆる社会の歴史は、階級闘争の歴史であるとおさえた上で、労働者革命の第一歩は、労働者階級を支配階級にまで高めること、民主主義を闘いとることであると述べている。そして労働者階級は、資本家から次第にいっさいの資本をうばいとり、いっさいの生産用具を、国家すなわち支配階級として組織された労働者階級の手に集中し、生産諸力の量をできるだけ急速に増大させるために、その政治的支配を利用するであろうと述べている。

もちろんこのことは、はじめは所有権と資本主義的生産諸関係への専制的な規制を通じてのみ、おこなわれるものであり、したがって、これらは経済的には不十分で、長もちしえないように見えるが、運動がすすむにつれて自分自身をのりこえて前進し、しかも全生産様式を変革する手段として不可欠であるような諸方策によってのみおこなわれるのである、としている。

これらの方策は当然、国によって色々であろう。しかし、最もすすんだ国々では、次のような諸方策がかなり全般的に適用されるであろう。……こう述べた上で、次の一〇項目の方策を挙げている。

一　土地所有を収奪し、地代を国家の経費にあてる。
二　強度の累進税。
三　相続権の廃止。

四　亡命者、反逆者の財産没収。
五　国立銀行を通じて信用を国家の手に集中。
六　運輸機関を国家の手に集中。
七　国有工場、生産用具の増加、共同の計画による土地の耕地化と改良。
八　万人に対する平等の労働義務、産業軍の編成、とくに農業のための産業軍の編成。
九　農業と工業の経営の結合、都市と農村の対立の漸次的除去。
十　すべての児童の公的無償教育。現在の形態の児童の工場労働の廃止。教育と物質的生産の結合、その他。

（マルクス・エンゲルス『共産党宣言』国民文庫、一九八七年より）

その上で、次のような叙述がつづく。

このような方策が現実に実施され、社会の発展がすすむにつれて、階級の差別が消滅し、すべての生産が協同したそれぞれの個人の手に集中されたあかつきには、公的権力は政治的な性格を失うのである。労働者階級は、資本家階級との闘争において必然的に自らを階級に結成し、やがて革命によって自らが支配的階級となり、そのことによって強制的に旧生産関係を廃止する。他方、この生産関係の廃止とともに、階級対立の存在条件は失われ、階級支配は永遠になくなるのである。階級対立をともなう旧資本主義社会にかわって、各人の自由な発展が、万人の自由な発展の条件となるような一つの協同社会があらわれる。……

（マルクス・エンゲルス『共産党宣言』国民文庫、一九八七年より要約）

以上が、この『共産党宣言』（以下、『宣言』と略す）の中の未来社会論に直接かかわる部分の要約である。これが、一八四八年の段階でマルクス・エンゲルスが考えていた、労働者階級による資本主義体制からの権力奪取の構想であり、それによって成立する労働者階級の主導権のもとでの基本的政策と社会変革の大まかなプロセスであり、その結果、最終的にあらわれる協同社会の未来像である。これは、決して具体的で詳細な見取り図であるとはいえないが、その基本的内容と方向性は、示されていると言える。

私たちが現に生きている今日の日本社会の現状や、当面する課題からすれば、この未来への展望と諸政策は、いかにも現実からかけ離れた、しかも乱暴で強引な感をまぬがれないことは確かであろう。しかし、思えばこれが執筆された一八四八年の年といえば、先にも見てきたように、イギリスは一八二五年にはじまる初めての恐慌以来、幾たびかの周期的恐慌に見舞われ、社会は揺れに揺れ動き、失業と低賃金と貧困と飢えの苦しみの中で労働者は喘ぎ、労働運動は未曾有の高まりを見せていた。この文書は、こうした状況下で暮らしていた多くの労働者や一般市民にむけて書かれたものであることを、まず念頭に置いておく必要があろう。

それにしても『宣言』が出版されて以来、すでに百六十数年が経った。今日の私たちのこの社会においても、人々は今なお不況・倒産・失業や低賃金・不安定な雇用に苦しみ、年間自殺者一四年連続三万人超えという現実や、少年・少女犯罪の急増、将来不安など様々な問題を抱え、打開の道を見出せずにいる。多くの人々がどうしようもない閉塞感にさいなまれていることを思う時、現代資本主義社会の支配の手口がますます巧妙になり、表面上はいかにも民主的で、温和で、自由な社会であるかのように装われていながら、実は社会の本質はいっこうに変わっていないことに気づくのである。

導き出された生産手段の「共有化論」、その成立条件

資本主義は、剰余労働の収奪に基づく奴隷制、封建制、資本主義の三つの階級社会の最後の形態であるが、資本主義の歴史的位置とその役割は、それだけにとどまらない。「資本の本源的蓄積過程」は、原始共同体の遺制も、奴隷制、農奴制の人身隷属的形態も、農民・商工業者の小経営的形態をも、一切合切解体しつつ、ついには直接生産者と生産手段(生産用具と土地など)との分離の最後の形態、すなわち生産手段を所有する資本家と、生産手段を失った賃金労働者という二大階級関係の支配的な社会につくりかえたのである。そこではモノだけではなく、人間の労働そのものも商品となるような、全面的に発達した商品生産の社会であることは、すでに説明してきたところである。

こうした社会の特質は、全面的商品生産、つまり、商品が社会の富の支配的形態であるということと、剰余価値それ自体の生産が目的になっているということ、この二点に集約される。このことから生産の無政府状態が必然的にあらわれざるをえず、社会的生産が、意識的・計画的に均衡を保ちながら進行するのではなく、盲目的・無秩序におこなわれることを意味する。そしてやがて、不況・恐慌へと突きすすみ、最終的には世界市場恐慌となって暴発する。これを解決することが、一九世紀人類に突きつけられた最大の課題であった。

人類史上にあらわれた私的所有、そしてそのたゆまぬ発展によって、直接生産者と生産手段との分離の最後の形態が出現し、社会の大多数の人々が生産手段から引き離され無所有になり、ごく一部少数の資本家に生産手段が私的に所有され集中する。その結果、生産が社会的行為になっているのにもかかわらず、社会的生産物は個別的私的な資本家によって取得され、交換される。これが、資本主義社会の根本矛盾である。

すでに見てきたように、一九世紀前半のロバート・オウエンをはじめ先駆者たちは、社会のこの根本矛盾を生産手段の社会的共有化によって解決しようとしようとしたのであるが、失敗に終わっている。にもかかわらず、マルクス・エンゲルスも社会的共有化という点では、先代の先駆者たちと基本的には変わることなく、生産手段が私的に所有され集中している状態を止揚し、生産手段を資本としてのこれまでの性質から解放し、生産手段に社会的性格を完全に与える条件を整えなければならないと考えた。こうすることによってはじめて、あらかじめ決定された計画による社会的な生産が可能になると見たのである。結局、生産手段の社会的共有に基づく「協同社会」による以外に、この人類に課せられた根本矛盾の解決は望むべくもなく、したがって労働者階級は、公的権力を掌握して、民主主義的国家制度を樹立し、この権力によって、資本家階級の手からすべり落ちつつある社会的生産手段を、公共の財産に転化しなければならない、という結論に達したのである。

以上が、『宣言』の中で描かれた、生産手段の社会的規模での共有化による未来社会としての「協同社会」であり、これが構想された時代背景であり、社会的背景である。

では、社会的規模での共同所有を基礎に、「各人の自由な発展が、万人の自由な発展の条件となるような一つの協同社会」というこの崇高な目標にむかって、どのように社会変革の主体が形成され、どのようなプロセスを経て、それが達成されるのであろうか。それについては、『宣言』では、具体的にはほとんど述べられていない。『宣言』ではただ、「労働者革命の第一歩は、労働者階級を支配階級に高めること。民主主義をたたかいとることである」とだけしか書かれていない。どのようにして変革の主体が具体的に形成されていくかについての言及が不明確であることが、後に二〇世紀に入って、社会革命の実践に大きな混乱を招く原因にもなった。このことについては、後ほどまた触れたいと思う。

ところで、『宣言』が出版された数ヵ月前の一八四七年十月下旬、この『宣言』の共同執筆者であるエンゲルスは、彼の著書『共産主義の原理』(以下、『原理』と略す)の中で、この革命は、どんな発展の道を辿るのだろうか?という市民の質問に対して、次のように答えている。


それはなによりもまず、民主主義的国家制度を、そしてそれによって、直接にまたは間接に、労働者階級の政治的支配をうちたてるであろう。イギリスのように労働者階級がもう人民の大多数をしめているところでは直接に、フランスやドイツのように人民の大多数が労働者階級だけでなく小農民や小市民からなっている国々では間接に。この小農民や小市民は、いまやっと労働者階級のがわに移行しはじめ、その政治上のすべての利益も全面的にますます労働者階級に依存するようになり、したがって、遠からず労働者階級の要求にむすびつくにちがいない。このためには、おそらく第二の闘争が必要であろう。だがその闘争は、労働者階級の勝利をもって終わるほかない。

（エンゲルス「共産主義の原理」『共産党宣言』国民文庫、一九八七年より）

このエンゲルスの説明によって、さきの『宣言』の中の「労働者革命の第一歩は、労働者階級を支配階級に高めること、民主主義をたたかいとることである」の内容が、おぼろげながら見えてくる。と同時に、この文章の後に続くくだりと合わせて読むと、次のことが明確になってくる。つまり、労働者階級が民主主義的国家制度を樹立し、労働者階級の主導権のもとに、いっさいの生産手段を国家に集中し、生産力をできる限り急速に増大させていく。そのためには、さきの『宣言』の一〇項目の方策を実行することによって、全生産様式を変革し、階級と階級対立をともなう旧資本主義社会にかわって、「各人の自由な発展が、万人の自由な発展の条件になるような一つの協同社会」が生まれる、ということなのである。

また、ここで注目しておきたいことは、以下の点である。それは、この「民主主義的国家」が実行すべきこの一〇項目の方策についても、これでなければならないということではなくて、極めて柔軟に扱われていることである。この方策は、国の実状や社会の発展段階によっていろいろである、ととわった上で、全生産様式を変革する手段として不可欠な諸方策であること、そして最もすすんだ国では、次の諸方策がかなり全般的に適用されるであろうとして、さきの一〇項目の方策を列記していることからも、そのことは推察できる。最もすすんだ国というのは、後で引用する『原理』の中の叙述からも分かるのであるが、イギリス、アメリカ、フランス、ドイツを想定しているようである。つまり、これらの先進資本主義国では、社会的規模での共同所有を確立していくには、こうした一〇項目の具体的な方策を実行することによってはじめて可能になるのだ、ということが理解できるように例示した以上のものではなく、客観的状況によって、極めて流動的に考えられた方策であったと考える方が正しいと思う。

マルクス・エンゲルスが未来社会についての具体的な見取図を詳細に描くことには極めて慎重であった、ということについては前にも述べたが、この理由のほかに、その当時すでに経済は世界的規模に拡大し、多くの国々が互いに極めて複雑密接にからみあいながら、一つの世界を形成していたことをも想起しなければならない。したがって当時においても、世界は一国規模で予測できるような限度をはるかに超えた現実があったのである。それだけに、不確定な要素が以前にも増して多かったといわなければならない。と同時に、資本主義という経済の大海の中に、原理的にも異質な経済システムを築くことが、いかに困難であるかということが自覚されていたからでもあろう。

こうした観点からエンゲルスは、この革命は、ただ一国だけでおこりうるだろうか?という問いに対しても、前掲の『原理』の中で、次のように答えている。

いや、おこりえない。大工業は世界市場をつくりだして、すでに地球上のすべての人民、とりわけ文明国の人民をたがいにむすびつけているので、どこの国の人民も、よその国におこったことに依存している。……この点で大工業は、文明国における社会の発展を、すでに均等にしてしまっている。だから共産主義革命は、けっしてただ一国だけのものでなく、すべての文明国で、いいかえると、すくなくとも、イギリス、アメリカ、フランス、ドイツで、同時におこる革命となるであろう。この革命は、これらの国々で、どの国が他よりも発達した工業、より大きな富、また生産力のより大きな量をもつかにしたがって、急激に、あるいは緩慢に発展するであろう。……それは、世界の他の国々にも同じようにいちじるしい反作用をおよぼし、それらの国々のこれまでの発展様式をまったく一変させ、非常に促進させるであろう。それは一つの世界革命であり、したがって世界的な地盤でおこるだろう。

さきの『宣言』では、全体として、唯物史観の全体系から見るならば、どちらかといえば、歴史における人間の主体的実践の果たすべき役割が前面に出て、変革主体としての労働者階級の果たす主導的意義が、より強調されているように思われる。それに対して、新しい社会の建設が当面の課題として意識される場合には、このエンゲルスの答えにもあるように、生産力の規定性が前面にあらわれ、社会の発展には、人々の意識から独立した客観的な合法則性が貫くとする、いわば「自然史的過程」が強調され、人間の主体的実践の果たすべき役割が、やや後方に退いている感が否《いな》めない。それにしても、この革命そのものが、人類史上、それ以前の過去の社会構成体の移行期にあらわれたどの革命とも、比べようもなく複雑にして困難な問題を、その革命の歴史的性格上、初期の段階から抱えざるをえない運命にあったことが、この説明からも伝わってくる。

こうした複雑で流動的な、しかも世界的な規模での緊密な連関のもとで想定される、労働者階級の主導権による「民主主義的国家」の樹立と、その役割およびそれが打ち出すべき方策について、その社会の客観的条件や歴史的諸条件、それをとりまく世界史の発展段階などを無視した形で固定的に考えること自体が、もともと無意味なことであったのであろう。

事実、マルクス自身がその後も、一八四八年に『宣言』で述べたことに修正を加えている。『宣言』から二十三年後の一八七一年におこったパリ・コミューンの実践的経験から学んでの修正である。マルクスは、『宣言』への一八七二年ドイツ語版への序文の中で、『宣言』の一〇項目の革命的諸方策は、それら一般的諸原則を歴史的与件の中において、実際にどう適用するかにかかわるところである、と注意を喚起するとともに、とくにパリ・コミューンが、「労働者階級は、既成の国家機関をそのまま奪い取って、それを自分自身の目的のために動かすことはできない」という証明を提供した、と指摘している。これは、マルクスがコミューンの経験から、極めて大切なことを学びとったことを物語っている。今日の私たちにも、これは重大な示唆を与えてくれている。これについては、次の章でも、あらためて敷衍して触れることになる。

マルクスは、その時より二十三年前に『宣言』の中で、労働者階級は「すべての生産用具を国家の手に、すなわち支配階級として組織された労働者階級の手に集中」する、としていた点に修正を加え、国家機構自体をコミューン的に変革しなければならないと、痛切に感じとったのである。そして、来たるべき新しい国家の内実を、より具体的に捉えはじめたといっていいであろう。

また、パリ・コミューンの四年半後の一八七五年に書かれたマルクスの『ゴータ綱領批判』には、

「資本主義社会と共産主義社会とのあいだには、前者から後者への革命的転化の時期がある。この時期に照応してまた政治上の過渡期がある。この時期の国家は、労働者階級の革命的執権以外のなにものでもありえない」という有名な規定がある。

これもやはり、マルクスがパリ・コミューンを分析し、その結果ひきだされた国家論の発展を示すものである。そしてマルクスは、この過渡期の段階を「資本主義社会から生まれたばかりの共産主義社会の一段階」とし、この段階では、「個々の生産者は、彼が社会に与えたものと正確に同じだけのものを―控除をした上で―返してもらう。個々の生産者が社会に与えるものは彼の個人的労働量である」と述べている。そしてここでは、平等の権利は、まだやはり資本主義的な権利であり、こうした欠陥は、長い生みの苦しみの後、資本主義社会から生まれたばかりの共産主義社会の第一段階においては、避けられないとしている。さらに続けて、「共産主義社会のより高度の段階では、諸個人が分業に奴隷的に従事することがなくなり、それとともに精神労働と肉体労働の対立がなくなったのち、労働がたんに生活のための手段であるだけでなく、労働そのものが第一の生命欲求となったのち、諸個人の全面的な発展にともなって、また彼らの生産力も増大し、協同的富のあらゆる泉がいっそう豊かに湧きでるようになったのち、―そのときはじめて資本主義的権利の狭い視界を完全に踏みこえることができ、社会はその旗の上にこう書くことができる―各人はその能力に応じて、各人にはその必要に応じて！」こう述べて、二十三年前に『宣言』で述べた未来社会についての自らの命題と理論を、パリ・コミューンという現実世界でおこった経験から深く学びとって、より厳密なものに補正していることが分かる。

ここで強調したかったことは、今日の時点での問題意識からすれば、そのような修正の是非の細部にわたって云々することではなく、今挙げたいくつかのマルクス自身の修正や変更の事例からも分かるように、理論は客観的世界の中ではあくまでも相対的であるということ。そして、特に社会科学の分野においては、客観的な現実世界が変われば、そこには新たに豊かな事実が無限に生まれてくるものであり、それを大胆に組み込むことによってはじめて、理論は深まり発展していくものだということなのである。これらのことからも、人類の先人たちの理論を固定的に教条的に捉えるのではなく、あくまでも現実世界の発展の中にしっかりと位置づけ、その上で人類の英知である思想や理論を批判的に継承・発展させていくことがいかに大切なことであり、必要なことであるかが分かる。

人類史上、先行の思想と理論から断絶したところからは、優れた思想や理論が生まれた試しはない。今まで見てきたように、マルクス自身の思想と理論もそうであったように、これから先も、そのようになっていくにちがいない。現実世界のあらゆる事物が「否定の否定」によって発展してきたというこの弁証法は、思惟の世界においても現実世界を反映し、貫徹していると言わなければならない。

今こそ一九世紀理論の総括の上に

初期マルクスに多大な影響を与え、ドイツ観念哲学の最高峰を築いたヘーゲルは、一九世紀の前半、一八三一年に、そして社会主義思想に先駆的足跡を残し、その後にあらわれたマルクスやエンゲルスたちの社会主義思想の生成過程に、ある意味では先駆者として光明を照らしつづけたロバート・オウエンも、一八五八年にすでにこの世を去っている。

マルクス自身がこの世を去ったのは、一八八三年。マルクスの生涯の無二の親友であり、ひとつの目標をめざして共に苦闘し研究をつづけてきたエンゲルスが亡くなったのは、それから十二年後の一八九五年であった。著名な工芸家にして社会主義運動に身を投じ、多彩な芸術活動を実践したウィリアム・モリスは、その一年後の一八九六年にこの世を去っている。イギリスの生物学者で進化論を首唱し、生物学、社会科学および一般思想界に画期的な影響を与え、唯物史観の生成過程にも深く影響をおよぼしたダーウィンは、やはり一九世紀の末、一八八二年にこの世を去っている。

こうして、人類史に一時代を画すことになった、思想と理論の創出の一九世紀はおわった。

しかし、一九世紀における資本主義超克の思想と理論のこの壮大な体系は、資本主義の社会システムそのものとともに、二〇世紀に引き継がれることになった。二〇世紀の資本主義は、以前にも増して自己自身の内に自己を否定する客観的・物質的要因を拡大再生産しながら、同時に、自らが産み落とした自己否定の思想と理論の体系を、ある意味では二重に内包しつつ、自己運動を続けなければならないことになる。二〇世紀は、一九世紀に創出されたこの壮大な思想と理論の現実世界への適用と実験、そしてその失敗の繰り返しの時代であったともいえる。

私たちはここで、この一九世紀に到達した思想と理論の体系が、二〇世紀において人々にどのように受けとめられ、そしてその思想と理論が現実世界にどのように適用され、失敗していったのかを考えてみなければならない。また、失敗したのであれば、それはどうしてなのか。その根本にある失敗の原因を、具体的に突き止める必要に迫られている。一九世紀の先駆的理論に、その後の二〇世紀世界の現実を組み込むことによって、その理論を検証しなければならない時期に来ている。

二一世紀をむかえた今、世界の東西陣営のいずれが勝ったのか、負けたのかのつばぜり合いでは、もうすまされない時に来ている。勝ち組は誇らしげに勝利の宣言を唱え、そこで思考は停止する。そして、鬼の首でも取ったように傲慢になる。一方の負け組も、いとも簡単に観念して、それまでのすべてを洗い流し、魂までも売って欲の権化に早変わりする。これが、二一世紀の今日までの悪しきしきたりであった。そこからは、何も生まれてこない。何も生まれないどころか、両者もろとも、まさに我利我欲の世界に、ますます陥っていく。そのような勝った負けたは、支配層の好む言葉であっても、無産の庶民にはもともと無縁のものなのである。

今、私たちに必要なことは、人類がはるか太古の時代から願いもとめてきた人間の真の解放がなぜ成就できなかったのか、その原因を明らかにすることである。あるいは、その理論そのものがまちがいであったのかどうかをも含めて、根源的に問い直す必要がある。いずれにせよ、今まで見てきた、一九世紀の世界が追求してきた先駆的な思想と理論の到達点とその遺産を真摯に受け止め、二〇世紀のその後の世界の現実を冷静に考察し、それを組み込み、公正な目で新しい道を探り当てていかなければならない。

わざわざここでこうした過去の思想や理論に触れ、その学説の跡を辿ろうとしたのは、それがこれまで無数にあらわれた思想や理論とは違って、二〇世紀世界の幾百万、幾千万の民衆の心を捉え、資本主義に対抗する新しい社会を現実世界に築き、もうひとつの世界体制へと展開し、そしてその〝実験〟自体は無惨にも失敗におわったとはいえ、そこで追求された人間の自由と平等と友愛の普遍的精神は、二一世紀の今日においても衰えることなく私たちの心の中に生き続け、その実現への模索が、らなのである。

たとえそれが小さなものではあっても、今なおさまざまな形をとって世界の各地で続けられているか

マルクス「共有化論」、その限界と欠陥 ― 時代的制約

資本主義二百数十年の歴史と今日の二一世紀世界の現実が示しているように、資本主義は、自己運動の自らの法則によって陥った、今日の市場原理至上主義「拡大経済」の弱肉強食の修羅場から脱け出すことができずに、明日への展望を見失っている。今あらためて、資本主義超克の新たな道とその原理とは一体、何なのかが問われている。

そこで話をもう一度、さきの『宣言』で打ち出されている労働者階級の主導権による「民主主義的国家」の樹立と、その政治的支配のもとに実行されるべき一〇項目の方策の問題に戻して、考えてみたいと思う。

まず、この『宣言』の一〇項目の方策から検討してみると、工業部門と金融部門については、国有化をめざしていることは、ほぼ間違いないところである。

しかし、農業部門については、具体的にどのようになるのかが、はっきりしていない。「土地を収奪し地代を国家の経費にあてる」と書かれているだけで、地主から奪った土地は、農民に分配されるとしても、その所有形態がどのようなものになるかは不明である。そのあとにつづいて、「農業のための産業軍を編成する」とあるが、農業の集団的経営であるのか、あるいは都市労働者を動員して作業隊を編成しようとしているのか、それもこの文章からは、はっきりしたことは分からない。

『宣言』の原案となったエンゲルス執筆の先の『原理』の方には、「国有農場において労働を組織し、あるいはそこに労働者階級を雇用すること」とあるので、やはり国営農場を想定しての記述とも受けとれる。

また、この『原理』には、「国民の共同団体のための共同住宅として、国有地に大住宅をつくる。そしてこの共同団体は農業と工業をいとなみ、田園生活と都市生活との長所を結合し、その両生活様式の一面性と不便をまぬかれる」とも述べられている。これなどは、空想的社会主義といわれたロバート・オウエンが実験して失敗した、ニューハーモニーのコミュニティを彷彿とさせるものがある。もちろん、これは、ロバート・オウエンの場合とはちがって、労働者階級の主導権による「民主主義的国家」の樹立を想定したもとでの方策であるから、客観的な社会条件が根本的にちがっており、そのようなコミュニティの可能性がまったくない、というわけではない。

いずれにせよ、農業・農民問題では、工業との関係においても、明確で具体的な方策は、この時点では確立していなかったと見るべきである。農業部門を社会化する、あるいは共有化するにしても、農民の存在形態や、農地など生産手段の所有形態がどうあるべきかが、理論的にもまだ熟していなかったと言わざるをえない。一方、工業部門と金融部門、それに運輸については、『宣言』では、社会的規模での共有化が明確に打ち出されている。

ここでもう一度、生産手段の共有化の理論、つまり生産手段の社会的規模での共同所有を基礎におく共同管理・共同運営の道が、なぜ浮上してきたのかを考えてみたいと思う。

資本主義以前の原始共同体的、古代奴隷制的、中世封建制的形態といった過去の諸形態は、「資本の本源的蓄積過程」を通じて、つまり資本の論理が貫徹することによって、いっさいが解体される。その過程で、土地や生産用具などの生産手段と直接生産者である人間とが完全に分離し、一方の極には、生産手段から引き離され、自らの労働力を商品として売るほかに生きる術《すべ》をもたない賃金労働者が累積し、もう一方の極には、膨大な生産手段を私的に集積し、所有する資本家が出現する。過剰生産は周期的に恐慌をもたらし、資本主義的生産の無政府状態が生み出される。こうした中で、これにかわる計画的・意識的に運営される、新たな社会的生産が渇望されるようになった。

このような生産力の発展と生産関係の両者の軋《きし》みに起因する、社会の根本矛盾を克服する方法として考えられたのが、労働者階級の主導権による「民主主義的国家」の樹立と、その政治的支配のもとでの生産手段の社会的規模での共同所有であったといえる。さきの『宣言』の一〇項目の方策は、この共同所有を実現させるための実践的な方策であった。

今、指摘してきたように、『宣言』では、農業部門、特に農民の位置づけと土地など生産手段の所有形態が、将来どのようになるべきなのかがはっきりしないだけではなく、工業部門と農業部門との関連が具体的に見えてこない。それはそれとして、不明な部分があるということだけはおさえた上で、工業部門における社会的規模での共同所有は、果たしてどのように具体的に実現されることになるのであろうか。例えば、抑圧された労働者が、それに抗して合法的な示威運動やストライキによって行動に起ちあがり、既存の政権を崩壊に導くか、あるいは普通選挙を通じて議会の多数派を形成するか、あるいはその他の方法によるか、そのいずれにせよ、労働者階級の主導権による「民主主義的国家」の樹立が実現し、この政治的支配のもとに、この一〇項目の方策が実行に移され、社会的規模での共同所有が実現されていくという道筋が想定される。

だとすれば、政権が新たに樹立された場合、この政権のもとに結集する労働者階級をはじめとする広範な小農民や小市民の主体的な力量が、決定的に重要になってくる。その側面から考えてみると、次のような懸念が湧いてくる。

たしかに、賃金労働者は、自らの労働力以外に失うものは何もないのであるから、政権の奪取と樹立に至るまでの過程では、その革命性が一時的にはおおいに発揮されることは分かる。しかし、いったん政権が樹立された後の、肝心の新しい社会の建設期の長い長い道のりでは、はたしてその革命性はそのまま維持されるであろうか。

そのことを正確に把握し判断するためには、ここに結集した「賃金労働者」という人間の社会的生存形態そのものの性格を、もっと厳密に捉えておく必要があろう。賃金労働者とは、繰り返し述べてきたように、土地や生産用具、すなわち生産手段から排除された根なし草同然の人間の社会的生存形態である。したがって賃金労働者は、そのままでは家族小経営を営む主体には、もちろんなりえない。このことは、賃金労働者の主体形成にとって、何を意味しているのであろうか。

これまで家族小経営は、その狭隘性が指摘され、社会の変革に対しては保守的で、革命遂行の阻害要因になると見なされ、しばしば否定的に扱われてきた。しかし、それは二百数十年が経過した今日の歴史的時点に立って考えるならば、あまりにも性急で、一面的な見方であったといわなければならない。むしろ家族小経営そのものには、日常の身近な暮らしの中で人間を恒常的に鍛錬し、人間の創造性を高め、人間の精神を豊かにする極めて積極的な契機が内在していることに注目しなければならない。このことについては、このあとの本編でも、あらためて詳しく述べることになろう。

家族小経営、とりわけ農的家族小経営は、人類史上、人間を全面的に発展させるすぐれた「学校」の役割を果たしてきた。自己鍛錬と自己形成の場としてのこうした家族小経営には、将来それを基礎に、村落共同体、さらにはより高次の地域共同体へと広がりを見せながら、人間の共同性や友愛の精神をより普遍的なものへと高め、人間性をいっそう豊かに発展させていく可能性が秘められている。

ところが、「資本の本源的蓄積過程」を通じて、さらには本格的な資本の展開過程の中で、前資本主義的諸形態はことごとく解体され、その中からあらわれてきた賃金労働者は、家族小経営のもつこうしたすぐれた基盤をすでに奪われている。したがって、大地から引き離された根なし草同然の不安定な賃金労働者が、たとえ一時期、労働者階級の主導権のもとに「民主主義的国家」を樹立し、その政府のもとに一国の社会的規模で、幾百万、幾千万、幾億と結集することができたとしても、長期的に見れば、その結集自体が、すでにその内部に、将来、社会の根幹を揺るがしかねない極めて否定的で危険な要因、つまり、社会全体として人間の自己鍛錬と自己形成の具体的な場とプロセスを喪失するという否定的な側面を、当初から抱え込むことになる。

このことについて、もう少し踏み込んで考えてみよう。

もともと生産手段の社会的規模での共同所有をめざした目的は、資本主義的生産の無政府状態にかわって、計画的・意識的に社会的生産をおこなうことにあった。したがって、当然のことながら、共同所有に対応して、社会的規模での共同管理・共同運営が考えられることになる。それは、一国規模での幾百万、幾千万、幾億の人口をかかえる社会的規模での共同管理・共同運営が、先の『宣言』の中にも述べられているように、労働者階級の主導による「民主主義的国家」の権力機構によっておこなわれることを意味する。このこと自体が人類史的に見て、性急にも人間発達、人間形成の到達の諸段階を一気に飛び越えるほどの現実離れした、実に高度で厄介きわまりない難題なのであるが、一九世紀人類は自らの歴史を総括し、この難題に挑戦し、この新たな道への理論と実践的方法を考案することになったのである。

一国の社会的規模での共同管理・共同運営は、想像するだけで気の遠くなるような話である。今考え得る一国の社会的規模での共同管理・共同運営の機構のその全体像を、ピラミッドに喩えるならば、その底辺の土台は、生産手段から引き離された幾百万、幾千万、幾億の根なし草同然の賃金労働者とその家族の大群によって占められることになる。自立の基盤を失い、自己鍛錬と自己形成の小経営的基盤を失った人間は、個性の多様な発達の条件をも奪われ、長期的に見れば人間の画一化の傾向を辿らざるをえない。したがって、そのピラミッドの下部に位置する社会的土台は、中央集権的専制支配を許す土壌に転化する危険性を当初から孕んでいることになる。

一国の社会的規模での計画的・意識的共同運営のためには、「烏合の衆」であってはどうにもならない。どうしても、立法、行政、司法にまたがる全国規模での巨大な組織・機構が不可欠になってくる。末端の地方組織も必要になってくるし、それらを統括する中央の組織・機構も必要になってくる。こうした地方の末端から中央に至る巨大な組織・機構におさまって働くのは、人間なのである。

結局、この巨大な統治機構は、生産手段から切り離された、つまり家族小経営的基盤を失った幾百万、幾千万の賃金労働者や農民・市民から成るピラミッドの土台の中から、一握りのエリートを選抜し、彼らによって運営されることにならざるをえない。しかも、一国レベルの高度な運営に見合った専門性が要求される。様々な専門領域の科学者・技術者出身の政治家、高級官僚、技術官僚がますます必要になってくる。こうして、テクノクラートによる巨大な中央集権的官僚機構が強化・肥大化していく。権力は、ますますピラミッドの底辺から頂点にむかって集中されていくことが避けられなくなる。と同時に、ピラミッドの底部では、家族小経営的基盤を失った人間の画一化がますます進行し、そのことがかえって、上からの指令に一層従順な土壌をつくることになる。これは、自己を確立した人間が、個性ある人間としての対等な立場において互いに助け合い、補完し合い、人間的絆を築いていくという本来の協同の精神を失った、主体性のない画一的なさらさらとした砂地のような単粒構造の土壌のようなものである。この巨大ピラミッドの上部と下部の両者の、こうしたたゆまぬ負の相互作用によって、中央集権化はいっそう増幅、促進されていく運命にあった。

このように見てくると、生産手段の社会的規模での共同所有に基礎を置く未来社会では、マルクス・エンゲルスをはじめ、一九世紀の先駆者たちが究極においてめざした、人間の全面的発達と人格の全面的な開花の方向とは逆に、人間の画一化が進行し、めざした国家の死滅に反して、国家権力の強大化が進行する。これが、一九世紀後半に人類が到達したいわゆる「生産手段の共有化理論」を、二〇世紀に入って性急に適用したソ連・東欧をはじめ、モンゴルその他の社会主義体制諸国が共通して陥った現実であった。そしてついに二〇世紀九〇年代の初頭に至って、一九世紀未来社会論の理論的限界と欠陥は白日の下に晒されることになったのである。

これは、偶然におこったこととは考えられない。あるいはまた、資本主義の発展水準が低位にあった段階で生産手段の共同所有化がすすめられたためにおこった結果であると一面的に捉えることも、この問題の本質を正しく省察したことにはならない。むしろ、それは、資本の論理によって生み出された賃金労働者という人間の社会的生存形態をどのように捉え、家族小経営を歴史的にどう位置づけ評価するのか、さらにはそれを未来社会にどう位置づけるのかという問題と、おおいにかかわってくることなのである。このことについては、このあと本編の各章で深めていくことになるであろう。

先にも指摘したように、社会的規模での共同所有に基づく社会的規模での共同管理・運営は、人間にとっては実に高度な難題である。何よりもまず、人間の人格の発達が高度な水準に達していることが要求される。未来を長い目で見るならば、人格の発達を保障する基本は、ほかでもなく家族小経営である。端的に述べるならば、この家族小経営を軽視し、人間のいのちの再生産に最低限度必要な土地や生産用具、つまり生産手段を人間から切り離したまま、賃金労働者の大群を一国規模のピラミッドの土台の底部に据えおいた状態で、社会的規模での共同所有を重視するあまり、それを優先・先行させること自体に、根本の誤りがあったと見るべきである。つまり、ソ連・東欧をはじめ社会主義体制諸国の行き詰まりと崩壊は、論理的にも導き出されてくる必然の帰結であったと言えよう。

一八四八年の『宣言』では、この共同所有を重視し、これを優先・先行させていたことは明らかである。そのほぼ二〇年後の一八六七年の『資本論』の段階でも、共同所有に基づく社会的規模での共同管理・共同運営によって資本主義の矛盾を超克するという基本方向は、若干のニュアンスの違いは見られるものの、大枠において根本的には変わっていない。

ただ、晩年のマルクス・エンゲルスにおいては、ロシア研究がすすむにつれて、ロシアの農民共同体がロシアの変革の基礎になりうる、というナロードニキの見解を次第に認めるようになっていく。一八八一年、プレハーノフたちとロシアからスイスに亡命していたザスーリチ宛てに、再三、出された有名な長文の手紙の中で、マルクスは、オリジナルな資料に材料をもとめて研究した結果、このロシア農民共同体が、ロシアにおける社会的再生の拠点であるということを確信するに至った、と述べている。また、マルクスの死の前年の一八八二年の『共産党宣言』ロシア語版の序文でも、もしもロシア革命が西ヨーロッパのプロレタリア革命に対する合図となるなら、そして両者が互いに補いあうならば、ロシア農村に見られる土地共有制は、共産主義的発展の出発点となり得る、とも述べている。

これらのことから、一八四八年の『宣言』の時点と比べれば、マルクスは、晩年のこの頃には、圧倒的多数の賃金労働者を実践主体に、生産手段の共同所有に基づく社会的共同運営を実現することによって、資本主義の根本矛盾を克服しつつ、社会主義に移行するという基本方向は変わらないものの、その移行は、前資本主義的諸形態のすぐれた遺制に依拠しながら、多様な道をとる可能性があるということについては認めていたことが窺える。

しかし、重要な点は、マルクスのこの指摘は、ロシアにおいて生産手段が社会的規模で共同所有化されたあかつきに、その運営をどうするかが当面の課題になった時、ロシア農村での共有地と共同体の経験が生きてくる、ということを言及したにすぎないということである。それは、農民的家族小経営とその意義を積極的に評価し、さらには賃金労働者という近代の人間の社会的生存形態を、農民という前近代における人間の社会的生存形態と融合させることによって、人間の新たな社会的生存形態を措定し、それを未来社会の基礎に位置づけ構想するものでは決してなかったのである。このことは、本編の第三章「菜園家族構想の基礎」で取り上げ、深めなければならない主要な課題になるのであるが、それはもちろん、二一世紀の今日の時点に立ってはじめて言えることであって、マルクスがこうした考えに至らなかったのは、もっぱら一九世紀という時代的制約によるものであり、致し方のないことと言わざるをえない。

結局、マルクス・エンゲルスは、未来社会への移行の多様な道についての彼ら自身の考えをさらに深め、具体的な検討をなすことなくこの世を去った。

二〇世紀に入ってから起こる、社会理論の現実世界への適用と実践上の混乱や重大な誤りの原因も、結局は、人間の死という避けられない事情と時代的制約によって余儀なくされた、マルクス未来社会論の未完によるところが大きいと言わなければならない。それはとりもなおさず、正確には、一九世紀人類が到達した英知の限界であったと言うべきなのかもしれない。

あれから百数十年が経った今、私たちが何よりも重大に受けとめなければならないことは、その後の時代の要請に応え得る、二一世紀の私たち自身の創造的で豊かな未来社会論を未だに展開し得ずに、長きにわたって混迷に陥っていることである。この状況を克服することこそが、二一世紀現代の私たちに残された最大の宿題なのであり、何はともあれこれに取り組むことが、今日の日本の、そして世界の混迷と閉塞状況を打開する確かな糸口をつかむことにつながっていくものと思っている。

その一つの試みとして、以下、次の本編の各章で考察していくことになる。

本編　二一世紀の社会構想
―グローバル市場に対峙する免疫的自律世界の形成

人類の目指す終点は
　遙かに遠い未来である
それでも、それをどう描くかによって
　明日からの生き方は決まってくる

はじめに

人は明日があるから今日を生きる

今から一一〇年ほど前、二〇世紀をむかえて間もない一九〇四年二月、日本はロシアに宣戦布告、日露戦争がはじまった。そして二一世紀一〇年代の今もなお、世界では醜い利権をめぐる凄惨な戦争は絶えることがない。

たしかに二〇世紀は戦争ではじまり、無惨な殺し合いに明け暮れた時代であった。しかし、それでも二〇世紀は、戦争と革命の世紀ともいわれているように、絶望一色に塗りつぶされていたわけではなかった。イギリス産業革命の進展にともなう人々の新たな苦悩の中から、一九世紀、人類は人間解放の壮大な理念と目標を見出し、それを理論と思想にまで高めた。二〇世紀、人々が貧困の苦しみと戦争の惨禍に喘ぎながらも何とか生きていけたのは、一九世紀後半、人類が到達したこの崇高な理念と目標があったからではないだろうか。

しかし、人類のこの崇高な夢への実験も、二〇世紀の末には挫折し、夢ははかなくも破れた。そして二一世紀をむかえた今、私たちは、人類普遍の理念と目標不在の、海図なき時代を生きていかなければならなくなったのである。

人間が明日を失った時、それがどんなに惨めなことになるかは、私たちが生きている二一世紀初頭の今日の時代を見るだけでも十分に頷けるはずだ。人々は、欲望のおもむくままに功利を貪り、競い、争い、果てには心を傷つけ合う。国家も「正義」の名において戦争を煽り、多くのいのちを奪う。その醜い争いや残虐極まりない自己の行為を隠蔽し正当化するために、個人のレベルでも、国家のレベルでも、虚偽と欺瞞が世の中に蔓延していく。そして、この倫理喪失のスパイラルはとどまることを知らず、人間を苦しめながら深い闇の中へと沈めていく。これほど大がかりに、しかも構造的に人間の尊厳が傷つけられ貶められた時代も、ほかになかったのではないだろうか。

今、幼い子供たちは、その小さな心を痛め、声にもならない悲痛な叫びをはりあげ必死にシグナルを発している。

今こそ一九世紀未来社会論に代わる私たち自身の二一世紀未来社会論を

序編でも見てきたように、一九世紀、偉大なる時代の思想家・変革者たちにとって、歴史観の探究とその構築（人類史総括としての歴史学研究）は、経済学研究の導きの糸であった。その意味で、歴史観の構築と経済学の研究は、紛れもなく車の両輪となっていた。

こうした包括的で全一体的《ホリスティック》な研究の成果から自ずと導き出された一九世紀の未来社会論（生産手段

の社会的規模での共同所有に基礎をおく共同管理・運営によって、資本主義の根本矛盾を克服し、未来社会を展望する）は、一九世紀から二〇世紀に生きる人々にとって、それがどんな結末をもたらしたかは別にしても、時代の行く手を照らし出す光明となって、確かにある時期までは夢と希望と生きる目標を与え、現実世界をも動かす原動力となっていたことは間違いのない歴史的事実であろう。しかし、二〇世紀末のソ連、東欧、モンゴルをはじめとする社会主義体制の崩壊によって、そして何よりも一九世紀未来社会論が提示された時代から百数十年という長きにわたる世界と社会の急激な変化によって、資本主義超克としてのマルクス未来社会論の限界と理論的欠陥は露呈することになった。

二〇世紀も終わり二一世紀初頭の今、私たちは、３・11の巨大地震と巨大津波、東京電力福島第一原子力発電所の大事故という未曾有の大災害を境に、社会が大きく転換する時代の奔流のまっただ中に立たされている。精彩を失ったかつての一九世紀未来社会論に代わる二一世紀の私たち自身の新たな未来社会論を今なお探りあぐね、人々は、不確定な未来と現実の混沌と閉塞状況の中で、明日への希望を失っている。まさに今日、二一世紀全時代を貫き展望するに足る未来像の欠如こそが、東日本大震災の被災地の復興のみならず、日本のすべての地域再生の混迷にさらなる拍車をかけ、そこに生きる人々を諦念と絶望にさえ陥らせようとしている。この地域の現実と労働の現場に気づかなければならない。私たちは、いつ止むとも知れぬ暴風雨の荒れ狂う大海を羅針盤なしで航海を続け、さ迷っているといってもいい。

手をこまねきそうこうしているうちに、現実は容赦なく進行していく。市場原理至上主義「拡大経済」のもと、生命の源ともいうべき自然は破壊され、人間生活の基盤となる家族と地域はいよいよ土台から揺らぎ、ついには崩壊の危機に晒されていく。生産力至上主義のもと科学技術と市場原理主義が手を結ぶ時、人間社会は止めどもなく暴走し、結局その行き着く先は人類破滅の恐るべき結末になるのだということを、何よりもフクシマは決してあってはならない自らの惨状をもって、私たちに警告したのではなかったのか。今こそ一刻も早く近代の「成長神話」の呪縛から解き放たれ、やがて来る未来のあるべき姿を確かなものにしなければならない。

一九世紀未来社会論を克服し、二一世紀の未来社会論としても同時に成立し得る「二一世紀の社会構想」をいよいよ深めていかなければならない時に来ている。そして、何よりも今日の日本社会の行き詰まったこのどうしようもない現実から出発し、近代を根源的に超克し得る二一世紀の新たな社会構想がこれほどまでに求められている時も、今をおいてほかにないのではないか。

新たな歴史観の探究を

こうした時代認識に立つ時、二一世紀の新たな未来社会論の構築に先立って、今、何よりも切実に求められているものは、一九世紀近代の歴史観に代わる新たな歴史観の探究であり、確立であろう。それはとりもなおさず、大自然界の摂理に背く核エネルギーの利用という事態にまで至らしめた少なくとも一八世紀以来の近代主義的歴史観に終止符を打ち、二一世紀の時代要請に応えうる新たな歴史観を探究することであろう。そして、新たに構築されるこの歴史観と、そこから自ずと導き出される「地域研究」に裏打ちされた新たな「経済学」とを両輪に、二一世紀の未来社会論は確立されていく。

大自然界の摂理に背く核エネルギーの利用に手を染め、恐るべき惨禍を体験するに至った私たちは、自然と人間、人間と人間の関係をあらためて捉え直すよう迫られている。それにしても、大自然界と人間社会をあらためて統一的に捉え直そうとするならば、宇宙、地球、そして生命をも包摂する大自然界の生成・進化を貫くきわめて自然生的《ナチュラル》な「適応・調整」（＝自己組織化）の原理（第十章に詳述）が、私たち人間社会にも、その普遍的原理として基本的には貫徹していることに気づかされるのである。

　しかし、人類は大自然の一部でありながら、ある時点からは他の生物には見られない特異な進化を遂げ、ある歴史的段階から人間社会は、自然界の原理、すなわち「適応・調整」の普遍的原理とはまったく違った異質の原理、つまり「指揮・統制・支配」の原理によって動かされてきたことに気づかされる。人間社会の業の深さを思い知らされるのである。

　今こそ広大無窮の宇宙の生成・進化の歴史の中で、あらためて自然と人間、人間と人間の関係を捉え直し、私たち人間の社会的生存形態を根源から問い直す必要に迫られている。そして、市場原理至上主義「拡大経済」下の今ではすでに常識となっている現代賃金労働者《サラリーマン》という人間の社会的生存形態とは、一体いかなるものであるのか、生命の淵源を辿り、人類史という長いスパンの中でもう一度、その性格と本質を見極め、その歴史的限界を明らかにしなければならない。現代賃金労働者《サラリーマン》という人間の社会的生存形態を暗黙の前提とする近代の思想と人間観が、当初の理念とは別に、現実生活において結局は人々をことごとく拝金・拝物主義に追いやり、人間の尊厳を貶め、人間の生命を軽んじてきたとするならば、今こそそれを根本から超克しうる「生命本位史観」ともいうべき二一世紀の新たな歴史観の探究に着手しなければならない時に来ている。それはまた、人間社会を壮大な宇宙の生成・進化の歴史の中に位置づけ、それを生物個体としてのヒトの体に似せてモジュール化して捉えるならば、「社会生物史観」（本編第十章の項目「自然界の普遍的原理と二一世紀未来社会」に詳述）とも言うべきものなのかも知れない。

この新たな歴史観に基づく未来社会論の探究は、まさに諸学の革新の大前提となるべき学問的営為であるが、その研究状況は、時代が求める切実な要請からはあまりにも遅れていると言わざるをえない。しかし、この営為を抜きにしては、今日求められている本当の意味でのパラダイムの転換はありえないであろう。特に時代の大転換期においてはなおのこと、社会理論の再構築は、具体的現実から出発し、抽象へと向かうものでなければならない。専ら抽象のレベルから抽象へと渡りながら、抽象レベルでの概念操作 ― 概念間の連関性や整合性のみの検証に終始し、それを延々と繰り返すだけでは、新たな時代に応えうるパラダイムの転換も理論も生まれるはずがない。

今こそ二一世紀の具体的現実世界に立ち返り、そこから再出発し、何よりもまず二一世紀の新たな歴史観の探究と構築に努め、それを導きの糸に、新しい時代の要請に応えうる広い意味での「経済学研究」、そして「地域研究」にあらためて取り組まなければならない。こうした努力の延長線上に、わが国の現実に立脚した、まさに二一世紀私たち自身の草の根の未来社会論は再構築されていくにちがいない。

こうした問題意識のもとにここ十余年来提起してきたのが、この本編で述べていくことになる二一世紀の草の根の未来社会論としての「菜園家族」構想、つまり市場原理に抗する「菜園家族」基調の免疫的自律世界の構築であり、自然循環型共生社会への道なのである。

未来社会論に欠かせない「地域研究」の視点 — 新たな地域未来学の確立

ところで、私たちが生きている現代社会は、分かり易く単純化して言うならば、「家族」、「地域」、「国」、「グローバルな世界」といった具合に、多重・重層的な階層構造を成している。最上位の階層に君臨する巨大資本が、あらゆるモノやカネや情報の流れを統御支配する。そしてそれは、それ自身の論理によって、賃金労働者という根なし草同然の人間の社会的生存形態を再生産するとともに、同時に社会のその存立基盤そのものをも根底から切り崩しつつ、この巨大システムの最下位の基礎階層に位置する「家族」や「地域」の固有の機能をことごとく撹乱し、衰退させていく。このことが今や逆に、この多重・重層的な階層システムの巨大な構造そのものを土台から朽ち果てさせ、揺るがしている。これが今日のわが国社会の、そして各国社会の例外なく直面している現実である。

人間社会の基礎代謝をミクロのレベルで直接的に担うまさにこの「家族」と「地域」の再生産を破壊する限り、人間社会のこの巨大な構造は、決して安定して存在し続けることはあり得ない。そうだとすれば、社会の大転換期にあってはなおのこと、経済成長率指標偏重のこれまでの典型的な「経済学」の狭い経済主義的分析では、こうした現代社会の本質をより深層からトータルに把握し、その上で未来社会を展望することは、ますます困難になっていくにちがいない。

私たちは今、このことに気づかなければならない。こうした時代の変革期に差しかかっているからこそなおのこと、現代社会のこの巨大な構造の最下位の基礎階層に位置する「家族」や「地域」から出発して、それを基軸に社会を全一体的《ホリスティック》に考察する「新しい地域研究」の必要性と重要性は、いよいよ大きくなってくると見なければならない。

では、そもそも「地域」とは、そして二一世紀の今日の時代が求めている「新しい地域研究」とは一体何なのであろうか。今、あらためて考え直さなければならない時に来ている。

「地域」とは、自然と人間の基礎的物質代謝の場、暮らしの場、いのちの再生産の場としての、人間の絆によるひとつのまとまりある地理的、自然的基礎単位である。この基礎的「地域」は、「家族」によって構成され、多くは伝統的な少なくとも近世江戸以来のムラ集落の系譜を引き継ぐものである。人間社会は、「家族」、基礎的「地域」（＝ムラ集落）、さらには町、郡、県などいくつかの階梯を経てより広域へと次第に拡張しつつ、多重・重層的な地域階層構造を築きあげている。

人間とその社会への洞察は、とりとめもなく広大な現実世界の中から、任意に典型的なこの基礎的「地域」を抽出し、これを基軸地域モデルに設定し、多重・重層的な地域階層構造全体の中に絶えず位置づけながら、長期にわたり総合的に調査・研究することによってはじめて深まる。

現代は、世界のいかなる辺境にある「地域」も、いわゆる先進工業国の「地域」も、グローバル化の世界構造の中に組み込まれている。こうした時代にあって、自然と人間という二大要素からなる有機的運動体であり、歴史的存在でもあるこの基礎的「地域」を、ひとつのまとまりある総体として深く認識するためには、(1)「地域」共時態《シンクロニック》、(2)歴史通時態《ダイアクロニック》、(3)「世界《グローバルな》」場という、異なる三つの次元の相を有機的に連関させて、具体的かつ総合的に考察することがもとめられる。こうすることによって、社会の構造全体を、そして世界をも、全一体的《ホリスティック》にその本質において具体的に捉えることが可能になってくる。やがてそれは、社会経済の普遍的にして強靭な理論に、さらには二一世紀世界を見究める哲学にまで昇華されていく。地域未来学とも言うべきこの「新しい地域研究」は、こうして、二一世紀の未来社会をも展望しうる方法論の確立にむかうものでなければならない。

こうした主旨からすれば、本来、二一世紀の「新しい地域研究」としての地域未来学は、諸学の寄せ集めの単なる混合物であるはずもない。だとすれば、それはまさに時代が要請する壮大な理念のもとに、自然、社会、人文科学のあらゆる学問領域の成果の上に、事物や人間や世界の根源的原理を究める諸科学の科学、つまり、二一世紀の新たな哲学の確立と、それに基づく歴史観を導きの糸に、相対的に自律的な独自の学問的体系を築く努力がもとめられてくる。こうして確立される新しい地域未来学は、二一世紀未来社会を見通し得る透徹した歴史観を新たな指針に、混迷する今日の現実世界に立ち向かっていくことになろう。

グローバル経済が世界を席捲し、「家族」を、そして「地域」を破局へと追い込んでいる今こそ、グローバル市場化への対抗軸として、何よりもまず、私たちの生命活動を直接的かつ基礎的に保障している「家族」と「地域」の再生をはかり、本来の人間のあるべき生活圏の構築を急がなければならない。そのために今、何をなすべきかが問われている。新たなパラダイムのもと、包括的で新しい地域未来学の確立と、「地域実践」の取り組みがもとめられている所以である。それは、時代のこの大きな転換期にふさわしい新たな「経済学」を包摂した新しい「地域研究」の確立であり、二一世紀を見通し、あるべき社会の未来の姿を提示し、しかもそのあるべき姿にアプローチするより具体的な道筋を明確に示すことなのではないのか。

この探究の道のりは、たやすいものではないが、自然、社会、人文科学の諸分野の垣根を越えた真摯な対話によって、道は次第に拓かれていくにちがいない。この本編は、これまでの十余年にわたる

「菜園家族」構想研究をあらためて総括し、今、私たちが直面している3・11後というこの時代に応えようとするものである。

第一章　私たちは何とも不思議な時代に生きている

いのち削り、心病む終わりなき市場競争

投機マネーに翻弄される世界経済。「百年に一度」とも言われる未曾有の世界同時不況。この機に乗じて「エコ」を声高に叫び、なおも「浪費が美徳」の経済を煽る姿に、やるせない思いがつのる。

一方、容赦なく迫りくる地球温暖化による異常気象と、世界的規模での食料危機。国内農業を切り捨て、農山村を荒廃させ、食料自給率四〇パーセントに陥った日本。

この恐るべき事態をよそに、テレビ画面には相も変わらず大食い競争やグルメ番組が氾濫する。現実世界とのあまりにも大きな落差に戸惑いながらも、一体これは何なのだ、と首をかしげるばかりである。輸入してまで食べ残すこの不思議な国ニッポンに、はたして未来はあるのだろうか。

こんな飽食列島の片隅で、ついには生活保護からも排除された北九州の独り暮らしの病弱な男性（五二歳）。「おにぎり食べたい」と窮状を訴えるメモを残して餓死し、ミイラ化した状態で発見された事件は、記憶に新しい（二〇〇七年七月）。

今、失業者、日雇いや派遣などの不安定労働、「ワーキングプア」が増大し、所得格差はますます拡大している。非正規雇用は今や勤労者の四〇％（二〇一一年）に迫り、特に若者世代では半数にもおよぶと言われている。正社員であっても、二〇〇八年秋以来、急速に経済が失速する中、操業短縮による一時帰休やリストラが現実のものとなり、もはや安泰とは言えない不安に苛《さいな》まれている。

一方、福祉・年金・医療・介護など、庶民の最後の砦ともいうべき社会保障制度は、機能不全に陥り、破綻寸前にある。競争と成果主義にかき立てられた過重労働、広がる心身の病。弱肉強食の波に呑まれ、倒産に追い込まれる弱小企業や自営業。明日をも見出すことができずに、使い捨てにされる若者たちの群像。自殺者が一四年連続（一九九八～二〇一一年）年間三万人を超える現実。家族や地域は崩壊し、子どもの育つ場の劣化が急速にすすんでいる。

どれひとつとっても、私たちの社会のあり方そのものが、もはや限界に達していることを物語っている。

あれからもう何年経ったであろうか。「働き過ぎ社会に警鐘」という見出しで、いわゆる過労自殺をめぐり、最高裁が企業の責任を認めたはじめての判決が大きく報じられていた。「まじめで責任感が強く、きちょうめんで完ぺき主義」と評価された青年が、なぜ自ら命を絶つ道を選ばなければならなかったのか。二審判決は、こうした性格ゆえに仕事をやりすぎたとして、死の責任の一端を青年本人に求めたが、この日の最高裁の判決は、安易な過失相殺で個人に責任を転嫁することは許されない、とする姿勢を明確に示した。

どんなにモノが溢れていても、人間が人間らしく生きることができなければ、何の意味もない。人間が巨大な機械の優秀な一部品となって、どんなにモノを効率よく大量につくり出し、身のまわりにどんなにモノを溢れるようにしたところで、この部品は所詮人間ではなく、ただの部品にすぎないのである。私たち現代人は、人間性を根こそぎ奪われ、ついには巨大な機械の一部品にされてしまった。使いに使われ、さんざんな目にあって摩耗し、ついには役に立たなくなったら捨てられてしまう。

過労死・過労自殺とともに、最近、不眠やうつ症状に悩む人が急増し、大きな社会問題になっている。多くの人々が苦しみ、長いトンネルから抜け出す方法を必死で探しているこうした心の病。その多くは結局、個人の心の持ち方のみで解決できるようなものではなく、人間の存在をあまりにも簡単に否定し、経済的存立基盤を奪い取り、人間の尊厳をズタズタに傷つけて憚らない、徹底した効率主義・成果主義の無慈悲な思想が働く現場の人々の心の奥底にまで浸み入り、精神を追いつめているのが、根本的な原因なのではないだろうか。

毎日、働いて働いて、ちょっとだけ休みたくても、そんなことをしようものなら、成果主義の競争の中では、誰かに先を行かれて、即、首を切られてしまうのではないか。そうなったら、この過剰雇用の時代、もう二度と職を得ることができないかもしれない……。体力そのものの限界と、そんな恐怖と不安のはざまでどうにもならなくなり、ついには心を病んでいく。

こんな心を病む社会が、人類のめざす発展した社会、豊かな社会だったのであろうか。生産性が多少とも下がろうと、モノが多少、少なくなろうとも、大切なことは、心が育つ社会でなければならないということなのではないか。

「二つの輪」が重なる家族が消えた

かつては、いのちの再生産の輪と、ものの再生産の輪が、二つとも家族という場において重なっていた。それゆえ家族は、大地をめぐる自然との物質代謝・物質循環のリズムに合わせて、時間の流れに身をゆだね、ゆったりと暮らしていた。

ところが、世界史的には一八世紀のイギリス産業革命以降、社会の分業化が急速にすすむ中で、不可分一体のものとして存在していた「農業」と「工業」は分離し、まずは「工業」が、次いで「農業」も家族の外へと追い出された。その結果、家族の場において、いのちの再生産とモノの再生産の「二つの輪」が重なる部分はますます小さくなってしまった。

戦後日本の高度経済成長は、こうした傾向にいよいよ拍車をかけ、その極限にまで追いやっていった。それゆえ今日の家族は、生きるために必要な食料はもとより、育児・教育、介護・医療・保険等に至るすべてを、家の外で稼いだ賃金で賄わなければならなくなった。このことは同時に、人間が自然から乖離し、無機質で人工的な世界の中で家族がまるごと市場に組み込まれ、熾烈な競争にもろに晒《さら》されることを意味する。

大地を失った現代賃金労働者《サラリーマン》家族は、唯一教育への投資のみが、わが子の幸せの保障になると考える。教育への関心は異常なまでに過熱する。教育は本来の姿を失い、極端なまでに歪められる。このことは、今や兼業農家が大部分を占めるに至った農村部においても、同じことが言える。

一事が万事、こうして市場原理は極端な形で社会の隅ずみにまで浸透し、競争を執拗なまでに煽り、人間を分断し、人と人とを争わせ、果てには戦争への衝動を駆り立てる。

もともと「家族」や「地域」には、育児・教育、介護・医療など、人間の生存を支えるあらゆる福祉の機能が、未分化の原初形態ではあるが、実にしなやかに多重・重層的に備わっていた。

ところが、こうした家族機能の芽は、高度経済成長の過程でことごとく摘み取られていった。それらのすべてを社会が代替できるかのように、あるいはそうすることが社会の進歩であるかのように思い込まされ、家族機能の全面的な社会化へと邁進した。その結果、本来人間にとって自分のものであるはずの時間と労働力はそのほとんどが企業に吸いとられ、「家族」と「地域」は固有の機能を奪われ衰退する。それを代替するために社会保障費は急速に膨らみ、地方や国の財政は未曾有の赤字を抱え破綻へと追い込まれていく。

これまで政府・財界は、目先の経済効率を優先し、農業を犠牲にし、零細・中小企業を切り捨て、投機的マネーゲームを助長してきた。今や世界の巨万のマネーは、瞬時に利潤を得ようと地球を駆けめぐる。原油・穀物価格は高騰し、世界の貧困層は飢餓に喘いでいる。地球規模の終わりなき市場競争の中、巨大企業は最後の生き残りをかけ、人間を使い捨てにする。今にわかに持て囃されている「アベノミクス」なるものは、まさにこれに拍車をかけるものである。世界は今むき出しの市場競争至上主義の暴走を許し、制御不能の破局的事態に陥っている。

高度経済成長以前のわが国の暮らし ― かつての森と海を結ぶ流域地域圏《エリア》

私たちは、大地から引き離され、あまりにも遠くにまで来てしまった。

一八世紀イギリス産業革命以来二百数十年間の長きにわたって囚われてきたものの見方・考え方、

つまり近代のパラダイムを根底から変えない限り、どうにもならないところにまで来ている。

ここで一旦、高度経済成長期以前のわが国の暮らしを振り返ってみよう。かつて日本では、列島を縦断する脊梁山脈を分水嶺に、太平洋と日本海へと水を分けて走る数々の水系に沿って、森と海を結ぶモノとヒトの流域循環の輪が息づいていた。

川上の森には、奥深くまで張りめぐらされた水系に沿って、家族がそして集落が点在し、人びとは山や田や畑を無駄なくきめ細やかに活用し、森を育て、自らのいのちをつないできた。広大な森の中に散在し、森によって涵養された無数の水源から、清冽な水が高きから低きへとめどもなく流れるように、薪・炭や木材など森の豊かな幸は、山々の村から平野部へと運ばれ、またそれとは逆に、米や魚介類など野や海の幸は、森へと運ばれていった。森や野や海に生きる人びとは、互いの不足を補いあいながら、それぞれかけがえのない独自の資源を無駄なく活用し、自給自足度の高い特色ある森と海を結ぶ流域循環型の地域圏《エリア》を、太古の縄文以来長い歴史をかけ築きあげてきた。そこには、自然に溶け込み、つつましく生きる人びとの姿があった。

脊梁山脈から海へ向かって走る数々の水系に沿って形成された、こうした森と海を結ぶ流域循環型の地域圏《エリア》が、南は沖縄から北は北海道に至るまで、土地土地の個性と特色を生かし、日本列島をモザイク状に覆《おお》っていた。

ところが、日本列島を覆っていた森と海を結ぶこの流域循環型の地域圏《エリア》は、いとも簡単に崩されてしまった。それも、戦後の高度成長がはじまる一九五〇年代半ばから七〇年代初頭までの、わずか二〇年足らずの間であった。日本列島に展開された、縄文以来一万数千年におよぶ森から平野への暮らしの場の移行。その長い歴史の流れからすれば、それはまさにあっという間の出来事としか言いようのないものであった。

森から平野へ移行する暮らしの場

　私たちのはるか遠い先祖は、よく言われてきたように、森の民として歩みはじめた。日本列島は、長かった氷河期が終わり、気候が温暖・湿潤化すると、これまであった亜寒帯・冷温帯の針葉樹に変わって、ナラやブナやドングリのなる温帯の落葉広葉樹が広がり、そうした中で、縄文の独自の「森の文明」を高度に発展させた。そして、一万年以上にわたって、東アジアの果ての小さな列島の中で、世界のどの文明にも劣らぬ高度で持続性のある循環型の文明を育んできたと言われている。

　しかしやがて、一万年以上も続いたこの縄文の文明にも、崩れゆく運命がやってきた。それが弥生時代のはじまりである。紀元前一千年ごろに、気候の寒冷化に伴って吹き荒れたユーラシア大陸の民族移動。この嵐に日本列島も呑み込まれていく。大陸からやって来た人たちが持ち込んだものは、灌漑を伴う水田稲作農耕であった。日本は、縄文時代から弥生時代へと大きく移行していくことになる。つまり、人々の生業が採取・狩猟・漁撈から農耕へと、そして暮らしの場が森から平野部へと、徐々にしかし大きく動き出すのである。

　この森から平野部への暮らしの場の移行期において、人々の暮らしの形態は、土地土地の特性に応じて、森での採取・狩猟、漁撈、農耕のそれぞれのさまざまな比重の組み合わせによって、特色ある種々の変種《バリエーション》があらわれながらも、結局は、水田稲作農耕へと大きく収斂していった。

こうした歴史の大きな流れの移行期にあって、里山は、水田の肥料に利用する落ち葉や森の下草の供給源として、また、薪・炭といった燃料や、住居・木工のための木材源として、あるいは、秋に木の実を採取し、冬にはイノシシやシカ狩りをする場として、そして何よりも、水田を維持する水源涵養林として、資源を有効に無駄なく利用する「森と野」の農業において、重要な位置を占めるようになっていった。

その後、長い時間をかけて次第につくりあげられてきた日本独特の農業は、最終的には、農民家族経営としての「本百姓」が確立する江戸時代に完成を見、円熟していくことになる。列島各地の森と海を結ぶ流域循環型の地域圏《エリア》も、こうした長い歴史過程の中で同時並行的に形成、確立されてきたものであった。

そしてやがて明治維新をむかえ、大正・昭和と、日本は近代資本主義の道を歩むことになるのであるが、この近代化の時代においても、基本的には、この森と海を結ぶ循環型の流域地域圏《エリア》を根幹とする日本農業の基本は、崩れることなく、第二次世界大戦後もある一時期までは維持されてきた。

ところが、戦後一九五〇年代半ばからはじまる高度経済成長は、わずか二〇年足らずの間に、列島を隈なく覆っていた森と海を結ぶこれら個性豊かな流域循環型の地域圏《エリア》をズタズタに分断し、上流域の山村部の超過疎と平野部の超過密を出現させた。農業や林業や漁業といった第一次産業を犠牲にして、工業を極端に優遇する政策によって、鉱工業や流通・サービスなど第二次・第三次産業を法外に肥大化させてしまったのである。

その結果は、極限にまで人工化され、公害に悩む平野部の巨大都市の出現と、超過疎・高齢化によって疲弊し、荒れ果てたまま放置された森林資源に象徴される極端に歪んだ社会・経済構造と国土の荒廃である。今や第二次・第三次産業は、絶対的な過剰雇用・過剰設備の極限に達し、わが国は、巨額の財政赤字を抱えたまま、身動きできない状況に陥っている。

歪められ修復不能に陥ったこの国のかたち

今述べてきた縄文時代以来の「森から平野部への暮らしの場の移行」の歴史の大きな流れの中にあって、戦後高度経済成長は農山漁村部から都市への急激な人口移動を引き起こし、農山漁村の過疎高齢化と都市部の超過密化、そして巨大都市の出現をもたらした。それと同時に、大地から切り離された「根なし草」人口は爆発的に増大し、森と海を結ぶ流域循環型の地域圏《エリア》の衰退と崩壊が急速に進行していった。産業の劇的変化によって、国土の産業配置とその構造は不均衡・不適正な状態に陥り、家族機能の空洞化と地域コミュニティの衰退は、社会を根底から揺るがすことになった。このことは、家族と地域の機能の全面的な社会化を余儀なくさせ、社会保障費の急速な増大と、「先進国病」ともいわれる慢性的財政赤字を招く重大かつ根源的な要因となった。

今わが国経済は、長期にわたり成長、収益性の面で危機的状況に陥っている。この長期的停滞は、設備投資と農山漁村から都市への労働移転を基軸に形成・累積されてきた過剰な生産能力を、生活の浪費構造と輸出拡大と公共事業で解消するという戦後を主導してきた蓄積構造そのものが、派遣労働やパート等の不安定雇用の苛酷な格差的労働編成、そして金融規制緩和のさらなる促進をもってしても、もはや限界に達したことを示している。

虚妄と虚構の「アベノミクス」に舞い上がる中で強行される消費税増税とＴＰＰ（環太平洋経済連携協定）は、まさにこうした戦後一貫して追求してきた輸出主導による外需依存型経済にいっそうの拍車をかけ、この国のかたちの歪みを極限にまでおしすすめることになる。それはつまり、これまでのパラダイムを根本的に転換することなしには、いかなるうわべだけの小手先の「成長戦略」をもってしても、この国の社会は修復不能に陥ったことを物語っている。五年にわたる小泉改革（二〇〇一～二〇〇六年）、その後数次にわたる自民党および民主党歴代政権の目まぐるしい交代劇とその頓挫が、まさにそのことの証しである。

「家族」と「地域」衰退のメカニズム

私たちはもう一度、ふるさとの大地に根ざしたいのち輝く農的暮らしを取り戻し、人間を育む家族と地域を甦らせ、素朴な精神世界への回帰と止揚《レボリューション》を果たせないものなのだろうか。

人間社会の基礎単位は、家族である。

家族は、人体という生物個体の、いわば一つ一つの細胞に譬えられる。周知のように、一つの細胞は、細胞核と細胞質、それを包む細胞膜から成り立っている。遺伝子の存在の場であり、その細胞の生命活動全体を調整する細胞核は、さしずめ「家族人間集団」になぞらえることができる。一方、この細胞核を取り囲む細胞質は、水・糖・アミノ酸・有機酸などで組成され、発酵・腐敗・解糖の場として機能するコロイド状の細胞質基質と、生物界の「エネルギーの共通通貨」ＡＴＰ（アデノシン三リン酸）の生産工場でもあるミトコンドリアや、タンパク質を合成する手工業の場ともいうべきリボゾームなど、さまざまな働きをもつ細胞小器官とから成り立っている。すなわち、一個の細胞（＝家族）は、生きるに最低限必要な自然と生産手段（＝農地と生産用具）を自己の細胞膜の中に内包していると、みなすことができる。

したがって、家族から自然や生産手段を奪うことは、いわば細胞から細胞質を抜き取るようなものであり、その家族を細胞核と細胞膜だけからなる「干からびた細胞」にしてしまうことになる。産業革命にはじまる近代の落とし子とも言うべき賃金労働者の家族は、まさに生産手段から引き離され、「干からびた細胞」になった家族なのである。

生物個体としての人間のからだは、六〇兆もの細胞から成り立っていると言われている。これらの細胞のほとんどが干からびていく時、人間のからだ全体がどうなるかは、説明するまでもなく明らかであろう。地域社会も同じである。

かつて日本列島の北から南までをモザイク状に覆い、息づいていた森と海を結ぶ流域地域圏《エリア》では、高度経済成長以降、急速に賃金労働者家族、つまり「干からびた細胞」同然の家族が増えつづけ、充満していった。その上、今や経済成長は停滞し、賃金のみを頼りに生き延びていた「干からびた細胞」同然の家族は、刻一刻と息の根を止められようとしている。森と海を結ぶ流域地域圏《エリア》全体を生物個体としての人体と見るならば、こうした「干からびた細胞」で充満した人体がおかしくなるのは、当然であろう。

「干からびた細胞」が無数に出現している状態。これがまさに現代日本にあまねく見られる地域の実態である。家族が自然から乖離し、生産手段を失い、自らの労働力を売るより他に生きる術のない状態の中で、職を求めて都市部へとさまよい出る。しかも都市部においても、かつてのような安定した勤め口はもはや期待できない。これでは、家族がますます衰弱していくのも当然の成り行きであろう。こうした無数の家族群の出現によって、都市でも地方でも地域社会は疲弊し、経済・社会が機能不全に陥り、息も絶え絶えになっていく。これが今日の日本を閉塞状況に陥れている根本の原因である。つまり、細胞（＝家族）そのものが市場原理に抗する免疫力を失い、こうした家族によって充満した地域社会は、もろとも「免疫的自律世界」を喪失し、衰退へと向かわざるを得ない。

こうした戦後の資本と労働の歪められた蓄積構造は、もはや限界に達している。にもかかわらず、小泉政権後目まぐるしく変わる歴代政権は、あいもかわらず社会の深層におよぶ根源的変革を避け、この構造的過剰と社会および国土資源の歪められた構造的体質に根本から手を打つ政策を見出せず、手をこまねいているうちに、一九九〇年代初頭以来の「失われた二〇年」はすでに過ぎ去り、今日に至っている。

再生への鍵 ― 家族と地域を基軸に

３・11東日本大震災後のまさに今、私たちは、この「失われた二〇年」から本当に何を学び、何をなすべきか。この本編で示す二一世紀未来社会論としての「菜園家族」構想（第三章から詳述）は、少なくともそれを考える一つの大切な糸口となるであろう。今、私たちは、戦後高度成長の初期段階からはじまり、やがて今日のメガバンク、そして東電をはじめとする電力一〇社、鉄鋼、自動車、電機および巨大商社等々が財界の中枢を占め、経済・社会に君臨するに至った戦後日本経済の歴史とその蓄積構造を厳密に吟味し、これまでの経済体系、そして「家族」と「地域」と社会のあり方を根本から変えていかなければならない時に来ている。

そのためには何よりもまず、先にも触れた「生命本位史観」とも言うべき二一世紀の新たな理念と歴史観のもとに、社会の基盤となる「家族」と「地域」の再生から出発し、戦後長きにわたって歪められ、衰退しきったわが国の社会経済および国土構造の全体とその体質そのものの修復、そして変革へと向かうものでなければならない。それは結局、人間の尊厳を貶め、いのち削り、心病む今日の市場原理至上主義アメリカ型「拡大経済」から、精神性豊かな人間復活の自然循環型共生社会への転換を、「菜園家族」を基調とする抗市場免疫の自律的世界の形成を通じて、地域社会のおおもとから着実に促していくものになるであろう。

今やいかなる「成長戦略」も、世界の周縁の圧倒的多数の民衆からすれば、先進諸国の欲深い一握りの勝者のはかない幻想にしか映らない。産業革命以来これまで長きにわたって私たちが拘泥してきた近代のパラダイムの転換が、今まさに迫られているのである。

私たちは、目先の対症療法のみに汲々としている今日の状況から、一日も早く脱却しなければならない。繰り返しになるが、ここであらためて次のことを強調しておきたい。今私たちは、「干からびた細胞」（＝現代賃金労働者《サラリーマン》家族）で充満した都市や農山漁村部の脆弱な体質そのものを、根本から変えなければならない時に来ている。生産手段という細胞質を失い、細胞核と細胞膜だけになった根なし草同然の今日の「現代賃金労働者《サラリーマン》家族」に、生産手段（家族が生きるのに必要な最低限度の農地と生産用具と家屋等々）という細胞質を取り戻し、その両者の再結合を果たすことによって、生き生きとしたみずみずしい細胞、すなわち「菜園家族」に甦らせることからはじめなければならない。これが本編を貫く主題の根幹である。

このような「菜園家族」が育成されるためには、その不可欠の場として、森と海を結ぶ流域地域圏《エリア》を措定し、その再生をはからなければならない。つまり、「菜園家族」は、森と海を結ぶ流域地域圏《エリア》再生の担い手であり、同時に、この流域地域圏《エリア》は、「菜園家族」を育むゆりかごでもあり、必要不可欠の条件にもなっている。したがって、以下本編では、「菜園家族」と森と海を結ぶ流域地域圏《エリア》の両者を不可分一体のものとして捉え、未来社会構想の基礎に位置づけていくことになる。

第二章　あらためて根源から考える――人間とは、「家族」とは何か

私たちはこの本編で、こうした「菜園家族」を基軸に二一世紀社会のあり方を構想していくことになるのであるが、「家族」というものについては、歴史的にも実にさまざまな評価がなされてきた経緯がある。特に近代に入るとその評価はきわめて否定的なものになり、今日に至ってもその傾向は根強く存在している。一方、本編の主題である「二一世紀の社会構想――グローバル市場に対峙する免疫的自律世界の形成」においては、むしろ「家族」がもつ積極的な側面を再評価し、これを地域や社会の基盤を成す不可欠の基礎単位として、あるべき未来社会の多重・重層的な地域構造を下から支え、形

づくる大切な要素に位置づけている。

そこで、まずこの第二章では、「菜園家族」を基調とする二一世紀の社会構想の具体的な内容に入る前に、今なぜ「家族」に着目し、それを重視しなければならないのかを明らかにするためにも、「家族」とは本来、人類にとっていかなるものであるのかをあらためて見つめ直すことからはじめたい。

「家族」の評価をめぐる歴史的事情

「家族」をどう評価するかについては、一九世紀前半のロバート・オウエンに代表されるいわゆる空想的社会主義者たちや、その後のいわゆる科学的社会主義者たちの描いた未来像の中では、一概に、極めて低く否定的にしか扱われていなかった。中には単純に復古的心情から、中世の家父長的家族への回帰を主張する論者もいたものの、いずれにしても、「家族」というものの考察と評価は、十分に深められていなかったと言えよう。

さらに後になると、個々の家族の育児・炊事等々の家事労働を社会化すれば、何よりも女性が解放されるとして、次第に家族廃止論にまで行き着く傾向すらあらわれてきた。当時としては、反封建主義を旗印に掲げる啓蒙的、革新的思想の立場から、むしろ家族のもつ閉鎖性や狭隘性、そして保守的で頑迷な性格の除去と、女性の負担軽減や地位向上に最大の関心があったと言える。当時の時代が要請する課題からすれば、そのような主張や議論が起こるのも、ある意味では当然のことであったと言うべきなのかもしれない。

こうした時代背景の中で、マルクスやエンゲルスの場合も、未来社会における「家族」の位置づけとその役割についてほとんど具体的に触れることはなかったし、いわんやそれを未来社会の中に積極的に位置づけて論ずるということはなかった。

エンゲルスは晩年、モルガンの『古代社会』に依拠して執筆した古典的名著『家族・私有財産および国家の起源』（一八八四年）において、わざわざモルガンの言葉を引用し、家族の未来について次のように述べている。「将来において、単婚家族が社会の要求を満たすことができなくなったばあい、そのつぎにあらわれるものがどんな性質のものであるかを、予言することは不可能である」。このことからも分かるように、「家族」への主要な関心は今日とは違い、別なところにあったことだけは確かであろう。

特に近代における「家族」についての評価には、こうした歴史的事情や時代的制約があったことを、まず念頭においておく必要があろう。しかしながら、私たちは今、それからおよそ二〇〇年もの歳月を隔てた二一世紀に生きている。世界を覆い尽くす市場原理至上主義「拡大経済」の凄まじい渦の中で、あの時代からはおそらく想像もつかなかった新たな事態に遭遇している。家族の崩壊が進む中で人と人との絆が失われ、人間が徹底的に分断され、多くの人々が恐るべき「無縁社会」の出現に戸惑い苦しんでいる。私たちは、この恐るべき事態を目の前にして、あらためて人間とは、「家族」とは一体何なのかという、この古くて新しい問題に新たな角度から光を当て、考え直すよう迫られている。未来社会のあるべき姿も、こうした根源からの問いと現実への深い洞察によってはじめて、新たな像を結ぶことが可能になってくるのではないだろうか。

人間の個体発生の過程に生物進化の壮大なドラマが

人間と「家族」を根源的に掘り下げて考察するために、ここでいったん、人間の個体発生と系統発生の問題を考えることからはじめたい。

人間の生涯は、たかだか六〇年とか七〇年、長くても八〇年とか九〇年に限られた短いものである。この人間の生涯は、卵子と精子の受精によってはじまる。

周知のように、受精卵は子宮壁粘膜に着床すると、子宮内で胎児として発育し続け、十月十日《とつきとおか》の後に産まれる。胎児が母体外に産まれ出ると、胎児と胎盤を結んでいたへその緒《お》は切断され、それと同時に新生児は、呼吸・排泄・摂食などを自分の力でやらなければならなくなる。しかし、誕生間もない新生児は、まだ自分の力だけで生きていく能力はなく、何よりもまず母の授乳を受け、「家族」という厚い庇護のいわば胞膜の中で成長する。やがてことばを覚え、一般の哺乳動物のように四つ足で這うことからはじめ、二足直立歩行へと発達を遂げ、様々な発育段階を経て成人に達する。

この人間の受精卵から成人までの発達過程（個体発生）に注目すると、生物進化の道すじ（系統発生）を推測することができると言われている。これに関連して、ドイツの動物学者ヘッケル（一八三四〜一九一九）は、「個体発生は、系統発生を繰り返す」という有名なテーゼを残している。つまり、母体内で胎児として発育を続け、やがて産み出され成人になるまでのわずか十数年の個体発生の過程には、三十数億年前といわれる生命の発生の始原から、魚類、両生類、爬虫類、鳥類、哺乳類を経て人類の出現に至る生物進化の過程が凝縮されている、というのである。

生命のふるさとは、三十数億年前の海の中であった。植物と動物が菌類を仲介として向かい合う今日の生態環の基礎が、すでにその時、太古の海を舞台にできあがっていたのである。そして四億八〇〇〇万年前の海に、最初の脊椎動物（魚類）が姿をあらわす。

その後、鰓《えら》呼吸と肺呼吸を使い分ける両生類があらわれ、やがて生命発生以来、三〇億年間の水の生活に別れを告げて、陸の生活に踏み切った脊椎動物が出現する。それが、今から三億年前のデボン紀から石灰紀にかけての時代に、古生代緑地に上陸の第一歩を印した最古の両生類イクチオステガだったのである。この地球の古生代の物語は、「脊椎動物の上陸」と呼びならわされている。そして、脊椎動物は、その後、両生類から爬虫類へ、さらに鳥類・哺乳類へと分岐しつつ、人類へと進化していった。

この三十数億年という生物進化の壮大なドラマが、現代のこの私たち人間のわずか十数年の個体発生の過程の中に、今でも繰り返されているとは驚くべきことである。人間のいのちの不可思議さと同時に、生命の「深層」の深さと重みをずっしりと感ぜずにはいられない。

母胎の中につくられた絶妙な「自然」

人間の胎児は、母の子宮内の羊膜の中にたたえられた羊水にまもられて、十月十日《とつきとおか》間、ここで成育する。羊水の組成は、古生代海水のそれと酷似していると言われている。「脊椎動物の上陸」が、海水をともなっておこなわれたことの紛れもない証拠でもある。胎児の尿膜の血管は、へその緒を通って胎盤に到達し、母胎の血流と交わる。ここでガス交換と併行して、栄養物の吸収と老廃物の排泄がおこなわれる。したがって、栄養物を蓄える卵黄膜の袋も排泄を助ける尿膜の袋も、本格的に働くことなく、ただ遠い太古の卵生時代の名残りをとどめるだけになっている。これに対して、羊膜の袋は、満々と羊水をたたえている。

つまりこれは、まず、生物進化の道すじである系統発生の原初の生命から、魚類、両生類といった段階の、海の中での最も繊細な進化過程の再現を庇護するかのように、母胎の中にわざわざ「太古の海」を用意していると見ることができる。そして、出産、つまり胎児が母胎から外に生まれ出て陸地にはじめて「上陸」する時に備えて、胎児と胎盤を結ぶいわば「海中パイプライン」とでもいうべきへその緒を連結することによって、栄養物と老廃物の新陳代謝がおこなわれるようにし、胎児が子宮の中の「太古の海」にいながら、陸上の進化である爬虫類から哺乳類までの発達が遂げられるように保障している。こうすることによって、胎児が母胎の「海」から陸上に出た時、陸上生活にふさわしい哺乳類として、人体のすべての器官が完備されるまでに発達するように配慮されている。生命の誕生のために母胎の中に「太古の海」を用意し、人間へのさらなる進化のために「海中パイプライン」まで用意する。神の摂理としか言いようのない絶妙な「自然」が、そこにはつくりだされているのである。

胎児は、十月十日《とつきとおか》、母なる「太古の海」、つまり羊水に浸かって過ごす。胎児は、親指の先ほどの大きさになると、まるで魚のような姿をして、目や耳、それに鰓《えら》までみとめられる。舌の輪郭が定まり、神経もできてきて、感覚も運動も可能になるはずである。羊水は、胎児の食道から胃袋までを隈なく浸し、さらに肺の袋にも達している。へその緒を介して血液のガス交換が営まれるので、ここではどんな呼吸も必要ではない。胎児のこの「羊水呼吸」は、その後、半年にわたって続けられる。この間、心臓の発生は、一心房一心室（魚類型）から、二心房一心室（両生類・爬虫類型）へ、さらに二心房二心室（哺乳類型）へと発達を遂げていく。

母胎の中で羊水に浸かった胎児が、その小さな肺で「羊水呼吸」をおこなっている姿は、「太古の海」での鰓呼吸を思わせるものがある。そして、約十ヵ月後にいよいよ誕生の時をむかえると、狭い産道を通過する間に、肺の中の羊水がしぼり出され、産声とともに外界に出たその瞬間に、「羊水呼吸」にかわって空気による肺呼吸がはじまる。まさにこの「羊水呼吸」は、肺を空気呼吸の機能を備えた器官にまで発達させるためのプロセスであり、トレーニングの過程でもある。

こうして母胎から外に出た胎児は、二度目の「上陸」を敢行したことになる。一度目は、胎内の「太古の海」での、系統発生史上の両生類から陸上爬虫類への転身であり、二度目は、胎児にとってはじめての、母胎の「海」から現実の陸上への進出である。しかも、二度目のこの「上陸」は、哺乳動物としては、二足歩行以前の発達段階での敢行なのである。

人間に特有な「家族」誕生の契機

薄暗い「太古の海」に別れを告げ、母胎から離れて大地に「上陸」したこの人間の新生児は、高度に発達を遂げた哺乳動物の乳児として、これまでとはまったくちがった想像を絶する世界で成育することになる。人間が母胎から外に出た誕生時の状態は、哺乳動物の中のさらに霊長類のうちでも例外的な地位を占めている。それは、一種の「生理的な」、つまり「常態化してしまった早産」だと言われている。このことは、人間の胎児が、高度に発達を遂げた哺乳動物の子供の段階まで母親の子宮の中で育ちきってしまうのではなく、それよりもはるかに早い時期に、未成熟な段階ですでに母の胎内を離れて世に出される、ということを意味している。

一方、人間以外の高等な哺乳類の子は、たいへん発達した筋肉組織と感覚器官をもって生まれてくる。そして、その両者は、神経組織によって脳髄と十全に連動し、機能している。それは、成育した親の姿をそのまま小さくした縮図であり、その運動や行動は、誕生時からほとんど親に酷似している。有蹄類、アザラシやクジラやサルなどがそうで、例えば仔馬などが、生まれ落ちてから数分も経たないうちに自力で歩きはじめようとする情景を思い浮かべれば、よく分かるはずだ。

霊長類の子に限って見ても、誕生時から離巣性をもつものに分類されるべきものである。チンパンジーの子は、生後一ヵ月半も経てば、母親にしがみついて立つことができる。つまり、人間の新生児から見れば、いずれにしても、筋肉組織と感覚器官がはるかに発達を遂げ、この両者が神経組織によって脳髄と十全に連動してから生まれるのである。

こうしたことから、人間の生まれたての赤ん坊のあり方が、どんなに特別な、尋常一様なものでないか、そして他の高等哺乳類にあてはまる法則からは、どんなにかけ離れた存在であるかが納得できるはずである。

人間の胎児は、母胎内で「巣立つもの」の段階へと成育を続け、開かれた感覚器官と完成した筋肉組織を持つ、ある意味では仔馬の段階、つまり、あらゆる哺乳類に特徴的な完成された段階にまで達するのであるが、胎内でこのような長い発達の段階を通りながら、生まれたばかりの新生児は、不思議なことに恐ろしく未成熟でたよりなく「能なし」なのである。この矛盾は、人間の形成過程が他の哺乳類や霊長類には見られない特別なもので、人間に特有なものであるということを示唆している。

生まれたての人間の新生児の脳髄は、他の高等哺乳類や霊長類に比べて著しく大きく複雑であり、それだけに、成熟に必要な時間が長くなる。とすると、脳髄が発達途上にあり、神経組織によって感覚器官・筋肉組織とも十全に連動していないこの自律不能の期間を、どう解決するかが問題になってくる。高等哺乳類の段階ならば、それを母の胎内での胎生期間、つまり妊娠期間を長くすれば解決できる。しかし、さらに霊長類、その中でも類人猿と人間のあいだでは、脳髄の発達水準の高さの点で、もう一度かなり飛躍しているところに遭遇する。そこでもう一度、自活できない依存的な時期をどう乗り越えられるかが、問題になってくる。妊娠期間を再度さらに一ヵ年ほど延長すればいいということにもなるのであるが、ここでは、こうした予想される解決法からはほど遠い、まったく新しい方法がとられたのである。

つまり、妊娠期間の延長による解決ではなく、高等な鳥類の「巣ごもり」の道、すなわち、両親による誕生後の細心のねばり強い養護と注意によって解決する道が選ばれたのである。生まれたての人間は、器官など身体の基本構造から見れば、「巣立つもの」であるけれども、しかし、一種独特な両親への強い依存性を特色とする解決方法が採用されたということになる。

ここに、他の哺乳類には見られない、人間に特有な「家族」誕生の契機がある。つまり、脳髄が高度で複雑であることに起因しておこる、人間に特有な「常態化された早産」が、霊長類の中でも例外的な「たよりない能なし」の新生児を胎外に送り出すこと、それゆえに、その子が自立できるまで、長期にわたる「養護」が必要であること、これが、人間に特有な「家族」の発生をもたらしたということなのである。この「家族」は、母を中核に据えた恒常的で緊密な、ごく小さな血縁的「人間集団」

として形成される。

「家族」にこのように特別な方法で依存するのは、哺乳類の中では人間だけである。生まれたてのよく保護されている類人猿の子には、行動や態度や運動、あるいはコミュニケーションの手段において、本質的に新しいものが生じてくる可能性は、もはや与えられていない。

ところが一方、人間では、他の哺乳類であれば、まだ暗い母のおなかの中で、純粋に自然法則のもとで温和に発育を続けなければならないはずのこの時期に、この「子宮外的な時期」を与えられたことによって、突然、社会的・歴史的法則のもとに立たされ、本質的に新しい特殊な発達の可能性がひらかれることになった。類人猿は、完全な完成形に近い、終局的なこぢんまりした状態に急速に成長するのに対して、人間は、それまでとは比べようもなく多様で複雑で刺激的な子宮外の自然的環境のもとで、「巣ごもり」によって、ゆっくりと時間をかけて成長していく。そして、このことが、人間に特有な「家族」、「言語」、「直立二足歩行」、そして「道具」の発生という、地球の生物進化史上、まったく予期せぬ重大な〝出来事〟をひきおこすことになったのである。

「家族」がもつ根源的な意義

新生児は、人間形成にとって決定的に大切な誕生以後のほぼ一年間を、母の暗いおなかの中で、自然法則のもとで発育するのではなくて、「常態化した早産」によって外界に生まれ出ることで、多くの刺激のみなもとをもつ大地と自然の中で、同時にはじめは「家族」の中で、そしてやがてより広い社会環境の中で、まだどのようにでもなる可能性を秘めた素質に、様々な体験を通して刺激を与えられながら過ごすことになる。

この生後第一年の乳児を思い浮かべると、脳髄がいかに指導的な役割を果たしているかにすぐさま気づく。それは、具体的には、動機体系の強さ、直立すること、話すこと、そして世界を体験しようとする努力の強さなどに見られる。

まず、「養護の強化」のために自然にあらわれてくる、母親を中核にした父親・兄・姉・祖父母・おじ・おばなどとの緊密なコミュニケーションの中から、必然的に音声言語が発達し、このことによって、さらに脳髄の発達が促進される。それがまた人間に特有な「二足直立歩行」を惹起し、さらに両手の自由の獲得によって、「道具」の使用へとすすむ。「言語」、「二足直立歩行」、「道具」の三者が緊密に内的に連動しつつ、「二足直立歩行」をはじめる十一～十二ヵ月ごろになると、ことばの模倣が盛んになり、脳髄を一層刺激し、新たな発達段階へとすすむ。

「直立二足歩行」、「言語」、「道具」の使用という人間的な特徴が、そもそもはじめからどんなに社会的特徴をもつ現象なのかということが、この状況をつぶさに想像するだけでも明らかになってくる。周囲の人々の助けやそそのかし、励ましと、幼児の側の創造的な能動性と模倣への衝動、この二つの側面は分けがたく相互作用を絶え間なく営みながら、その発達過程を特色づけている。乏しい本能によって固定された行動様式しかもたない他の哺乳類とはちがって、練習しながら本当に人間的な可能性を成熟させつつ発達する人間のためには、どんなに長い時間がそこには必要であるかが分かってくる。と同時に、個体発生の様々な発達現象との密接な連関によって、一人の人間の発達がはじめて成立することも理解できる。

こう見てくると、人間に特有な「常態化された早産」に起因して派生した「長期にわたる養護」が、人間に特有な「家族」をもたらすこと、そしてその「家族」が、人間発達にとっていかに根源的で基底的な役割を果たしているのか、その重大さに気づくのである。

しかも、人間の場合、どの哺乳動物よりも、どの霊長類よりも、その発達は緩慢であり、長期にわたっている。性的成熟の時期、つまり生殖可能な状態に到達する時期が、他の哺乳類のウシの場合であれば、誕生から一年半ないし二年、ウマが三〜四年、サルが四〜五年、チンパンジーでも八〜十年であるのに対して、人間は十三〜十五年といわれている。他の哺乳類や霊長類に比べて、人間の性はいかに成熟が遅く、したがって、世代交代までの期間がいかに長いかが分かる。

このように、人間の「家族」が極めて長期にわたって安定的であることを考えあわせると、人間にとって「家族」というものが、人間発達の不可欠の場として、他の動物の場合よりもいかに大きな意義を有しているかが、一層はっきりしてくる。

以上のように考察してくると、「家族」、「言語」、「直立二足歩行」、「道具」という四つの人間の発達事象は、相互に深く密接に作用し合うものでありながらも、なかんずく「家族」は、他の三つの事象の根っこにあって、それらの発達を支える基盤を形成しつつ、それ自身の役割をも同時に果たしていることが分かってくる。つまり、「家族」は、四つの事象の中でも、人間が人間になるための最も基底的な役割を果たしてきたと推論できるのである。しかも、受精卵から成人に達するまでの個体発生が、「直立二足歩行」が可能になり石器をも使用する最古の人類があらわれた二百数十万年前から今日に至るまで、永続的に繰り返されてきたことを思う時、「家族」は、「常態化された早産」が発生したその時から今日まで、人間が人間であるために、必要不可欠の役割を演じ続けてきたといわなければならない。

「家族」が人間を人間にしたのである。そして、「家族」がなくなった時、人間は人間ではなくなるのである。

人間が人間であるために

受精卵の子宮壁への着床から成人に至る人間の個体発生の過程は、これまでも繰り返されてきたし、これからも永遠に繰り返されていくであろう。だとすれば、「常態化された早産」によってあらわれる脳の未成熟な「たよりない能なし」の新生児も、これから将来にわたっても永遠に繰り返されて、母胎の外にあらわれてくることになる。

子宮内の変化の少ない温和な環境から、突然外界にあらわれた新生児の新たな環境は、母の胎内とはまったくちがったものである。それは、「家族」という原初的ないわば社会環境と、それをとりまく大地という自然的環境、この二つの要素から成り立っている。人類が出現した時点から数えても、今日まで少なくとも二百数十万年もの間、人間の赤ちゃんは、子宮内の温和な環境から、突然、この二つから成る環境、すなわち原初的な社会環境である「家族」と、大地という自然的環境に産み落とされ続けてきたことになる。昔と変わらず今日においても、胎外に生まれ出たこの未完の素質を最初に受け入れ、「養護」する場は、ほかでもなく「家族」であり、それをとりまく大地である自然なのである。そして、どのようにでも変えうる可能性を秘めたその未熟な脳髄は、繰り返しこの「社会」

と「自然」という二つの環境から豊かな刺激を受けつつ変革され、人間特有の発達を遂げながら、他の動物とは際立った特徴をもつ人間につくりあげられてきた。

人間形成のこの二つの環境は、少なくとも二百数十万年という長い人類史の大部分の間、主として自然界の内的法則のみに従って、基本的には大きな変容を蒙ることもなく、緩慢な流れの中にあって、時代は過ぎていった。ただし、原初的な社会環境である「家族」の方が、まず先行して、ゆっくりではあるが徐々に変化の兆しを見せはじめる。

すべての動物がそうであるように、人間も、自然とのあいだの物質代謝過程の中ではじめて、生命を維持していくことができるのであるが、人間の場合、この物質代謝過程を成立させているのが労働である。この人間労働は、自然を変革すると同時に、人間自身をも変革し、人間特有の脳髄の発達を促し、それが機縁に「早産」が常態化して、人間に特有な「家族」が編み出されてきた。すでに見てきたように、この「家族」を基盤に人間発達のその他の三つの事象、「言語」、「直立二足歩行」、「道具」が相互に密接に作用し合い連動しつつ、人間は、他の動物にはない特異な発達を遂げてきたのである。

こうした人間特有の三つの事象の中でも、とりわけ「道具」の発達は、人類史を大きく塗りかえていく。ささやかな原始的石器から、高度に発達した現代の巨大技術体系に至るまで道具の発達を辿ると、生産力の爆発的ともいえる驚くべき凄まじい変化をまざまざと見せつけられる。その間、人類始原の自然状態から、古代奴隷制、中世封建制を経て、近代資本主義に至るまで、生産手段（土地と生産用具）の所有のあり方に注目するならば、直接生産者と生産手段との原初的結合状態から次第に分離へとむかい、ついには資本主義の成立によってはじめて、両者は完全分離の状態に達する。一方の極には、社会的規模での莫大な生産手段が集積し、それを私的に所有する資本家層が形成され、他方の極には、生産手段をもたず、自らの労働を商品として売る以外に生きる術《すべ》のない圧倒的多数の大群が形成され、賃金労働者としてあらわれてくる。

ここで注意しなければならないことは、この生産手段と直接生産者である人間との完全分離は、少なくとも二百数十万年ともいわれる人類の長い歴史から見れば、たかだか近代資本主義の成立以後の、ごく短い二、三百年の間におこった現象にすぎないということである。つまり、人間は、二百数十万年ともいわれる長い人類史のほとんど大部分の間を、自己のもとに生産手段を結合させた状態で、何らかの形の「家族」を基盤に、これをすぐれた労働の組織として機能させながら、自然と人間との間の物質代謝過程を維持してきた。その意味でも「家族」は、自然に開かれた回路であり、自然と人間とをつなぐ接点であり続けてきたと言えよう。

こう見てくると、「家族」は、人類の歴史のほとんど全期間を通して、先にも触れたように、他の動物とはちがう、人間が人間として発達する重大な契機となった「言語」と「二足直立歩行」と「道具」を生み出し、かつ、それらの発達を促す母胎ともいうべき基底的で大切な役割を果たし続けてきたことが分かる。

「家族」が直接、生産手段との結合を保っている間は、基本的には「家族」本来の機能は失われずに維持されてきた。生産手段と「家族」の分離が決定的になったのは、世界史的に見れば一八世紀のイギリス産業革命にはじまる近代資本主義の成立期からのことであり、わが国であれば、戦後の一九五五年からおよそ二〇年間の高度経済成長期でのことであった。二百数十万年の長きにわたる人類の歴史からすれば、「家族」のこの激変は、まさにこの間の一瞬のうちの出来事であったといわなければならない。「未熟な新生児」を受け入れ、人間を人間たらしめ、さらには人間の発達を支え、それを長期にわたって保障してきた「家族」は、生産手段からの完全な乖離によって、その機能を急速に衰退させ、変質を遂げていった。そして、今日世界を風靡している市場原理至上主義「拡大経済」は、さらに「家族」の変質を執拗に迫りながら、人間の発達を保障するもうひとつの場、すなわち自然をも短期間のうちに急激に悪化させ、人間のライフスタイルの人工化を根底からとどまることを知らぬ勢いでおしすすめていったのである。

こうした「家族」の急激な変化と自然の荒廃の後にあらわれた「未熟な新生児」は、たまったものではない。「家族」と自然というこの二つの大切な受け皿を失い、人間や自然との豊かな触れあいを閉ざされたまま、一気に「世界最先端のＩＴ社会」に投げ出されるのである。この「家族」と自然の急激な変化によって、「未熟な新生児」は人間になることを阻害され、人間の「奇形化」の進行をも余儀なくされていく。

「個体発生は、系統発生を繰り返す」というテーゼのもつ意味を重く受けとめるならば、人間が人間であり続けるためには、自然に根ざした「家族」が、これからも基底的な役割を果たし続けなければならないはずである。自然に根ざした「家族」がなくなった時、おそらく人間は人間ではなくなるにちがいない。このことは、今日、市場原理至上主義「拡大経済」が荒れ狂う中で、自然との回路を断たれた「家族」が本来の機能を失い、空洞化し、崩壊の危機に晒されているまさにその時に、子どもの世界にこれまで想像もできなかった異変が次々に発生し、深刻な社会問題を引き起こしていることから見ても、十分に頷けるであろう。幼い〝いのち〟のあまりにも大がかりな犠牲による、あってはならないこのような「社会的実験」によってでしか、「家族」のもつ根源的な役割とその意義が立証されないとするならば、それは、あまりにも残酷で恐るべき仕打ちであるというほかない。

それにしても今や私たちは、自然が、そして「家族」がこれまで人間にとって根源的であったし、これからも人間が人間であるためには、未来永劫にわたって「家族」と自然が根源的であり続けなければならないということを、理論的にも、また今日の世界の現実からも、ようやく明らかにすることができるようになってきたのである。それは、「家族」が、そして「地域」が疲弊し、衰退と崩壊の一途を辿る中で、人間がズタズタに分断され、「無縁社会」の闇に呑み込まれていく今日の凄まじい現実、つまり日本社会が根っこから崩れていく姿を目の前にして、多くの人々がこのことに気づきはじめたからではないだろうか。

第三章　「菜園家族」構想の基礎

甦る大地の記憶
心ひたす未来への予感

ここまで述べてきたことからも分かるように、自然に根ざした「家族」は人間にとって根源的であり、おそらく遠い未来においてもそうあり続けるであろう。まさにこのテーゼが、二一世紀の未来社会構想として私たちがここ十余年来提起してきた週休五日制のワークシェアリングによる三世代「菜園家族」構想にとって、揺るがすことのできない大前提になっている。

ところで、戦後一九五〇年代半ばからはじまる高度経済成長は、農山漁村から大都市への急速な人口移動をおしすすめながら、大量生産、大量浪費型の経済システムを確立していく。こうした中で、人間の欲望は際限なく拡大し、人々はモノとカネと快適な生活を追い求め、酔い痴れていく。人間にとって根源的で大切なものは見失われ、置き去りにされていった。つまり私たちは、こうしたことがいずれもたらす深刻な事態に気づくことなく、人間が人間であるために根源的であるはずの「家族」と「地域」を不覚にもないがしろにし、ついには一瞬のうちに衰退の淵へと追い遣ってしまったのである。このことへの深い内省とそこから来る透徹した洞察なしには、これからの二一世紀の社会構想は、いずれ不徹底なものに終わらざるをえないであろう。そんな時代に私たちは立たされている。

生産手段の分離から「再結合」の道へ ―「自然への回帰と止揚《レボリューション》」の歴史思想

序編で見てきたように、一九世紀末までに人類が理論的成果として到達した未来社会論、すなわち生産手段の社会的規模での共同所有を基礎に、社会的規模での共同管理・共同運営を優先・先行させる社会実現の道を、ここでは仮に、資本主義超克の「A型発展の道」（従来型の社会主義・共産主義への道）としよう。この「A型発展の道」は二〇世紀末、ソ連・東欧の社会主義体制の崩壊によって頓挫し、その理論が重大な欠陥と限界を露呈し破綻したことについては、すでに述べてきたところである。この「A型発展の道」の理論的破綻の原因は何だったのか。二〇世紀におけるこの理論の現実社会への適用と実践の総括をふまえ、今こそ深く究明しなければならない時に来ている。今あらためてその原因を明らかにすることによってはじめて、混迷する二一世紀世界と何よりもわが国の今日の現実をふまえた、私たち自身のもう一つの新たな未来への道を見出すことができるのではないか。序編では、そのために敢えて一九世紀に遡り、このことについて考察してきた。

本質的には一九世紀と同様に、今日においても資本主義の進展に伴い、社会の一方の極には、人口の圧倒的多数が生活の基盤を失い、根なし草同然の賃金労働者となって累積し、熾烈なグローバル市場競争に晒されながら過剰生産、労働力過剰の煽りに苦しみ、そこへ不況と恐慌が周期的に襲うことになる。リストラの恐怖におびえつつ残業漬けの毎日をおくりながら、ますます減っていく夫の収入。それを補おうと、女性もパートや派遣の不安定労働へと駆り出されていく。そのために、子供は託児所に、老人は介護施設にあずけなければならなくなる。するとその分、現金収入がさらに必要になり、劣悪な条件のパートを渡り歩いてでも働きつづけなければならないという悪循環のスパイラルに陥っていく。自立の基盤を失った家族、なかんずく国民の圧倒的多数を占める根なし草同然の賃金労働者家族の不安定性はいっそうあらわになり、もともとあった固有の家族機能は衰退し、家族そのものが崩壊の危機に晒されていく。そして、子供の育つ場は失われ、児童の成育に重大な支障をきたすようになる。

特に、今日のように生産力が極端に歪められたもとで発展した高度情報化社会にあっては、子供たちは自然から隔離され、人工的な環境の中でバーチャルな世界にますます追い遣られていく。大人社会の競争原理が子供たちの世界にも即持ち込まれ、家族の教育への投資、受験競争が異常なまでに過熱し、小さな心を苦しめる。子供たちの精神は荒《すさ》み、異常な状態にまで追いつめられ、青少年の犯罪は急増する。

　こうして人類史上どの時代にも見られなかった家族の全般的危機状況が、現代資本主義のこの時代にはじめて、むごい様相を呈してあらわになってきた。生産力が高度に発展し、商品化された生産物が溢れんばかりに社会をおおいながら、それに逆比例するかのように、家族の危機と人間精神の荒廃は容赦なく進行していく。

　こうした事態の中から不可避的に導き出されてくるものは、生産手段（生きるに必要な最小限度の農地・生産用具・家屋など）と直接生産者である現代賃金労働者《サラリーマン》との「再結合」によって、家族が自給自足度を高め、グローバル市場原理に抗する免疫力を身につけ、自らの自然治癒力を可能な限り高めることである。それはとりもなおさず、ますます深刻化する容赦のない市場の横暴から自己の生活を正当防衛するための新たな家族形態、すなわち「菜園家族」の創出であり、これを優先・先行させる社会発展の道（B型発展の道）である。つまりそれは、生産手段と人間が有機的に結合していた人類始原の自然状態から、私的所有の発生を契機に、次第に生産手段と直接生産者との分離がはじまる「資本の本源的蓄積過程」を経て、さらに近代に至って両者が完全に分離していくまさにその過程で新たに生まれ拡大する社会の根本矛盾を、生産手段の共有化（A型発展の道）によってではなく、「自然への回帰《レボリューション》と止揚」の歴史思想とその現実的方法、つまり生産手段と現代賃金労働者《サラリーマン》の両者の「再結合」

によって克服するという、人類史上未踏の道を切り開こうとするものなのである。

現代賃金労働者《サラリーマン》との「再結合」の対象として想定される生産手段は、もちろん大工業の機械設備や工場などではなく、個々の人間にとって生きるために何よりもまず不可欠な衣食住、中でも食料を必要最小限度生み出すに十分な一定限度の農地と生産用具を指している。このような生産手段と現代賃金労働者《サラリーマン》との「再結合」によってはじめて、農的家族小経営の基盤は甦り、日常生活の直接の場そのものに豊かな人間発達の諸条件が回復し、人間の全面的発達を促す可能性が大きく開かれていく。つまりこの過程は、大地に根ざした個性的で創造的な人間一人ひとりの活動と人間的鍛錬を通じて、非民主的で中央集権的な独裁体制の生成と増幅を抑制し阻止する豊かな土壌と力量を社会の内部に涵養していく極めて重要なプロセスにもなっている。これは、資本主義超克の「A型発展の道」の挫折という世界史的な苦い経験から学びとり導き出された、貴重な帰結なのである。

「菜園家族」構想は、この新たな道を旧来の「A型発展の道」に対置して、資本主義超克の「B型発展の道」、すなわち「菜園家族」を基調とするCFP複合社会（本章の後の項目「世界に類例を見ないCFP複合社会 ― 史上はじめての試み」で詳述）を経て、人間復活の高度自然社会へ至る道と位置づけ、二一世紀の新たな未来社会論の試論として展開するものである。ここからは、いよいよこの二一世紀の未来社会論について具体的に述べていくことにする。

週休五日制のワークシェアリングによる三世代「菜園家族」構想

市場原理至上主義の社会にあって、市場競争の荒波に耐え、家族がまともに生きていくためには、まず家族は生きるために必要なものは、大地に直接働きかけ、できるだけ自分たちの手で作るということを基本に据えなければならない。このことによって、現金支出をできるだけ少なくおさえ、生活全体の賃金への依存度を最小限に抑制し、市場が家族に及ぼす影響をできる限り小さくする。つまりそれは、家族が苛酷な市場原理に抗する免疫を自己の体内につくり出し、自らの自然治癒力を可能な限り回復することである。そして、さらにはこの免疫的自然治癒力を家族内にとどまらず、家族と家族の連携によって次第に地域に広げ、抗市場免疫の自律的地域世界を構築していくことなのである。これはいかにも素朴で単純な方法のようであるが、原理的には、こうすること以外に家族が市場競争に翻弄されることから逃れ、自由になる術はない。

週休五日制による三世代「菜園家族」構想は、今日、自立の基盤を失い危機的状況に陥っている家族の再生と、何よりも人間の真の復活を基本目標に据えている。一九世紀以来、熾烈な市場競争の中でみじめなまでに貶められた人間の尊厳を、二一世紀においてなんとか取り戻すのである。「菜園家族」構想は、この目標実現のために、新しい社会のあり方を提起している。戦後高度経済成長の過程で衰退した家族と、森と海を結ぶ流域地域圏《エリア》を一体的に甦らせ、農山漁村の過疎高齢化と都市平野部の過密を同時解消し、「菜園家族」を基調とする抗市場免疫の自律的世界、すなわち自然循環型共生の地域社会を、国土全体にバランスよく構築することをめざしている。

「菜園家族」構想では、具体的には、人々は週のうち二日間だけ〝従来型の仕事〟、つまり民間の企業や国または地方の公的機関の職場に勤務する。そして、残りの五日間は、暮らしの基盤である「菜園」での栽培や手づくり加工の仕事をして生活するか、あるいは商業や手工業、サービス部門など非農業部門の自営業を営む（前者を「菜園家族」、後者を「匠商《しょうしょう》家族」と呼ぶが、ここでは両者を総称して、広義の意味での「菜園家族」とする）。週のこの五日間は、三世代の家族構成員が力を合わせ、それぞれの年齢や経験に応じて個性を発揮しつつ、自家の生産活動や家業に勤しむと同時に、ゆとりのある育児、子どもの教育、風土に根ざした文化芸術活動、スポーツ・娯楽など、自由自在に人間らしい豊かな創造的活動にも携わる。

「菜園家族」が都市から帰農して自給自足を試みる特殊な家族の特殊なケースとしてではなく、社会的に一般的な存在として成立するためには、一定の条件が必要となってくる。それが「週休五日制」のワークシェアリングである。つまり、週に二日は社会的にも法制的にも保障された従来型の仕事から、それに見合った応分の給料を安定的に確保し、その上で、週五日の「菜園」あるいは「匠・商」基盤での仕事の成果と合わせて生活が成り立つようにする。これは一人当たりの週労働時間を短縮し、「菜園」あるいは「匠・商」を基盤にすることによって成立するいわば「短時間正社員」という新しい働き方、つまり「菜園家族型ワークシェアリング」による新しいライフスタイルの実現とも言える。人類にとってもともとあった自己の自由な時間を取り戻す、まさに人間復活そのものなのである。

この週休五日制の「菜園家族型ワークシェアリング」が実現すれば、単純に計算して、一人当たりの週の従来型の勤務の日数は五分の二に短縮され、それにともなって社会全体としては、雇用の数は二・五倍に増加する。その結果、今日ますます増大していく失業や派遣労働、パートといった劣悪で不安定な雇用を根本的に解決していく道が大きく開かれていくであろう。その上、職業選択の幅が拡大し、ゆとりのある働き方が地域社会に次第に定着していく。これによって、住民が家族や地域に滞留し活動する時間は飛躍的に増大し、地域の自然的、人的、文化的潜在力は最大限に生かされ、精神性豊かな生活とゆとりのある地域づくりが可能になってくる。

今日、とくに女性の場合は、出産や育児や家事や介護による過重な負担が強いられ、職業選択の幅が狭められている。出産・育児や介護か、それとも職業かの二者択一が迫られ、その中間項といえば、劣悪な条件のパートや派遣労働しかないのが現実である。週休五日制の「菜園家族型ワークシェアリング」が定着すれば、男性も女性も週二日だけ「短時間正社員」として〝従来型の仕事〟に就けば、残りの週五日間は、「菜園」またはその他「匠・商」の自営の基盤で家族とともに暮らすことが、社会的にも法制的にも公認され、保障される。したがって、こうした問題は次第に解消され、夫婦がともに協力し合って家事・育児・介護にあたることが可能になり、男女平等は現実のものになってくる。

このようにして、「菜園家族」を基調とする新しい社会では、女性の「社会参加」と男性の「家庭参加」「地域参加」の条件がいっそう整っていく。結果的に、男性も女性も本当に人間らしさを回復し、多くの人々に多種多様で自由な人間活動の場が保障されることになるであろう。このような条件を得る中で出生率も改善の方向へと向かい、少子高齢化社会は根本から解決されていくであろう。

こうした新しい働き方は、後で触れることになるが、森と海を結ぶ流域地域圏《エリア》の地方自治体と、住民・市民と、企業の三者のたゆまぬ協議と、その成果としての「三者協定」の成立によってはじめて、安定した制度として確立し、広く普及していくことになるであろう。

なお、この「菜園家族」構想における家族構成は、象徴的には祖父母、夫婦、子どもたちの三世代であると表現しているが、現実には三世代同居に加えて、三世代近居という居住形態もあらわれてくるであろう。そして、この二つの形態がおそらくは主流になりながらも、個々人の多様な個性の存在、あるいは本人の個人的意志を越えて歴史的・社会的・経済的・身体的・健康上の要因などによってつくり出されてきた人間や家族の様々な事情や「個性」も尊重されるべきである。それを前提にするならば、多様な組み合わせの家族構成があらわれたり、あるいは血縁とは無関係に、個人の自由な意志にもとづいて結ばれる様々な形態の「擬似家族」も想定されることを、付け加えておきたい。

ここで大切なことを確認しておきたい。これまで述べてきた週休五日制とは、今考えられるあくまでも最終的に到達すべき理想的な一つのバリアントであって、これを固定的に捉えるべきではない。個々人の力量や生き方、嗜好の違い、さらには年齢や性別など家族構成の違い等々、個人や家族の事情によって、また地域の自然や農地の条件等々によって、週休五日なのか、週休四日なのか、週休三日なのかといったバリアントを自由に選択できることがとりわけ重要になってくる。こうすることによって、個々の家族がそれぞれの現状から「菜園家族」的生活をスタートするに際して、選択の幅が広がり、よりスムーズな移行が可能になる。〃従来型の仕事〃の職場では、週の中日《なかび》を引き継ぎや会議の日として設定する場合もあろう。職種の特性によって、その他にもさまざまな工夫が編み出されることになるに違いない。その結果、危惧するよりも思いのほか比較的容易にフレキシブルで多様な働き方、暮らし方が地域社会に芽生え、やがて定着していくことになるであろう。

当然のことながら、どのケースでも労働時間の長短によって差別されることなく、「同一価値労働同一賃金」、「均等待遇」の原則のもと、「短時間正規雇用」としてのそれぞれのバリアントに応分の給与所得と労働者としての基本的権利、そして何よりも「菜園」あるいは「匠・商基盤」が保障される。それと同時に、子育て、教育、医療、年金、介護等々については、「菜園家族」構想の理念に基づく新たなライフスタイルに見合った画期的な二一世紀型社会保障制度が確立されていく必要がある。これこそが人間らしく精神性豊かに生きる未来社会のあり方なのである。

二一世紀の今日、市場競争至上主義の猛威の中、ほとんどの人々が絶望的とも言える社会の不条理に苦しめられている。大多数の人々は、本当はうわべだけの「豊かさ」や上からのお仕着せがましい「安心」などではなく、大地に根を下ろし、自然ととけあい、家族や友人、そして見知らぬ人たちとも、仲良くおおらかに楽しく生きていきたいと望んでいる。現状に馴らされ、とうに忘れてしまったこの素朴な思いこそが、人間本来の願いであったはずだ。

「菜園家族型ワークシェアリング」は、多くの人々のこの切なる願いを叶える新しい社会への道を切り拓く鍵となる。そしてそれは、いつの間にか「正規」、「非正規」という、まるで別々の人間であるかのように分断された現代の私たちに、もう一度、同じいのち、同じ生きる権利を持った、同じ人間同士としての地平に立って考えなおし再出発する、またとない大切なきっかけを与えてくれるにちがいない。今日の日本社会の行き詰まりと、将来不安に苛まれた精神の閉塞状況を打開する道は、どんなに時間がかかろうともこれを措いてほかにないのではないだろうか。

世界に類例を見ないＣＦＰ複合社会 ― 史上はじめての試み

週休五日制のワークシェアリング（ここからは週休四日や三日の場合については省略し、週休五日制のみを例示して説明）による三世代「菜園家族」を基盤に構築される日本社会とは、一体どのような類型の社会になるのか、まずその骨格に触れたい。

それは、「菜園家族」基調の自然循環型共生の理念を志向する真に民主的な地方自治体と、これらを強固な基盤とする国レベルの民主的政府の成立によって、本格的な形成過程に入るのであるが、この社会はおそらく、今日のアメリカ型資本主義社会でも、イギリス・ドイツ・フランスなどの資本主義社会でもない、あるいはかつての「ソ連型社会主義」や今日の「中国型社会主義」のいずれでもない、まったく新しいタイプの社会が想定される。

「菜園家族」構想によるこの社会の特質は、大きく三つのセクターから成り立つ複合社会である。第一は、きわめて厳格に規制され、調整された資本主義セクターである。第二は、週休五日制のワークシェアリングによる三世代「菜園家族」を主体に、その他「匠・商基盤」の自営業を含む家族小経営セクターである。そして、第三は、国や都道府県・市町村の行政官庁、教育・文化・医療・社会福祉などの国公立機関、その他の公共性の高い事業機関やＮＰＯや協同組合などからなる、公共的セクターである。

第一の資本主義セクターをセクターＣ（Capitalism のＣ）、第二の家族小経営セクターをセクターＦ（Family のＦ）、第三の公共的セクターをセクターＰ（Public のＰ）とすると、先にも述べたようにこの新しい複合社会は、より正確に規定すれば、「菜園家族」を基調とするＣＦＰ複合社会と言うことができる。

セクターＦの主要な構成要素である「菜園家族」にとっては、四季の変化に応じてめぐる生産と生活の循環がいのちである。したがって、「菜園家族」においては、この循環の持続が何よりも大切で、それにふさわしい農地や生産用具や生活用具を備えることが必要である。また、それらの損耗部分は、絶えず補填しなければならない。主としてこうした用具や機器の製造と、その損耗部分の補填のための工業生産を、セクターCが担う。

次に、セクターCが担うもう一つの大切な役割は、国内向けおよび輸出用工業製品の生産である。ただし、これも生産量としては、きわめて限定される。日本にはない資源や不足する資源が当然あり、これらは、外国からの輸入に頼らなければならない。輸出用工業製品の生産は、基本的には、この国内にはない資源や不足する資源を輸入するために必要な資金の限度額内に、抑えられるべきである。今日の工業生産と比べれば、それははるかに縮小された水準になるにちがいない。従来のように国内の農業を切り捨て、「途上国」の地下鉱物資源を際限なく乱開発してまでも工業生産を拡大し、貿易を無節操に拡張しなければ成り立たない経済とは、まったく次元の異なったものが想定される。理性的に抑制された調整貿易のもとで、できるかぎり農・工業製品の「地産地消」を追求していく。

一方、勤労者の側面から見ると、「菜園家族」の構成員は、週休五日制のワークシェアリングのもとで、〝従来型の仕事〟、つまりセクターCあるいはセクターPで週二日働くと同時に、セクターFの「菜園」またはその他「匠・商」の自営業に五日間携わることになる。その結果、自給自足度の高い、生活基盤のきわめて安定した勤労者になるであろう。したがって、夫婦それぞれがセクターCあるいはセクターPの職場から得る応分の賃金所得をあわせれば、十分に生活できるように調整することは可能なはずである。

このように考えてくると、企業からすれば、従来のように従業員とその家族の生活を、賃金のみで一〇〇パーセント保障する必要はなくなる。企業は、きわめて自足・自立度の高い人間を雇用することになるからである。もちろんそれは、今日横行している使い捨て自由な不安定雇用とは、まったく違ったものになる。週休五日制の「菜園家族型ワークシェアリング」のもとでは、従業員は「短時間正規雇用」として労働者の基本的権利を保障され、かつ「菜園」や「匠・商」という自立の基盤も同時に保障されることが前提だからである。したがって、労使の関係も対等で平等なものに変わり、その上、企業間の市場競争も今日よりもはるかに緩和され、穏やかなものになるであろう。

このようになれば、企業は、今日のように必死になって外国に工業製品を輸出し、貿易摩擦を拡大し、国際間の競争を激化させ、「途上国」に対しては、結果的に経済的な従属を強いるようなことにはならないはずである。むしろ人々の関心と力と知恵は国内に集中され、科学技術の成果は、市場競争のためのコスト削減や売らんがために人々の欲望を掻き立てる目新しい商品開発に向けられるのではなく、もっぱら「菜園家族」を基調とするこの自然循環型共生社会の充実に向けられ、科学技術の本来の目的である人間労働の軽減や人間の幸せのために役立てられることになるにちがいない。

ＣＦＰ複合社会のセクターの構成に関連して、若干、補足しておきたい。

家族小経営セクターＦを主に構成するのは「菜園家族」であるが、流通・サービス部門における八百屋さんや肉屋さんやパン屋さんなどの食料品店や日用雑貨店、そして食堂・レストラン・喫茶店など非農業部門の自営業も、家族小経営の範疇に入ることから、当然このセクターＦを構成する重要な要素になる。

このＣＦＰ複合社会にあっては、流通・サービス部門は、基本的には家族小経営によって担われるのが基本になるが、一定限度の規模拡大がどうしても必要な場合には、今日の営利至上の大規模量販店に比して多少効率が低下するとしても、生活消費協同組合がそれらを担い、流通・サービス部門での市場競争の激化を抑制することが大切になる。

次にセクターPについてであるが、このセクターは、きわめて公共性の高い部門である。中央省庁や地方の行政官庁のほかに、教育・文化・芸術・医療・介護・その他福祉等々、公共性の高い事業や組織・機構が主要な柱になる。そのほか、特別に公共性が高く、社会的にも大きな影響力を持つ報道メディア（新聞・ラジオ・テレビ等）は、その公共性にふさわしい組織・運営が考えられてしかるべきであろう。また、郵便・電話・情報通信、交通（鉄道・航空・海運等）、エネルギー（電力等）、さらには金融などの事業についても、その社会的役割や公共性を考える時、安易に効率性や利用者の目先の利便性だけを求めるべきではなく、「菜園家族」社会にふさわしい組織・運営のあり方が研究されなければならない。

ＣＦＰ複合社会のこれら三つのセクター間の相互関係は、固定的に考えるのではなく、この社会全体の成熟度や具体的な現実に規定されながら、流動的に変化していくものと見るべきである。

ＣＦＰ複合社会の特質

「菜園家族」を基調とするＣＦＰ複合社会の重要な特徴について、もう一度ここで整理し、確認しておこう。

週休五日制のワークシェアリングによるこのＣＦＰ複合社会では、まず第一に、ある特定の個人が投入する週労働日数は、資本主義セクターＣまたは公共的セクターＰに二日間、そして家族小経営セクターＦに五日間と、それぞれ二対五の割合で振り分けられる。従来のいわゆるＧＤＰ（国内総生産）には、個人の私的な自給の枠内での生活資料の生産や家事・育児・介護などのサービス労働、さらには非商品の私的な文化・芸術活動などによって新たに生み出される使用価値は反映されていない。今ここで、これらも含めて、国内のすべての生産労働によって新たに生み出される使用価値の実際の総量を考える時、週休五日制のＣＦＰ複合社会では、この新たに生み出される使用価値の総量に占める家族小経営セクターＦの割合は、単純に計算すると七分の五となり、圧倒的に大きな比重を占めることになる。このこと自体が、資本主義セクターＣによる市場原理の作動を、社会全体として大きく抑制することになる。

そして第二に、家族小経営セクターＦに所属する自給自足度の高い「菜園家族」またはその他「匠・商」の自営業家族の構成員は、同時に、資本主義セクターＣの企業またはセクターＰの公共的職場で働く、賃金依存度のきわめて低い勤労者であるという、二重化された人格になっている。こうした二重化された人格の存在によって、市場原理の作動を自然に抑制する仕組みが、所与のものとして社会の中に埋め込まれることになる。

この二点が、ＣＦＰ複合社会の特質を規定する重要な鍵になっている。

家族小経営セクターＦが先述の「使用価値の総量」に占める割合を七分の五、つまり週休五日制にするのか、あるいは七分の四、つまり週休四日制にするのか。どのような比率でこの仕組みを社会に埋め込むかによって、その市場原理への抑制力は、かなり違ったものになるはずである。現実にＣＦ

P複合社会を創出する過程では、中間的移行措置として、先にも触れたように、この割合を漸次高めながら導入する方法も考えられるであろう。

週休五日制のワークシェアリングによるCFP複合社会にあっては、今指摘したように、個人の労働の側面から見れば、セクターCまたはセクターPには、週七日のうち二日しか労働が投入されていないことになる。したがって、〝従来型の仕事〟の分野には、単純に計算して、週五日の勤務形態で雇用する場合に比べて、社会的には二・五倍の人員の雇用が可能になり、よりおおくの人々がさまざまな職種に就ける可能性が開けてくる。その上、週のうち二日間をセクターCまたはセクターPで働く人は、同時にセクターFでも五日間、「菜園家族」またはその他「匠・商」の自営業の成員として働いていることから、この複合社会にあっては、ほとんどの人々の自給自足度が高くなり、生活基盤もより安定し、精神的余裕も出てくる。それに伴って、セクターCまたはセクターPでの職業選択に際しては、従来よりもずっと自由に、自己の才能や能力、あるいはそれぞれの生活条件や志向にあった多様な選択ができるようになるであろう。

さて、セクターFの「菜園家族」とその他「匠・商」の自営業者は、自給自足にふさわしい面積の畑や田からなる「菜園」を、安定的に保有することになる。有効に利用できずに放置された広大な山林や増大する耕作放棄地をはじめ、農地、工業用地、宅地などを含め、国土の自然生態系は総合的に見直されなければならない。そして、「菜園家族」の育成という目的に沿った国土構想が練られ、最終的には、土地利用に関する法律が抜本的に整備されるであろう。

「菜園家族」のゆとりある敷地内には、家族の構成や個性に見合った、そして世代から世代へと住み継いでいける、耐久性のある住家屋（農作業場や手工芸の工房やアトリエなどとの複合体）が配置される。もちろん、建材に使用するのは、日本の風土にあった国産の木材である。「菜園家族」にとって、週に五日間はこの「菜園」が基本的生活ゾーンになり、セクターＣまたはセクターＰでの〝従来型〟の職場（民間の企業や公共的機関など）は、しだいに副次的な位置に変わっていく。

先にも触れたように、従来、科学技術の発展の成果は、企業間の激しい市場競争のために、つまり、商品のコストダウンや目新しい商品開発のためにもっぱら振りむけられてきた。そして、「グローバル市場競争に生き残る」という口実のもとに、労働の合理化やリストラが公然とまかり通り、不安定労働が増大し、人々はかえって忙しい労働と苦しい生活を強いられてきたのである。

しかし、「菜園家族」を基調とするこのＣＦＰ複合社会にあっては、市場競争ははるかに緩和され、科学技術の成果は、もっぱら「菜園家族」とその他「匠・商」の自営業を支える広範で細やかなインフラに振りむけられていく。それはまた、押し寄せるグローバル市場競争の波の侵蝕に抗して、対抗軸ともなるべき内需基調の地域循環型経済システムの構築を促すことにもなるのである。こうして、人々は、過密・過重な労働から解放される。その結果、自給自足度の高い「菜園家族」とその他「匠・商」の自営業家族は、時間的なゆとりを得て、自らの地域で自由で創造的な文化活動にも情熱を振りむけていくことになるであろう。

このように地域が甦れば、人々が仕事の場を求めて大都市に集中する現象は、極端に減少するはずである。そうなれば、通勤ラッシュや工場・オフィスの大都市への集中は、自然に解消されていく。大都市における自動車の交通量は激減して、交通渋滞はなくなり、静かな街が取り戻されていくことであろう。それだけではない。日本が地震大国であるという自覚のもとに、それこそ住民の安全・安心を本当に考えるというのであれば、人口の大都市集中の解消は、今後三〇年間にマグニチュード七クラスの直下型地震が発生する確率が七〇%と言われている首都圏をはじめ、南海トラフ巨大地震の発生が危惧されている東海・東南海・南海地方の大都市圏にとって、真剣に議論されなければならない緊急の課題であるはずだ。こうした側面からも、「菜園家族」構想は人口の大都市集中の解消と地域分散型の国土計画を重視している。

「菜園家族」構想のもとで、やがて巨大都市の機能は、地方へ分割・分散され、中小都市を核にした美しい田園風景が地方に広がっていくことであろう。今、衰退の一途を辿る地方の中小都市は、地方経済の結節点としての機能を果たしながら、文化・芸術・学問・娯楽・スポーツなどの文化的欲求によって人々が集う交流の広場として、精神性豊かなゆとりのある文化都市に、しだいに変貌していくにちがいない。

〝菜園家族群落〟による日本型農業の再生 ── 高度な労農連携への道

「菜園家族」は、単独で孤立しては暮せない。「菜園家族」を育む地域共同の場が不可欠である。「菜園家族」の集落の形成過程を考える時、さまざまなケースが浮かんでくる。

初期の段階では、農業技術の蓄積があり、その上、農地も家屋もあるといったように、あらゆる面で一番条件が備わっている従来の兼業農家が、おそらくいち早く脱皮して、「菜園家族」に移行していくにちがいない。そして、この農業技術や経験の豊かな「菜園家族」や中規模専業農家の近隣に、都市から移住してきた新参の若者や家族が住居を構え、これら先輩家族から営農や農業技術のこまごまとした指導を授かり、支援を受け、相互に協力し合いながら、自らも本格的な「菜園家族」に育っていくことになるであろう。

やがて「菜園家族」は、数家族、あるいは十数家族が集落を形成し、新しい地域共同体を徐々に築きあげていくことになる。こうして森と海を結ぶ流域地域圏《エリア》の上流域の山あいから平野部の川筋に沿って、「菜園家族」の美しい田園風景がくり広げられていくことであろう。

農業は〝森〟と〝水〟と〝野〟を結ぶリンケージの循環の中で成立している。大小さまざまな水路の確保・維持や、農道や畦《あぜ》の草刈り、里山の保全など細やかな作業は、小規模農家や集落の〝共同〟の労働によって伝統的に支えられてきた。さらに、子育て・介護など生活上の助け合いや、地域に根ざした文化も、多世代が共生する家族たちや集落によって担い育まれ、人間の潤いある暮らしを成り立たせてきた。火事、洪水、雪かき・雪おろし、地震など自然災害への対策や相互救援の活動もまた、家族間の協力や集落の共同の力なくしては考えられない。

今ここであらためて農村集落の実態を見るならば、農業経営の八割近くを兼業農家が占めるに至り、高齢化がすすみ、農業労働に従事することが困難になっている。農業機械がますます大型化・精密化し、高価になっている今、兼業のサラリーマンとしての給与所得を得ているうちは何とか維持できても、退職後はそれも不可能になる。そして、後継者もないまま、多くの農村で耕作放棄地が増大するとともに、農村地域コミュニティは衰退の一途を辿っている。

農水省は、その解決策として、こうした高齢化した兼業農家を集めて、「集落営農」の組織化をすすめてきたが、高齢化した個々の農家は、後継者が得られなければ遠からず自然消滅する運命にある。このような形の「集落営農」は、先の見えない緊急避難的な対処にすぎない。いずれ遠からず、集落営農としての性格は完全に失われ、ついには、農地の本格的な集約化と大規模化につながっていく。

しかも、現在、「集落営農」組織を中心的に担っている者自身が、すでに六〇〜七〇歳代である。彼らは、農作業のみならず、その段取りや農家間の調整、経理などの取りまとめを一手に引き受けなければならない。その上、兼業農家であるがゆえに日々の会社勤めも重なり、過重な負担に苦しんでいるケースが多く見られる。それでは創造的で積極的なたのしい農業の再生は、望むべくもない。

そして、いくら規模拡大したところで、日本とは比較にならないほどはるかに大規模な農業を営む外国からの輸入農産物との競争に晒されたままでは、価格面からだけでも太刀打ちできないのは目に見えている。

親の苦労を見ているこうした農家の息子や娘は、このような「農業」なら後を継ぎたいとは思わない。親も先祖伝来の田畑を自分の代で手放しては申し訳ないと、何とか維持してはいるものの、息子や娘には同じ苦労をさせたくないので、無理してまで継がなくてもよいとさえ思っているのが実情である。農業を継がないこうした若者の就職先の確保は、都市部における経済成長頼みとならざるをえない。しかし、かつてのような右肩上がりの高度経済成長は望むべくもない今、親の世代にはどうにかありつけた都市部での勤め口の確保も、これからの若者世代にはますます困難になるにちがいない。

これが今日の日本の農山村に共通して見られる、偽らざる実態ではないだろうか。

時どきの政権交代によって農政が若干手直しされたとしても、本質的問題は何ら解決されるものではない。工業製品の輸出拡大を狙う外需依存の「成長戦略」から脱却しない限り、貿易自由化の枠組みの中で、これまで以上に農産物の大量輸入を許し、「国際競争に生き残る農業」の名のもとに、結局は外部資本や大企業の参入をも許す、農業の規模拡大化の道を踏襲せざるをえなくなるであろう。仮に大規模経営体（大規模専業農家、あるいは企業参入による大規模農業経営体）が競争に「生き残った」としても、農家の大多数を占める小規模農家が衰退すれば、農村コミュニティは破壊され、〝森〟と〝水〟と〝野〟のリンケージも維持困難に陥ることは、容易に予測されるところである。

安倍首相は二〇一三年二月二八日の施政方針演説の中で、「…『攻めの農業政策』が必要です。日本は瑞穂《みずほ》の国です。息をのむほど美しい棚田の風景、伝統ある文化。若者たちが、こうした美しい故郷《ふるさと》を守り、未来に『希望』を持てる『強い農業』を創ってまいります。」と心にもない空言を弄しているが、言っていることと実際にやっていることはまったく逆である。「聖域なき関税撤廃」を原則とするＴＰＰを強行すれば、日本の農業・農村はいよいよ最後のとどめを刺され、地域社会は土台から崩れ、再起不能の壊滅的事態に陥ることは分かっているはずだ。美辞麗句を並べ立てれば、農民をはじめ国民を騙すことができるとでも思っているのであろうか。

日本はもともと中山間地帯が国土の大きな割合を占め、急峻な斜面の耕地が多い土地柄である。こうした日本特有の国土や自然の条件を考えても、大規模経営体はそぐわず、日本の条件に適った中規模専業農家を育成すべきである。そして、新しく生まれてくる小規模家族経営である週休五日制の多くの「菜園家族」が、こうした中規模専業農家の間をうずめていくことになるであろう。

このように「菜園家族」構想は、日本の農業・農村のあり方を長期的展望に立って見据え、兼業農家や新規就農者を週休五日制の「菜園家族」に積極的に改造・育成していく。そして中規模専業農家を核に、その周囲を一〇家族前後の「菜園家族」が囲む、いわば植物生態学で言うところの〝群落〟の形成を追求する。こうして形成される農と暮らしの村落共同体を、ここでは〝菜園家族群落〟と呼ぶことにしよう。

〝菜園家族群落〟の核となる中規模専業農家は、特に失業や不安定労働に悩み、農ある暮らしを求めて都会からやって来る新規就農者や、かつてふるさとの親元を離れ都会に出た帰農希望者や、兼業農家の後継者でありながら農業を知らない息子・娘に対して、農業技術を伝授・指導したり、堆肥をまとめて生産したりして、「菜園家族」を育成・支援する中核的な役割を果たす。一方、「菜園家族」は、自家の「菜園」を営むほかに、集落共同の水利・草刈りなど農業生産基盤の整備に参加したり、子育てや介護や除雪など暮らしの上で協力したりする。このようにして、中規模専業農家と「菜園家族」との間に、深い相互理解と信頼に基づくきめ細やかな協力関係が、時間をかけて熟成されていく。

「菜園家族」は、週休五日制のワークシェアリングのもとで、週二日の〝従来型〟のお勤めで安定的に得られる現金収入によって家計が補完されるので、残りの五日は、安心して「菜園」で自給のための多品目少量生産に勤しみ、大人も子どもも家族総出の創造的活動をたのしみ、自己実現をはかる。若干の余剰生産物は、近所にお裾分けするか、近傍の市街地の青空市場に出品して、地域や街の人々との交流をこれまたたのしむのである。中規模専業農家も、新鮮な地場の農産物や加工品を供給し、森と海を結ぶ流域地域圏《エリア》の地産地消を支える。こうしてはじめて、流域地域圏《エリア》の中核地方都市も、農山漁村部とのヒトとモノと情報の密な交流によって活性化し、再生のきっかけをつかんでいく。

もちろん中規模専業農家が規模と技能を生かして、米や麦や生鮮野菜など特定の品目を量産して、遠隔の大都市にも供給するという社会的役割は当面は必要であろう。この社会的役割を考慮して、農産物の価格保障と所得補償は、もっぱらこの中規模専業農家に集中的になされることになる。

一方、小規模家族経営である「菜園家族」に対しては、国や地方の自治体は、あるべき未来社会の新しい芽をいかに育成するかという視点から、その創出と育成のための制度的保障や「菜園家族インフラ」の整備・拡充などの形で、財政的・経済的支援を積極的におこなう必要がある。

将来の農村や山村や漁村における地域編成はどうあるべきかを考える時、政府の農業への財政支援は、はっきりした長期的ビジョンもないまま、闇雲なばらまきであったり、めまぐるしく変わる「猫の目農政」であってはならない。これでは、日本の農業・農村はますます衰退していくばかりである。市場原理至上主義「拡大経済」は、今や行き着くところまで行き着いた。その結果、経済や社会、教育や文化などあらゆる分野で問題が噴出している。こうした時だからこそ、農業・農村問題への施策は、二〇年、三〇年、五〇年先を見据えて、遠大な長期展望のもとに目標を定め、何に、何を、どのような手立てで支援していくのかを明確にした上で、限られた財源を有効に活用し、メリハリをつけたものでなければならない。

農業・農村のあり方をめぐる議論は、経済効率とか、自由貿易とか、国際競争での勝ち負けといった目先の利益や都合に矮小化するものであってはならない。しかもこのことは、「農業従事者」だけの問題にとどまるものではない。むしろこれは、戦後高度経済成長の過程で大地から引き離され、根なし草同然となって浮遊し、都市部へと流れていった圧倒的多数の現代賃金労働者《サラリーマン》の生活そのものを今後どのようにしていくのかという問題であり、都市住民のライフスタイルは今後どのようにあるべきなのかというきわめて重い、根源的な問題なのである。つまり、今日の都市部での深刻な労働力過剰を吸収できる、基本的でしかも広大な潜在的可能性をもっているのは、長きにわたって見過ごされてきた国土面積の圧倒的部分を占める農山漁村であり、こうした可能性を生かすことによって、農山漁村自身も再生へのきっかけをつかむ。このように、農業・農村問題は、わが国社会全体のあり方そのものの質を根底から決定づける、国民共通の大テーマなのである。

熾烈なグローバル市場競争のもとでは、科学・技術の発達による生産性の向上は、人間労働の軽減とゆとりある生活につながるどころか、社会はむしろ全般的労働力過剰に陥り、失業や、派遣・期間工・パートなど不安定労働をますます増大させていく。〝菜園家族群落〟による日本型農業の再生は、こうした二律背反とも言うべきこの社会の矛盾を、次第に解消へと向かわせていくにちがいない。それを可能にする肝心要のテコは、紛れもなく都市と農村の垣根を取り払い成立する、賃金労働者と農民の深い相互理解と信頼に基づく、週休五日制の「菜園家族型ワークシェアリング」なのである。

「土・日農業」という後ろ向きで、きわめて消極的な農業を長い間強いられてきた、農家の圧倒的多数を占める兼業農家をはじめ、失業と不安定労働に悩み苦しむ都市からの新規就農希望家族も、この週休五日制の「菜園家族型ワークシェアリング」によってはじめて、時間的にも余裕のある、創造的で豊かな多品目少量生産の、人間味あふれる楽しい農業に勤しむことが可能になるであろう。

これは、戦後六〇数年間にわたって低迷を続けてきた日本農業の大転換であり、都市住民の働き方、生き方をも根底から変え、今日の社会の混迷と閉塞状況を打ち破る決定的な鍵となる。現代賃金労働者《サラリーマン》と「菜園」という生産手段とのこの歴史的とも言うべき再結合を果たすことによって、市場原理の作用を抑制し、それに対抗しうる免疫を家族と地域社会の内部につくりあげ、秩序ある理性的な調整貿易のもとに、わが国の自然や国土にふさわしい、「菜園家族」型内需主導の日本独自の農ある暮らしの道（B型発展の道）を追求するのか。それとも、ただ消費のために必死に働かされる、内面生活の伴わない、浅薄でうわべだけの「経済成長」を金科玉条の如くいまだに追い求め、大地に生きる精神性豊かな未来への可能性を閉ざしてしまうのか。今、その選択が問われている。残された時間はそれほどない。

農地とワークの一体的シェアリング ― 公的「農地バンク」、その果たす役割

こうした「B型発展の道」（「菜園家族」を基調とするCFP複合社会を経て、高度自然社会へ至る道）は、もちろん今日の市場原理至上主義アメリカ型「拡大経済」に異議を唱え、「菜園家族」基調の自然循環型共生への道に賛同する広範な住民や市民の支持のもとに、地方自治体レベルで、さらには国レベルで「民主的政府」が成立することによって本格的に進展していくことは言うまでもない。新しく生まれたこの「民主的政府」は、直接生産者である現代賃金労働者《サラリーマン》と生産手段との再結合による「菜園家族」の創出を何よりも優先的に実現する独自の諸政策を打ち出していくことになるであろう。

現実に週休五日制（週休四日あるいは三日の選択も可、以下同じ）の「菜園家族」構想を実行に移すには、さまざまな困難が予想される。調査と研究の長い準備期間が必要である。とくに「菜園家族」創

出のスタートの段階、そして生成期には、国や都道府県、市町村の自治体は、「菜園家族」構想の真の意義を深く理解し、その創出と育成のための明確な展望と具体的な地域政策を持つことが大切である。

都市部から新規就農を希望してやって来る若者や団塊世代にとっても、もともと農山村の集落に暮らす兼業農家やその息子・娘にとっても、適正な規模の「菜園」、つまり自給限度の農地と、週休五日制に基づく安定的な勤め口の確保をどうするのかが、最大の関心事であり課題になるであろう。

その解決のためにはまず、農地とワーク（勤め口）の両者のシェアリングを有機的に結合し、それらを一体的に捉えることによって、農地を有効かつフレキシブルに活用できる体制を早期につくりあげることが必要である。現実には農地は、所有や相続や先祖伝来の土地に対する根強い意識などさまざまな問題が絡むので、個々人の間で個人的に融通し合うよりも、市町村レベルに公的な「農地バンク」を設立し、その公的保障と仲介のもとにすすめる方がよりスムーズに運ぶであろう。農地が本来、すべての国民にとって公共的な機能と性格をもつことからも、公的機関が担うことが適切である。

同時に、週休五日制の「菜園家族型ワークシェアリング」のもとで、〝従来型〟の二日間の仕事を安定的に保障する、〝就業に関する法律〟の整備も必要になってくる。そして、森と海を結ぶ流域地域圏《エリア》内の中小都市にある小学校・中学校・高校・大学・保育園・幼稚園・病院・市役所・町村役場・図書館・文化ホール・福祉施設などの公的機関、そして社会の主要なセクターを占める民間企業や、その他諸団体など、ありとあらゆる職場にわたって、まず「勤め口」の詳細な実態を正確に把握することが大切である。その上で、週休五日制のワークシェアリングの可能性を具体的に検討し、それを促進するための素案を作成しなければならない。

そのためには、森と海を結ぶ流域地域圏《エリア》内に、民間企業や公的機関の職場代表、市町村レベルの地方自治体、それに広範な住民の代表から構成される、農地とワーク（勤め口）のシェアリングのための三者協議会（仮称）を発足させることが必要であろう。この協議会が、「点検・調査・立案」の活動をスタートさせ、農地とワーク（勤め口）のシェアリング実施の三者協定を結ぶのである。

「菜園家族」構想においては、週休五日制のワーク（勤め口）のシェアリングは、農地のシェアリングと密接に連動する。というのは、後継者確保に悩む兼業農家が、余剰農地を公的「農地バンク」に預ける際、その見返りとして、息子や娘に週二日の〝従来型の仕事〟が斡旋される仕組みになっていれば、彼らは次代の三世代「菜園家族」としての条件を得て、すぐにでもスタートすることが可能になるからである。こうして、農地所有者から公的「農地バンク」への余剰農地の預託は、スムーズに促進されていくであろう。

一方、農地をもたないサラリーマンも、自らがすすんでワークをシェアすることによって、公的「農地バンク」を通じて農地の斡旋を受けることになる。また、失業や不安定労働に悩む都市や地方の人々に対しては、この公的「農地バンク」のシステムによって、農地とワーク（勤め口）の斡旋をおこなう。住居についても、公的「農地バンク」を通じて、空き農家の斡旋を受けられるような体制になっていることが大切である。長らく空き家となり閉ざされたままでは朽ちるのを待つばかりの古民家も、新たな住人を得て再び息を吹き返すことになる。

こうして、公的「農地バンク」は、後継者に悩む農家にとっても、これから農地や住まいを必要とするサラリーマンや不安定雇用に悩む人々にとっても、「菜園家族」的な暮らしに移行するにあたって、なくてはならない重要な役割を果たしていくことになるであろう。

このように、農地のシェアリングとワーク（勤め口）のシェアリングは、密接に関連してくるので、特に市町村の自治体は、このことを十分に考慮し、総合的に計画・立案しなければならない。もちろん、こうしたことは、民間の企業サイドおよび公的機関など、職場の理解が得られなければ前進しないのは言うまでもない。

ワークシェアリングにともなって必然的に減収する給与所得は、こうして周到に準備され、確立された社会的体制のもとで形成される「菜園」や「匠・商」の自営基盤によってはじめて、安定的に補完されることが可能になる。今日、一般的に言われているワークシェアリングが、不況期の過剰雇用対策としての対症療法の域を出ないものであるのと比べれば、この「菜園家族型ワークシェアリング」は、未来のあるべき社会、すなわち自然循環型共生社会へおのずと連動する鍵となるメカニズムを内包している点で、世界的に見てもはるかに先進的な優れたシステムであると言えよう。

いずれ遠からず、地域の将来構想に責任のある国や地方自治体は、この「菜園家族型ワークシェアリング」実施の検討を迫られることになるであろう。地方自治体の職員はじめその他の公務員は、誰よりも率先して自ら範を示し、週休五日制によるこの「菜園家族型ワークシェアリング」を積極的に実践することが必要である。

公的機関がまず自らすすんで、この週休五日制による「菜園家族型ワークシェアリング」を実行すれば、週に五日は自らの「菜園」、あるいはさまざまな「匠・商」の自営業に携わりながら、同時に残りの二日は、国や地方自治体の官庁や学校・病院などの公共機関の職場でも現役のままで働くという画期的な体制が、地域に広がり定着していく。その結果、地域のさまざまな職種の人々の意志や経験が、より直接的に、しかも恒常的に国や地方の行政に、色濃く反映されることにもなる。今までには考えられもしなかった形で、行政は日常普段から住民との結びつきを強め、活性化していくことであろう。本当の意味での住民の行政参加が実現され、行政のあり方も根本から大きく変わっていくにちがいない。これこそが本来あるべき、究極の住民自治による行政のあるべき姿ではないだろうか。

国や地方自治体など公的機関からはじまる「菜園家族型ワークシェアリング」のこうした動きは、次第に民間の企業にもおよび、さらなる広がりを見せていくことになるであろう。

このような具体的施策を実行できるかどうかは、何よりもまず国や地方自治体が国民や地域住民の総意に基づいて、自らの長期計画の中に国づくり・地域づくりの基本政策として、この週休五日制の「菜園家族型ワークシェアリング」を本気になって位置づけることができるかどうかにかかっている。

現実に、フランス・オランダなどの西欧諸国では、働き過ぎからゆとりのあるライフスタイルへの移行をめざして、一人当たりの週労働時間短縮によるワークシェアリングの様々な試みが、実行へと移されている。『オランダモデル ―制度疲労なき成熟社会―』（長坂寿久、日本経済新聞社、二〇〇〇年）によれば、特にオランダでは、一九八〇年代初頭に高失業率（一九八三年に十二％）に悩まされた経験から、その克服の道を政労使三者で模索し、パートタイム労働の促進によって仕事を分かちあうワークシェアリングへと合意形成を積み重ねていった。これは、単なる失業対策にとどまらず、一人当たりの労働時間の短縮によって、「仕事と家族の関係を和解させたい」という多くの労働者の願いを実現しようとするものでもあった。

オランダの労働者がパートタイム労働の促進に期待したのは、一つ目に何よりも「健康と安全」、二つ目は「労働と分配の再配分」と「雇用創出」、三つ目は労働時間の多様化によって「支払い労働（雇用）と不支払い労働（家事・子育てなど）の再配分」、つまり「男性と女性の分業」の克服をはかること、四つ目は個人の自由な時間を増やし、自分で時間の支配が可能となれば、「個人の福祉の増加」につながり、「社会参加」の可能性を広げるであろうこと、という四つの観点からであった。それは、夫婦がともにフルタイム勤務で企業の賃金労働に自己の時間の大部分を費やすのではなく、いわば夫婦二人で「一・五人」前という新しい働き方の確立を望む声でもあった。そして、フルタイム労働とパートタイム労働の「対等の取り扱い（イコール・トリートメント）」を求める長年の努力は、一九九六年に「労働時間差による差別禁止法」の制定へと結実していった。こうした傾向は、ますます世界の趨勢になっていくことであろう。

このようなことを考えると、週休五日制による「菜園家族型ワークシェアリング」も、決して夢物語や空想ではないはずである。しかも、人間の本来あるべき暮らしのあり方を求めて、「菜園」や「匠・商」の自営基盤で補完することによって、これまで国内外で実施あるいは提唱されてきたワークシェアリングの欠陥を根本から是正し、実現可能なものとして提起している。「百年に一度」とも言われる世界同時不況、そしてそれに引き継ぐ3・11後という新たな状況のもとで、これまでの社会のあり方そのものが根本から問われている今、私たちは、いつまでも従来型の「経済成長」の迷信に頑《かたく》なにしがみついているのではなく、大胆に第一歩を踏み出すときに来ているのではないだろうか。

もちろん、直接生産者と生産手段との「再結合」によって、おびただしい数の小さな私的生産手段が新たに発生することになるのであるが、新しく生まれる「民主的政府」のもとで、当然、これら生産手段の私的所有は、家族が生きていくために必要な限度内に制限されることになるはずである。こうした一定の制限枠が設定されなければ、生産手段の小さな私的所有が契機となって再び階層分化が進行し、やがては資本主義へ逆戻りすることにもなりかねない。そのまま放置しておけば、理論上、歴史は繰り返されることになる。したがって「民主的政府」は、新しい社会への明確な目標を堅持し、こうした事態を抑制・制御する民主的力量とその政策やシステムを備える必要がある。

草の根民主主義熟成の土壌 ― 森と海を結ぶ流域地域圏《エリア》の再生

「菜園家族」構想の核心は、週休五日制のワークシェアリングによる「菜園家族」を基調とするCFP複合社会の形成であり、その発展・円熟にある。基礎的にもっとも大切なことは、この社会基盤に農的な家族である「菜園家族」を据え、拡充していくことであるが、その際不可欠なのは、「菜園家族」育成の場としての森と海を結ぶ流域地域圏《エリア》の再生である。先に述べた中規模専業農家を核に形成される〝菜園家族群落〟も、農業を基盤にする限り、〝森〟と〝水〟と〝野〟を結ぶリンケージ、つまり森と海を結ぶ流域地域圏《エリア》の中ではじめて生かされてくる。

ここでは、「菜園家族」を基礎単位に形成される地域共同の特質について、「菜園家族」のゆりかごともいうべき森と海を結ぶ流域地域圏《エリア》の形成過程との関連で、さらに詳しく見ていくことにする。

「菜園家族」は、家事や生産などさまざまな「なりわい」（生業）での協同・相互扶助の必要から、その上位の次元に、自己の力量不足を補完するための協同組織を形成する。この協同組織を「なりわいとも」と呼ぶことにする。この「なりわいとも」は、旧ソ連のコルホーズ（農業の大規模集団化経営）などに見られるような、農地など主要な生産手段の共同所有のもとで、工業の論理を短絡的に取り入れ、作業の徹底した分業化と協業によって生産の効率化をはかろうとする共同管理・共同経営体ではない。あくまでも自立した農的家族小経営、つまり「菜園家族」が基礎単位になり、その家族が生産や流通、そして日々の生活、すなわち「なりわい」の上で、自主的、主体的に相互に協力し合う「とも」（仲間）を想定するものである。

　この「なりわいとも」は、集落（近世の〝村〟の系譜を引く）レベルの「なりわいとも」が基軸となるものの、それ単独で存在するのではなく、地域の基礎的単位である一次元の「菜園家族」にはじまり、二次元の「くみなりわいとも」（隣保レベル）、三次元の「村なりわいとも」（集落レベル）、四次元の「町なりわいとも」（市町村レベル）、さらには五次元の「郡なりわいとも」（森と海を結ぶ流域地域圏《エリア》、つまり郡レベル）、六次元の「くになりわいとも」（県レベル）といった具合に、多次元にわたる多重・重層的な地域構造を形づくっていく。それはあたかも土壌学で言うところの滋味豊かなふかふかとした団粒構造に酷似している。先に述べた〝菜園家族群落〟は、この多重・重層的な地域団粒構造全体の中では、三次元の団粒「村なりわいとも」（集落レベル）の主要な構成要素に当たるものである。

　さて、この地域団粒構造の各レベルに現れる「なりわいとも」のそれぞれについて、もう少し具体的に見ていこう。地域団粒構造の一次元に現れる「菜園家族」は、作物や家畜など生き物を相手に仕事をしている。一日でも家を空けるわけにはいかない。夫婦や子ども、祖父母の三世代全員で助け合い、補い合うのが前提である。けれども、それでも人手が足りない場合、特に週休五日制のもとでの週二日の出勤の日や、あるいは病気の時などは、隣近所の家族からの支援がなければ成り立たない。やむなく夫婦ともに出勤したり、外出したりしなければならない留守の日には、近くの三家族ないしは五家族が交代で作物や家畜の世話の手助けをすることになる。これが、二次元に現れる「くみなりわいとも」の果たす基本的な役割になる。

週休五日制のもとでは、週二日は従来型のサラリーマンとしての勤務に就く必要から、「くみなりわいとも」には、近世の農民家族間にはなかった「菜園家族」独自の、新たな形態の〝共同性〟の発展が期待される。もちろん、お互いに農業を営んでいることから、〝森〟と〝水〟と〝野〟のリンケージを維持・管理するために、近世農民的な〝共同性〟が必要不可欠であることに変わりはない。したがって、「くみなりわいとも」には、近世の〝共同性〟の基礎の上に、「菜園家族」という「労」・「農」一体の二重化された性格から生まれる独自の近代的な〝共同性〟が加味されて、新たな〝共同性〟の発展が見られるはずである。「くみなりわいとも」は、このような〝共同性〟の発展を基礎にした三〜五の「菜園家族」から成る、新しいタイプの隣保共同体なのである。

この隣保共同体で解決できない課題は、「くみなりわいとも」が数くみ集まってできるその上位の三次元の協同組織「村なりわいとも」で取り組まれる。集落レベルで成立するこの「村なりわいとも」は、「菜園家族」という「労」・「農」一体的な独特の家族小経営をその基盤に据えていることから、基本的には近世の〝村〟の系譜を引き継ぎ、その〝共同性〟の内実を幾分なりとも継承しつつも、同時に、イギリスにおける近代資本主義の勃興期に資本主義の横暴から自己を防衛する組織体として現れた近代の協同組合《コープラティブ・ソサエティ》の性格をも併せ持つ、新しいタイプの地域共同の組織として登場する。

このように、近世の地域社会の系譜を引く共同体的組織を基盤に、地域団粒構造のさまざまなレベルに前近代と近代の融合によって新たに形成される「菜園家族」構想独特の協同組織体を、ここでは一般的に「なりわいとも」と総称しておきたい。

さて、三次元の「村なりわいとも」が成立する地理的範囲となる集落がもつロケーションは、自然的・農的立地条件としても、人間が快適に暮らす居住空間としての場としても、長い時代を経て選《え》りすぐられてきた優れたものを備えている。おおむね今日の行政区画上の大字《おおあざ》あるいは地区に相当するこうした農村集落は、少なくとも循環型社会の円熟期とも言われる近世江戸時代にまで遡ることができる〝村〟の伝統を受け継ぐものである。この伝統的〝村〟は、戦後の高度経済成長期を経て過疎高齢化が急速に進行し、今や限界集落と化し、深刻な問題を抱えてはいるが、それでも何とか生き延びて今日にその姿をとどめている。「村なりわいとも」は、こうした近世の系譜を引く伝統的な集落を基盤に甦ることができるならば、「菜園家族」構想が自然循環型共生社会をめざす以上、きわめて理に適ったものであり、森と海を結ぶ流域地域圏《エリア》の地域構造の様々な次元に形成される「なりわいとも」の中でも、基軸となるべき協同組織として特別な意義を有するものになると言ってもいい。

「村なりわいとも」を構成する家族数は、一般に三〇～五〇家族、多くて一〇〇家族程度であるから、合議制に基づく全構成員参加の運営が肝心である。自分たちの郷土を点検し、調査し、立案し、未来への夢を描く。そしてみんなで共に楽しみながら実践する。時には集まって会食を楽しみながら対話を重ねる。こうした日常の繰り返しの中から、ことは動き出すのである。

「村なりわいとも」の基盤となる集落が、森と海を結ぶ流域地域圏《エリア》の奥山の山間地にあるのか、山麓に広がる農村地帯にあるのか、あるいは海岸線に近い平野部にあるのか。それぞれの自然条件によって、「菜園家族」とその「なりわいとも」の活動のあり方は、だいぶ違ってくる。「森の民」であり、森の「村なりわいとも」であれば、放置され荒廃しきった森林をどのように再生し、どのように「森の菜園家族」を確立していくのか。そして、過疎化と高齢化の極限状態に放置された山村集落をどのように甦らせるのか、森の「村なりわいとも」の直面する課題は実に大きい。廃校になった分校を再興し、子どもたちの教育と郷土の文化発信の拠点に育てることも、老若男女を問わず集落ぐるみで取り組める楽しい活動となるであろう。また、平野部農村の「野の民」であり、野の「村なりわいとも」であれば、農業後継者不足や耕作放棄地などの問題をどう解決するかが差し迫った課題になる。「海の民」であり、海の「村なりわいとも」であれば、沿岸の自然環境を守りながら風土に適した漁業を育て、田畑や果樹園などもうまく組み合わせた暮らしを確立していかなければならない。若い後継者が根づき、多世代がともに暮らす家族と地域が甦れば、自然災害への対策にも展望が開けてくるにちがいない。このように森から海に至る流域に沿った地域地域において、それぞれ特色のある「菜園家族」を、そして「村なりわいとも」を築き、取り組んでいくことになるであろう。

それぞれの地形や自然に依拠し、土地土地の社会や歴史や文化を背景にして、森と海を結ぶ流域地域圏《エリア》内には、集落（近世の〝村〟の系譜を引く）を基盤に、おそらく一〇〇程度の新しい「村なりわいとも」が誕生するであろう。これらの「村なりわいとも」は、それぞれ個性豊かな「森」の幸や、「野」の幸や、「川・海」の幸を産み出す。「村なりわいとも」の構成家族全体で、または数家族がグループで小さな工房・工場を設営し、こうした幸を加工することもあるだろう。「村なりわいとも」が流通の媒体となって、モノやヒトが森と海を結ぶ流域地域圏《エリア》内を循環し、お互いに不足するものを補完し合う。こうした交流によって、森と海を結ぶ流域地域圏《エリア》としてのまとまりある一体感が次第に育まれていく。

森と海を結ぶ流域地域圏《エリア》の中核都市では、地場産業や商店街が活気を取り戻し、「匠商《しょうしょう》家族のなりわいとも」や住民の地域コミュニティも息づいてくる。高度経済成長期に急速に肥大化した巨大都市の機能は、やがて地方へ分割・分散され、活気を取り戻した地方の中小都市を核に、美しい田園風景が流域地域圏《エリア》に繰り広げられていく。今、衰退の一途を辿る流域地域圏《エリア》の中核都市は甦り、地方経済の結節点としての機能を果たしながら、文化・芸術・学問・スポーツ・娯楽などをもとめて人々が集う交流の広場として、精神性豊かなゆとりのある文化都市に次第に変貌していくにちがいない。

このようにしてつくりだされた物的・精神的土壌の上に、森と海を結ぶ流域地域圏《エリア》の「なりわいとも」、つまり「郡なりわいとも」が形成されることになる。地域の事情によっては、今日の市町村の地理的範囲に、「郡なりわいとも」の下位に位置する「町なりわいとも」が形成される場合もある。そして、下から積み上げられてきた住民や市民の力量によって、さらに県全域を範囲に「郡なりわいとも」の連合体としての六次元の「くになりわいとも」（県レベル）が、必要に応じて形成されるであろう。この場合の「くに」とは、古代の風土記や江戸時代の旧国名にあるような「国」、例えば近江国《おうみのくに》、常陸国《ひたちのくに》等々の「国」から名づけたものであり、今日の場合、県に相当する地理的範囲を想定している。

このように見てくると、来たるべき自然循環型共生社会としての広域地域圏（県）内には、地域の基礎的単位である「菜園家族」からはじまり「くになりわいとも」（県レベル）に至る、一次元から六次元までの多重・重層的な地域団粒構造が形成されていくことになる。単独で孤立しては自己を十分に維持し生かすことができないそれぞれの次元の「なりわいとも」が、より有効な協同の関係を求めて、地域団粒構造のそれぞれのレベルのより上位の次元の「なりわいとも」と、生産活動や日常の暮らしにおいて必要に応じて自由自在に連携することになる。こうして、自己の弱点や力量不足を補完する優れた地域団粒構造のシステムが次第に形成されていくことになるであろう。

団粒構造とは、隙間が多く通気性・保水性に富んだ、作物栽培に最も適したふかふかの肥沃な土を指す土壌学上の用語である。このような土は、微生物が多く繁殖し、堆肥などの有機物もよく分解され、養分の面でも、単粒構造のさらさらとした砂地やゲル状の粘土質の土とは比較にならないほど優れた特質を備えている。多次元にわたる重層的な団粒構造の土壌は、微生物からミミズに至る大小さまざまな生き物にとって、実に快適ないのちの場となっている。それぞれが相互に有機的に作用し合い、自立した個体がそれぞれ自己の個性にふさわしい生き方をすることによって、結果的には他者をも同時に助け、自己をも生かしている、そんな世界なのである。

一次元の「菜園家族」から六次元の「くになりわいとも」（県）に至る各次元に位置するそれぞれの「団粒」が、個々に独自の特色ある個性的な活動を展開することによって、結果的には総体として森と海を結ぶ流域地域圏《エリア》（郡）や広域地域圏（県）は、ふかふかとした滋味豊かな「自立と共生」の地域団粒構造の土壌に長い歳月をかけて熟成されていく。地域の発展とは、上から「指揮・統制・支配」されてなされるものではなく、あくまでも底辺から自然の摂理に適った仕組みの中で保障されるのではないだろうか。まさにこの地域団粒構造は、草の根の民主主義思想形成の何ものにも代え難い優れた土壌にもなっているのである。

五年、一〇年、あるいは二〇年以上の実に長期にわたる、本当の意味での民衆主体のこうした熟成のプロセスなくしては、「民主的な地方自治体」も、それを基盤に成立する一国の「民主的な政府」も、名ばかりの内実を伴わない絵に描いた餅に終わらざるをえないであろう。私たちは、目先にのみとらわれ一喜一憂することなく、こうした遠大な展望のもとに今、何を成すべきかを真剣に考えなければならない時点に立たされている。

もしも、この「なりわいとも」を基盤にした地域社会が現実に誕生し、首尾よく成功したとすれば、それは、世界史上画期的な出来事と言わなければならない。一九世紀に世界史上はじめてイギリスにおいて協同組合《コープラティブ・ソサエティ》が出現しながらも、その後、世界各国の資本主義内部においてこの協同組合《コープラティブ・ソサエティ》は十分に発展し、開花することができなかった。この協同組合《コープラティブ・ソサエティ》の発展を阻害してきた要因を、生産手段と現代賃金労働者《サラリーマン》との再結合による労農一体的な性格を有するこの「菜園家族」を地域社会の基礎単位に導入することによって克服し、さらには森と海を結ぶ流域地域圏《エリア》を滋味豊かな地域団粒構造に築きあげることができたとするならば、それは、時代を画する人類の素晴らしい成果であると言わなければならない。新たに形成されるこの新しいタイプの「なりわいとも」は、産業革命以来今日に至るまで一貫して歪曲と変質を余儀なくされてきた地域の構造を根本から変え、やがて自然循環型共生社会へと導いていく決定的に重要な槓杆としての役割を果たしていくにちがいない。

ここで話題は直近の現実に戻るが、今、騒がれている「大阪都構想」なるものの指向する実に怪しげな「地域主権」（混同してはならない、これは決して住民主権とは何の縁もゆかりもない代物である）や、「決定できる民主主義」（民意を正しく反映できない選挙制度によって混迷している今日の議会の現状を逆手に取り、事の本質をそらす実に狡猾なスローガン）なるものの本質は、結局、多様で小さな草の根の声を圧殺し、強引に「上からの統治機構」の強化をはかり、ファシズムへと道を開けるものではないのか。ヒトラーの独裁政権の形成過程や、序章で見てきた旧社会主義政権の中央集権的独裁体制の形成過程など、過去の苦い歴史的体験からしても、私たちはこのことを自戒を込めて深く反省し、最大限の警戒を怠ってはならない。

人間の深層に潜む本性には、正と負の二つの資質が分かち難く絡み合い共存している。この正・負二つの資質は、社会的、歴史的客観条件の如何によって、いずれかが頭をもたげ顕在化する。したがって人間社会は、状況によっては負の資質が顕在化し、社会を壊滅的な事態にまで陥らせるリスクを絶えず負わされていると見なければならない。草の根の民主主義の土壌である地域団粒構造創出の必要性をここで縷々述べてきたのも、人間の本性のもつこうした危うさと、過去に繰り返されてきた独裁体制がもたらした悲劇とは決して無縁ではなく、したがって状況の如何によってはいつでもその悲劇は起こり得るものであることを痛切に感じてのことである。

昨二〇一二年十二月の衆院選について、各地の高裁で「違憲」あるいは「無効」とする一連の判決が次々に下された今こそ、ファシズム台頭の脅威に抗して、民主主義の根幹を成す選挙制度のあり方を根本から検討し直さなければならない。私たちは今、本当の意味での「民主主義」とは一体何なのか、そしてそれを身近な「地域」から如何に一つ一つ積み上げていくのかをあらためて深く考えなければならない時に来ている。

第四章　いのち輝く「菜園家族」——記憶に甦る原風景から

国破れて山河あり
どっこい菜園家族は生きていく

画家・原田泰治の〝ふるさとの風景〟は、現代絵画である言われている。日本からは、もうとっくに失われてしまった過去の風景でありながら、そこには現代性が認められるという。

たしかな鳥の目で捉えるふるさとの風景の構図。しかも、心あたたかい虫の目で細部を描く、彩り豊かな原田の絵画の世界には、きまって大人と子どもが一緒にいる。大人は何か仕事をし、子どもたちはそのそばで何かをしている。人間の息づかいや家族の温もりが、ひしひしとこちらにむかって伝わってくる。込みあげてくる熱いものを感ぜずにはおられない〝心の原風景〟が、そこにはあるからであろう。二一世紀をむかえた今、子どもと家族の復権を無言のうちに訴えかけてくる。

私たちがめざす「菜園家族」の、そして「地域」の姿は、高度経済成長期以前にかつてはあった自然循環型共生の暮らしを原形にしながらも、それを時間をかけてゆっくりと二一世紀の今日の時代にふさわしい内容につくりかえ、いっそう豊かなものにつくりあげていくものになるであろう。

ここでは一旦、多くの人々の記憶の世界に今なお深く刻まれている、いわばこの暮らしの原形に立ち返り、「菜園家族」の未来の姿を考えるための大切な素材として、とりあえず素描しておくことにしよう。今後、多くの人々の豊かな経験や優れた英知を結集しつつ、また、新たな時代の実生活の要請に応え、それぞれの地域の自然や歴史の多様性をも組み込みながら、「菜園家族」は、ますます具体的な内実をともなって、時代とともに豊かな像を結んでいくことになるであろう。

ふるさと ― 土の匂い、人の温もり

山や川や谷あい、それに野や海に恵まれた日本の典型的な地域では、「菜園家族」は、季節の移ろいの中で、自然の豊かな変化をも巧みに生かし、工夫を凝らす。家族総出で、それぞれの年齢や性別や、人それぞれの個性にあった能力を生かしつつ、お互いに助け合い、生活を愉しむのである。

食べ物は、今では〝旬〟が分からなくなってしまった。ガソリンと労力を浪費して、国内の遠隔地からだけではなく、海外からも運び込んだり、石油を使ってビニールハウスで真冬でも夏のものを栽培したりする。一見、一年中豊かな食材に恵まれているかのようである。

しかし、こうした「ぜいたく」は、世界人口の〝五分の四〟を占める先進工業国以外の人々の視点からすれば、許されるはずもない。それに本当は、その土地土地の土と水と太陽から採れる〝旬〟のものが、味も濃く、香りも高く、栄養もあり、一番おいしいはずである。それが自分の手作りとなれば、なおさらのことである。

自然は、今も昔も変わらない。残雪がとけ、寒気がゆるみはじめると、日本列島にまた、一気に春がやってくる。

日の光今朝《けさ》や鰯《いわし》のかしらより　（蕪村）

三寒四温。まだまだ風は肌を刺すように冷たいのであるが、野生のフキノトウを探しにいくのもよいものである。晴れ間を待ちかねて出かけると、枯れ葉の陰に、淡い黄緑色に光るフキノトウを見つける。天ぷらや酢味噌あえ、フキノトウ味噌にし、春一番を胃袋に納める。根元に赤い紅を差したような色合いが、葉先の黄緑色を際立たせ、小さくとも力強さをいっそう感じさせる。

我宿《わがやど》のうぐひす聞《きか》む野に出《い》でて　（蕪村）

山あいの畑には、大根やカブラやスイカ・カボチャ・ジャガイモ・サツマイモなども丹念につくることになる。田・畑の端には、ラッキョウやネギを植え、里芋やゴボウや人参なども、土地を選んで植えることになる。

家のすぐ近くには、苗代や手のかかる夏野菜をつくり、夏大根やカブラ菜・カラシ菜の間引き菜が大きくなれば、和え物・おひたし・浅漬に利用する。

菜の花や月は東に日は西に　（蕪村）

菜の花畑一面、目にも眩しい黄色の広がり。のどかな春日を受け、山里に鮮やかな色彩を添える。花は摘んで浅漬にし、ご飯に添えてかきこめば、格別にそのシャリッとした歯ごたえを愉しむこともできる。

　　鯰《なまず》得て帰る田植えの男かな　（蕪村）

五月は田植えの季節。エンドウ豆の青い匂いが懐かしい。さわやかな青空の下、新茶の茶摘み。六月はキュウリ・菜っ葉類、七月には茄子《なす》・瓜・カボチャ・青トウガラシがどんどん育つ。茄子やキュウリは塩や味噌で漬けて保存し、冬に備える。

　　夕だちや草葉をつかむむら雀《すずめ》　（蕪村）

土用の頃、夕立雲が近づいてくると、子どもたちは慌てて田んぼの畦に、竹で円筒形に編んで作ったウツボという罠を仕掛ける。そして、雨が上がるのを待ちかねて、ウツボをあげに駆けていくのである。脂がのり腹を黄色くさせ丸々と太ったドジョウが、音をバタバタさせながらぎっしり詰まっている。子ども心にもこの一瞬は、何とも言いようのない一種不可思議で壮快な気分を味わう。このドジョウは、畑から摘んだニラと採りたての卵でとじて、家族そろって鍋にして英気を養う。こんなことは、幼い日の日常の愉しみであった。

暑い盛りには、なんと言っても焼き茄子が最高である。あるいは味噌に砂糖を少々加え、高温の油で炒めれば、茄子独特の深みのある濃い味わいが出て、これもよいものである。秋になると、茄子はいっそう味が深みを増す。「秋茄子、嫁に食わすな」ということばがあるくらいである。

秋茄子で思い出したのだが、モンゴルの遊牧民にも同じような話がある。ヒツジの胃袋の下の出口、つまり幽門あたりを、モンゴル語でノガロールと言って、これがまた脂がのってとびっきり旨いのである。未婚女性がこのノガロールを食べると、土地神が引きとめ、お嫁に行けなくなるという。

いざ食べ物のことになると、民族の垣根を越えて何か共通する発想があっておもしろい。こうした話は、食卓を囲む団欒をひときわ愉しくする。

貧乏に追いつかれけりけさの秋　（蕪村）

お盆がすむと、秋野菜の種播きにかかる。大根はタクアンや干し大根や煮しめや漬物にと、用途が多い。里芋の葉は夏に採って乾燥させ、白和えなどに使う。茎は皮をむき、十日ほど干して、和え物や煮物にも使う。雪が積もらないうちに、ゴボウや人参、カブラ・大根・ネギなどは土中に埋めて、冬に備える。

入道のよゝとまいりぬ納豆汁《なっとじる》　（蕪村）

水田では、うるち米やもち米の稲を育て、それに畦には、大豆や小豆《あずき》・黒豆などを植える。こうして畑や水田からだけでも、一年間、絶えることなく、いろいろな作物が次から次へと湧き出ずるように出てくる。

鵯《ひえどり》のこぼし去りぬる実の赤き　（蕪村）

時には、野山や川や湖や海辺を家族そろって散策し、川魚や海の魚介類・海藻を採って、食卓をにぎわすのも最高の愉しみになる。また、蕨《わらび》・ゼンマイ・フキ・ウド・ワサビ・ミツバ・山椒・ミョウガ・筍《たけのこ》・自然薯《じねんじょ》など、変化に富んだ山菜は、季節季節の愉しみである。松茸やシメジ・椎茸・平茸などのきのこ類や、栗・栃・桑・クルミ・スグリ・コケモモ・キイチゴなどの木の実は、山の散策をいっそう愉しいものにしてくれる。

たまには集落の人々と力を合わせ、ヤマドリや熊・鹿・イノシシ・ウサギ・蜂の子などの狩りをするのも、年に一、二度の愉しみになることであろう。

こうしたことは、食生活に変化を添えるだけではない。野山や川や海辺の自然に親しみ、太陽をいっぱい受け止め、きれいな空気を存分に吸い込み、身体を動かし、家族や友人とともに心を通わせ、ややもすると陥りがちな日常の沈滞から抜け出す絶好の機会にもなる。素朴ではあるが、英気を養う素晴らしいレクリエーションでもある。

鮎くれてよらで過行夜半《すぎゆくよは》の門《かど》　（蕪村）

なれ過《すぎ》た鮓《すし》をあるじの遺恨《ゐこん》哉　（蕪村）

田んぼや川や湖の魚は、今では少なくなってしまったが、「菜園家族」が復活し、近隣にある大学の水産学の研究室や水産研究所などと連携し、放流養殖や給餌養殖の研究、それに魚類資源保護の研究にもっと力が注がれるならば、昔以上に日本の魚類資源は、豊かになっていくであろう。海の魚介類や海草はもちろん、鰻やドジョウ・ナマズ・鮒《ふな》・鯉・ゴリ・モロコ・岩魚《いわな》や鮎・アマゴ、そしてシジミ・タニシなど、高級魚介類に限らない多種多様な地魚や地場の水産物をもう一度うまく活用できる時代が、きっとやってくるにちがいない。

農学や林学や水産学などを研究している大学や研究機関との連携はますます強化され、地域住民の知恵は、研究に大いに生かされることになるであろう。

青うめをうてばかつ散る青葉かな　（蕪村）

屋敷のまわりには、柿や梅や桜や栗など、それにイチジクやザクロや梨などのほかに、ケヤキや檜や樫などが植えられる。住空間に落ち着きを与えるだけではなく、風通しのよい木造建築に木陰をつくる。

夏は密閉してクーラーで冷やすのではなく、開放して自然の風を通し、暑さを凌ぐのである。住居の構造も、こうしたものに工夫されていくことであろう。エネルギーの消費量は大幅に削減され、それに、太陽光や太陽熱、風力、小水力、地熱、バイオマス（薪、炭、木質ペレット・チップ、家畜糞尿等）など、地産地消の小規模・地域分散型エネルギーの研究も一層すすみ、「菜園家族」は、自然のエネルギーを地域住民主体で有効に活用していくことになる。

田に落《おち》て田を落《おち》ゆくや秋の水　（蕪村）

こうした住環境の中では、柿の木から柿をもぎとり、畑からとれた大根や人参を使って柿なますを作るのもいい。細切りにした干し柿を酢に漬け、大根と人参の千切りを加え、鉢に盛りつけて、すり胡麻をかけると、柿の甘さが生きてくる。これもすべて身近なところでとれた食材に、気軽にちょっぴり工夫を加えた手作り料理なのである。

また、茄子とエンドウは、食べやすく切って湯がき、ミョウガの子は、塩で殺し、茄子とエンドウ豆と一緒に胡麻味噌で和える。こうした工夫は、いちいち挙げればきりがない。

黄に染《そみ》し梢《こずゑ》を山のたたずまゐ　（蕪村）

屋敷から少し離れた周囲には、ニワトリやヤギやヒツジや乳牛の家畜類やミツバチを飼育するのも、「菜園」にバラエティーをもたせる上で大切なことである。ヤギや乳牛の乳を搾り、ニワトリから産みたての卵がとれれば、生チーズやバターやヨーグルト、それに自家製のパンやケーキなども作りたくなる。ヨーグルトやパンに、野山の花々の天然ハチミツをかければ最高である。創意工夫は、際限なく広がっていく。

こうした家畜・家禽類は、田や畑からとれるものを無駄なく活用する上でも、また、堆肥を作るのにも即、役立つものである。堆肥を施し、丹精を込めて作りあげたふかふかの土の中から、秋の味覚サツマイモがとれれば、お隣りや近所にもお裾分けしたくなるのが人情である。これはまさに、自分が苦心して創作した芸術作品を、他の人にも鑑賞してほしいという、自己表現の本質につながる共通の行為なのかもしれない。

我宿《わがやど》にいかに引《ひく》べきしみづ哉　（蕪村）

家畜の中でも特にヤギは、乳牛に比べて体も小さく、扱いやすく、子どもたちやお年寄りでも気軽に世話ができる。粗食に耐え、どんな草でも食べるので、田んぼの畦道や畑や屋敷などの除草の役割も果たしてくれる。それに山あいや谷あいの林や森の下草などの除草にも役に立つ便利な家畜なのである。

西部モンゴルのゴビ・アルタイ山中のツェルゲル村での体験からであるが、日本でも地方によっては、山林の麓の一部や尾根づたいにヤギのために高原牧場を拓き、ヤギを群れで管理するのも雄大で面白い試みであろう。

ヤギの搾乳は、これもまた乳牛に比べるとずっと簡単で、子どもたちでもお年寄りでも気軽にできる仕事である。子どもたちにこの小型の家畜の世話を任せると、情操教育にはうってつけである。

鮒《ふな》ずしや彦根が城に雲かかる　（蕪村）

ヤギの乳からできるヨーグルト、それに各種のチーズの味は、鮒ずしや鯖のなれ鮓《ずし》の風味に似て絶品である。良質の蛋白質、脂肪、ミネラル、とくにカルシウムを豊富に含んだヤギのチーズは、現代の食生活に最もふさわしい優れた食品になるであろう。

チーズは風土の産物ともいわれている。姿、味、香りもそれぞれ違う。それだけに、作る愉しみは格別で、芸術作品の制作にも劣らぬ喜びがあるといわれている。たまには隣近所の人々が集まって、知恵を出し合い、共に料理を作ることもあるだろう。あるいはパーティーや宴会がどこかの家で開かれることになれば、こうした〝作品〟をもち寄って、お家自慢に花が咲く。

主《ぬし》しれぬ扇《あふぎ》手に取《とる》酒宴かな　（蕪村）

ドキュメンタリー『四季・遊牧　―ツェルゲルの人々―』の上映の旅で訪れた、沖縄・八重山群島の竹富島。そこでご馳走になった〝ヒージャー・チャンプルー〟は、忘れられない味である。ヒージャー（土地の言葉でヤギのこと）の背の肉をぶつ切りにし、あとはタマネギ、キャベツ、それにパパイヤを大きめに切って加えて炒めるだけである。パパイヤの甘味と酸味が、ヒージャーのしまった肉にしみわたり、やわらか味が出て、なんとも言いようのないまろやかな風味を醸し出す。

モンゴル、山岳・砂漠の村ツェルゲルのヤギ・ヒツジ料理にも感心したが、やはり土地土地の風土にふさわしいものができあがるものである。

ヤギは、乾燥アジア内陸に位置するモンゴルでも、高温多湿な南の島・沖縄でも、大活躍である。

この小型で多種多様な役割を一手に引き受けてくれるヤギたちを、「菜園家族」は、自分たちの暮らしの中にもっともっと生かすことであろう。日本のふるさとには今までに見られなかった田園風景の美しさ、そして暮らしの可能性を、ヤギたちはうんと広げてくれるであろう。

古酒《くすほ》乾して今は罷《ま》からん友《とも》が宿　（雅）

竹富島のすぐ隣りの石垣島。はじめてお会いした八重山農林高校の江川義久先生ご夫妻には、大変お世話になった。空港に降り立ったときから島を離れるまで、上映活動を付きっきりで支えて下さったのである。南の島々の暮らしや、ふるさとの自然に生きる人々の心に触れ、得るものの多かったこの旅の最後の夜、先生は、ご自宅に招いて下さった。床の下の甕《かめ》に寝かせて大切にとっておいた、何年物の泡盛を酌み交わし、夜の更けるのも忘れて語り合ったのである。

※　蕪村の句は、尾形仂　校注『蕪村俳句集』（岩波文庫、一九八九年）に拠る。

甦るものづくりの心、ものづくりの技

いずれ「菜園家族」は、土地土地の気候・風土にあった、しかもこの家族の仕事の内容や家族構成にふさわしい住環境を整えていくことになるでろう。菜園の仕事や家畜の飼育の場、収穫物の加工場や冬の保存食の貯蔵庫など、また手仕事の民芸や、文化・芸術の創作活動などにもふさわしい工房やアトリエを備えた住空間が、必要になってくる。

新建材や輸入木材に頼る従来の方式に代わって、身近にある豊かな森林を活用する時代が再びはじまる。近隣の集落や都市の需要に応えて、日本の林業は次第に復活し、枝打ちや間伐や植林など、それに炭焼きの山仕事、さらには薪や木質ペレットやチップづくりもはじまり、森林は、地元の山村はもとより、山のふもとから広がる平野部農村に散在する「菜園家族」や都市住民のための、重要な燃料エネルギー供給源としても復活していくことになるであろう。

こうして次第に人々が必要に応じて山に入るに従って、針葉樹の杉や檜に代わって、楢やブナやクリなどの落葉樹や、楠や樫や椿の照葉樹なども次第に植林され、日本の森林の生態系は、大きく変化していくことになる。密生した暗い杉や檜などの針葉樹の森に代わって、次第に落葉樹が広がり、太陽の射し込む明るい森林に変容し、昆虫類や木の実を求めるリスなどの小動物も繁殖し、人間の住空間は、やがて森林にむかって広がりを見せるようになるであろう。

これまで大都市に集中してきた日本の家族は、「菜園家族」の魅力にひかれて地方へと移動をはじめ、中山間地にも広がり、国土全体に均整のとれた配置を見せながら、平野部から山麓へ、そして谷あいを伝って奥山へと、土地土地になじんだ菜園と住空間を美しいモザイク状に広げていくことになるであろう。

ところで、昔から職人には、「鋸《のこ》は挽《ひ》き方、鉋《かんな》はつくり方」という言い伝えがある。鋸は挽き方が悪いと、どんなにいいものでも切れないものである。しかし、鉋は、重くて硬い樫の木でつくられていて、刃をしっかり研《と》いで仕込みをちゃんとしておけば、削れるものだという意味である。今ではもう大工道具などは日常の暮らしの中からは、とうに消えてしまった。こうした大工道具の微妙な使い方の違いや、年季の入った〝技〟などは、はるか昔に忘れられてしまったのである。

時間と心の余裕を取り戻した「菜園家族」は、ゆとりある暮らしの中から、再び山の木々を暮らしの中に活かす愉しみをとり戻すことであろう。ブナや楢やケヤキの木は、木工芸品の材として、やがてテーブルや椅子や箪笥《たんす》・食器棚や、子供たちの玩具にも使われるようになるであろう。そして、代を重ねて使えば使うほど、落ち着いた重厚な光沢が増し、人間の心をなごませてくれる。今流行の機能的で軽便な家具類などは、使って年月が経つと薄汚くなり、その点では足もとにも及ばない。

日本伝統の木造の家は、木を主体にして、土と紙を加えてできている。柱は杉がよく使われ、柱と柱の上部に渡して垂木《たるき》を受ける桁《けた》や、上部の重みを支え、柱と柱の間にかける梁《はり》は、曲げに強い松やケヤキや栃やクリなどが使われる。なかでも吸湿性にすぐれた日本の杉は、湿度と温度を日本の気候と風土に合わせて調節してくれる。

遠い昔から多くの文人たちが説いてきた、清楚でつつましやかな生き方というものと、杉の飾り気のない材質は、見事に合っていた。そこで、杉は、建物を支える柱という機能以上に、人々の美意識を研ぎすます役割まで果たしてきた。夏になって障子が開け放たれ、杉の柱が重なる向こうに、縁側が見え、庭の広がる日本の木造建築独特の美しさは、杉の清楚な素材があって成り立っている。こうした住環境は、やがて「菜園家族」とともに復活してくることであろう。

また香りもほのかな杉は、食生活の分野でも大活躍である。杉の樽の酒は、お酒の香りを含みのある豊かなものにし、味噌・しょうゆ・漬物の樽としても愛好されてきた。一方、檜は水に強いので、お風呂の浴槽や流し板などにも使われる。檜風呂は新しければ新しいなりに、ほのかな香りとともに爽やかである。逆に年季が入ると、まろやかな肌ざわりは、心を和ませてくれる。檜の風呂は、タイルなどの浴槽とは一味も二味も違うものである。

ここにあげた例は、ほんの一例にしか過ぎない。日本人は遠い昔から、針葉樹や落葉樹や照葉樹といった実に多様な性質をもった樹木を、その材質を熟知した上で、暮らしの中に生かしてきた。

こうした日本人の暮らしに最もなじみの深い樹木に、竹がある。竹といえば、なんといっても、日本人には旬の筍《たけのこ》ご飯。この季節に味がのって旨くなる硬骨魚のメバルは、タケノコメバルというほどである。

竹は、成長が早く、強度もあるので、工芸の方面で今後の応用が愉しみである。一般工芸に使われる竹は、真竹《まだけ》・淡竹《はちく》・孟宗竹《もうそうだけ》などで、淡竹は一日に三五センチも伸びるといわれている。今は、化石資源に代わる再生可能な資源の登場が望まれているが、竹はこの意味で、漆などとともに未来の素材だといわれている。

竹は、昔から籠《かご》にもっとも多く使われてきた。背負子《しょいこ》にはじまり、手さげの籠。また、竹のザルにも、円形や半円形、馬蹄形や正方形などいろいろな形があり、サイズも変化に富んでいる。それに、穀類を入れるもの、野菜や山菜、ウドやソバを扱うものと、その用途用途に応じて、竹の太さまで微妙に違う。「ウツボ」などの漁具もあり、また、魚を入れる大小さまざまな籠などがある。小さいものでは竹の鳥籠、もっと小さくなれば竹の箸や茶筅や茶匙などもある。

このように竹は、日本人の暮らしの中で幅広い分野を支え、人々に親しまれてきた。現代の私たちの暮らしの中で見られる金属パイプやプラスチックの棒や筒は、かつてはすべて竹でまかなわれ、タオル掛けや箒《ほうき》やハタキの柄、物干し竿や釣り竿など、すべて竹だった。

光が射し込む窓の障子。木の枝が影絵のように揺らぐ障子の桟《さん》にも、竹が使われている。微妙に曲がった竹を桟に使う感覚は、さすがだ。細く割られた竹の手触りや曲がり具合を、手先で読みとり、見事に編んでゆく竹細工職人。こうしたものを私たち日本人は、なぜ捨ててきたのであろうか。

日本は海の国であると同時に、森の国でもある。やがて、「菜園家族」が復活したならば、この豊かな資源を、ただ経済的実益の視点からだけではなく、私たちの精神を豊かなものに甦らせるためにも、昔の人々の知恵に学びながら、それを生かしていく時代がやってくる。

土が育むもの ― 素朴で強靱にして繊細な心

「菜園家族」にとって、畑や田や自然の中からとれるものは、そしてさらにそれを自らの手で工夫して加工し作りあげたものは、基本的には家族の消費に当てられ、家族が愉しむためにある。その余剰はお裾分けするか、一部は交換されることもあろう。また、海岸から離れた内陸部の山村であれば、当然のことながら、森と海を結ぶ流域地域圏《エリア》内の漁村との間に、互いの不足を補い合うモノとヒトと情報の交流の道が開かれてくる。

しかしこれらはすべて、従来のような市場原理至上主義の商品生産下での流通とは、本質的に違うものになるはずである。なぜならば、「菜園家族」では基本的には自給自足され、しかも週休五日制の「菜園家族型ワークシェアリング」のもとで、週二日の〝従来型の仕事〟に見合った応分の給与所得が安定的に確保されているために、人々の欲求は専ら多種多様な文化・芸術活動やスポーツやそれぞれの趣味・嗜好などの類いに向けられ、そこでの愉しみを人々とともに共有することが、最大の関心事になるからである。したがってそこでは、営利のための商品化のみを目的にした生産にはなりにくく、流通の意味も本質的に変わってくる。

菜園や棚田、果樹、茶畑、林業、薪・木炭、シイタケ栽培、ヤギや乳牛の高原放牧、養鶏、養蜂、狩猟（イノシシやシカなど）、渓流釣り、木の実などの採取、ぶどう酒の醸造、チーズづくり、郷土色豊かな料理や保存食の加工、天然素材を用いた道具・容器や木工家具の製作、漆工芸、陶芸、裁縫、服飾デザイン、手工芸等々。家族構成に見合った多様な組み合わせを選択し、多品目少量生産の自立した豊かな家族複合経営を次第に確立していく。

秋晴れの気分壮快な日などは、家族みんなそろって山を散策し、きのこや山菜を採ることもあるであろう。祖父母は両親へ、両親は子どもたちへと知恵を授ける絶好の機会にもなる。こうして家族そろって自然の中をのびのびと行動する愉しみは、自然と人間とのかかわりや郷土の美しさ、年長者の豊かな経験の素晴らしさを、子どもたちの脳裏にいつまでも焼き付けていくことになろう。

このように「菜園家族」は、日常のゆとりある暮らしの中で、三世代が相互に知恵や経験を交換し合い、切磋琢磨しながら、土地土地の風土に深く根ざした〝循環の思想〟に彩られた倫理、思想、文化の体系を長い歴史をかけて育んでいく。やがて、こうした暮らしの中から、素朴で郷土色豊かな手仕事の作品をはじめ、大地とその暮らしに深く結びついた絵画や彫刻、民衆の心の奥底に響く歌や音楽や舞踊や演劇、さらには詩や散文など文学のあらゆるジャンルの作品が生み出されていく。作品の展示や発表など、交流の場も地域に定着していくことであろう。「菜園家族」とその地域は、歴史を重ねながら、市場競争至上主義の慌しい「拡大経済」の社会にはなかった、「自然循環型共生」の社会にふさわしい、ゆったりとしたリズムとおおらかな世界観を基調とする新しい民衆の文化、生き生きとした民芸やフォークロアの一大宝庫を創りあげ、子どもや孫の世代へと受け継いでいくにちがいない。

「菜園家族」社会の際立った特徴は、週に五日間、〝菜園の仕事〟をすると同時に、家事や育児や子どもたちの教育、それにこうした新しい文化活動を楽しみながら、両親を基軸に、子どもたちや祖父母の三世代家族が全員そろって協力し合い、支え合っている点にある。

両親が基軸になって活動しながらも、子どもたちは子どもたちの年齢に見合った活動をし、祖父母は祖父母の年齢にふさわしい仕事をする。それぞれの年齢や性別によって、仕事の種類や内容はきわめて多様であり、知恵や経験も、そして体力も才能もまちまちである。こうした労働の質の多様性を総合することによって、「菜園家族」はきめ細やかに無駄なく円滑に、仕事や活動の総体をこなしていく。その中で、「菜園家族」に蓄積されたこまごまとした〝技〟が、親から子へ、子から孫へと継承されていく。

子どもたちが病気で寝込むこともあろう。その時には、両親や祖父母が看病し面倒を見ることになる。また、祖父母が長期にわたって病床に伏すこともあろう。その時には、子どもたちが両親に代わって枕元にお茶やご飯を運んだり、祖父母の曲がった背中や冷えた手足をさすったりする。子どもたちができることは、子どもたちが手伝ってくれる。そこには自ずとあたたかな会話も生まれる。

こうした家族内の仕事の分担や役割は、子どもたちの教育にも、実に素晴らしい結果をもたらすことになる。祖父母の苦しみを見つめ、それを手助けする。このような日常普段の人間同士の触れ合いの中から、子どもたちの深い人間理解が芽生えてくる。言ってみれば、子どもが枕元にお茶を運ぶという一つの行為が、祖父母にとっては心あたたまる何よりの介護となり、かつ子どもにとってはかけがえのない教育にもなっているというように、一つの行為が二つの機能を同時に果たしていることにもなる。しかもこの二つの機能は、それぞれ金銭的報酬によって成立しているわけではない。このことは、極度に社会的分業化と専門化が進む現代では、かえって人間の行為が本来持つ機能の多面性が分割・単純化され、暮らしの身近な場面で豊かな人間発達の条件が奪われ、経済的合理性をも同時に損なう結果になっていることを意味している。このことに刮目する必要があろう。

三世代「菜園家族」を基盤に成立するこの社会は、市場原理至上主義の「拡大経済」社会に対置されるところの「自然循環型共生」の社会である。この自然循環型共生社会に暮らす人々は、これまでの「拡大経済」社会のように、欲望を煽られ、〃浪費が美徳〃であるかのように思い込まされることもなくなる。相手を倒してまでも生き残らなければ生きていけないような、そんな弱肉強食の熾烈な競争原理がストレートに支配する社会ではないのである。

それどころかこの「菜園家族」社会では、人々は大地に直接働きかけ、みんなそろって仕事をし、共に助け合い、共に暮らす「共生」の喜びを享受することになる。人々は、自然のリズムに合わせてゆったりと暮らし、自然の厳しさから敬虔な心を育んでいく。

人々は、こうした自己形成、自己実現によってはじめて、自己の存在を日々確かなものにしていく。そして、〃競争〃にかわって、〃自己鍛錬〃が置きかえられ、その大切さをしみじみと実感する。それが生きるということなのである。かつての農民や職人たちのひたむきに生きる姿を思い浮かべるだけでも、人間にとって〝自己鍛錬〟のもつ意味が頷けるような気がする。

やがて、「菜園家族」を基盤に地域社会が形成され円熟していくならば、こうした「菜園家族」内に培われる〝自己鍛錬〟のシステムと、先にも触れた家族が本来もっている子どもの教育の機能とがうまく結合し、その土台の上にはじめて公的な学校教育が、子どもたちの成長を着実に促していくことになる。家族が空洞化し、その両者の結合と、それを基盤にした公的教育の成立を不可能にしているところに、今日の学校教育の破綻の根本原因があるのではないだろうか。

「菜園家族」の人々は、やがて市場原理至上主義「拡大経済」下の営利本位の過酷な労働から次第に解き放たれ、自分の自由な時間を自己のもとに取り戻し、「菜園」をはじめ、文化・芸術など創造的で精神性豊かな活動に振り向けていくことであろう。そして、大地に根ざした素朴で強靭にして繊細な精神、慈しみの心、共生の思想を育みながら、人類史上いまだかつて経験したことのなかった、いのち輝く暮らしと豊かな精神の高みへと、時間をかけてゆっくりと到達していくにちがいない。

家族小経営の歴史性と生命力

日本の近現代史に則して振り返ってみればはっきりしてくるように、明治以来、日本資本主義は自己の発展のために、初期の段階から、農村社会の基盤を成す農民家族から娘を紡績女工として引き抜き、また農家の次男・三男を賃金労働者として大量に都市へ連れ出し、農民家族をたえずその犠牲にしてきた。そして、戦後においてもある意味では大きく内外の諸条件が好転したものの、その傾向が一貫して貫かれてきたという点では変わりはなく、今日においてもその傾向は引き継がれている。戦後間もなく農地改革が断行され、地主・小作制は廃止され、土地は農民の手に返ってきたものの、それも束の間、戦後資本主義の復活は急速に進んだ。高度経済成長期の農村からの中・高校生の集団就職をはじめ、恒常的な大都市への労働人口の移動の加速化によって、農村と農業は切り捨てられていった。こうして、工業製品の大量輸出、工業用原料と農産物の大量輸入を基調とする今日の大量生産・大量浪費・大量廃棄型の経済の基礎が築かれ、市場原理至上主義アメリカ型「拡大経済」の道を突き進んでいった。

この歴史的経過の中でおこなわれてきたことは、徹底した分業化の遂行と、資本の統合による産業の巨大化であり、これによって農村における農民家族の経営基盤の衰退と、都市における家族の空洞化現象の進行が加速され、その結果、今日では農村のみならず、都市においてさえ家族は危機的状況に晒されている。

「菜園家族」を基調とするＣＦＰ複合社会の構想は、世界史的に見れば、一八世紀イギリス産業革命以来の一貫した生産の分業化と資本の統合による巨大化の道に歯止めをかけ、さらにその向きを逆の方向に変えようとするものである。それは、家族および家族小経営それ自体がもつ人間形成の優れた側面と、小経営そのものに内在するエコロジカルな本質の現代的意義の再評価によるものなのである。

また、日本の近代史に則して説明するならば、明治初期の日本資本主義形成期の時点に遡り、そこから出発して、資本主義セクターと家族小経営セクターとが、いかなる相互関係のもとに形成されてきたのか、その過程を十分に検証しつつ、未来にむかってその両者の関係を適正かつ調和のとれたものに組み換え、さらに社会の枠組みを根源から建て直そうとする試みでもある。

しかしそれは、単に昔にそのまま戻るということを求めているのではない。戦後の農地改革以前にあっては、地主・小作関係のもとで、農民家族の大部分は土地を奪われ、地主に小作料を支払わなければならないというきわめて過酷な状態にあり、家族小経営の基盤そのものが脆弱であったのに対して、「菜園家族」は、土地を自分のものとして保有しており、自立した健全な家族小経営の基盤の上に成立し得るというきわめて有利な点が挙げられる。

もう一つの利点は、今日では、明治初期の産業革命当初とは比較にならないほど高度な科学技術の水準にあり、これを自然循環型共生の生産と暮らしのために適正に活用することが可能であれば、セクターFの家族小経営は、明るい展望のもとに生き生きと甦ってくる可能性が大いにあるということである。

こうした現代的利点を考えると、「菜園家族」を基調とするこの自然循環型共生のＣＦＰ複合社会は、決して空想などではなく、二一世紀をむかえた今、一八世紀以来の歴史的経験と今日の現実の発展水準を組み込む時、きわめて現実性のある構想として浮かびあがってくるであろう。

「菜園家族」は、自然の中で大地に直接働きかけ、自己の自由な意志にもとづいて自ら経営し、その成果を直接的に身近に肌で感じ、自己点検と内省を繰り返しながら絶え間なく創意工夫を重ねていく。「菜園家族」は、ＣＦＰ複合社会の中にあって、人々の自己鍛錬と人間形成の大切な〝学校〟の役割を担うものである。しかも、家族という小さな共同体の場で、人々が共に生きるという〝共生の精神〟を同時に育み、それを土台にして、さらに地域へとその広がりを見せていく可能性がある。

人類が科学技術の発達のみではなく、ほんとうに人間精神の進歩を期待するのであれば、この家族小経営は、おそらく永遠といってもよいほどの長期にわたって、人類史上必要不可欠なものとして存在し続けることであろう。家族小経営セクターFから輩出される新しいタイプの人間群像の如何によって、ＣＦＰ複合社会の成否と未来への展望は決定される。

永遠とも思える長期にわたる人間鍛錬の歴史のあかつきには、人間の魂は精神の高みに達し、やがて、「菜園家族」を基調とするＣＦＰ複合社会の大多数の人々がその域に達した時に、「欲望原理」を基本に成立する資本主義セクターCは、次第にその存立の根拠を失い衰退し、「共生原理」を基本とする公共的セクターPへの移行は、徐々に、しかもきわめて自然な形ではじまるにちがいない。しかも、その時期においてさえ、セクターFの家族小経営は、依然として、大地と人間をめぐる悠久の循環の中に融け込むように、人間精神の安定した〝よすが〟として存在し続けることは間違いないであろう。

この「菜園家族」構想は、人類史における家族小経営の歴史のどの時代にもなかった、そしてこの地球のどの地域にも見られなかった、「自立と共生」の理念にもとづく家族小経営の素晴らしい高みを実現する試みとして、位置づけられるべきものなのである。

第五章　「匠商家族《しょうしょう》」と地方中核都市の形成

都市と農村の共進化

非農業基盤の家族小経営 ― 「匠商家族」

ここであらためて確認しておきたいことがある。これまで一般的に「菜園家族」という時、狭義の意味では、週のうち五日は家族とともに農業基盤である「菜園」の仕事に携わり、残り二日はCFP複合社会の資本主義セクターC、または公共セクターPのいずれかの職場に勤務して応分の現金収入を得ることによって自己補完する形態での家族小経営を指してきた。そして、広義の意味では、狭義のこの「菜園家族」に加え、非農業部門（工業・製造業や商業・流通・サービスなどの第二次・第三次産業）を基盤とする自己の家族小経営に週五日携わり、残りの二日を資本主義セクターC、または公共セクターPのいずれかの職場に勤務するか、あるいは自己の「菜園」に携わることによって自己補完する家族小経営も含めて、これらを総称して「菜園家族」と呼んできた。

ここでは、後者の家族小経営を、狭義の「菜園家族」と区別する必要がある場合に限って、「匠商家族《しょうしょう》」と呼ぶことにする。

そこで、「匠商家族」とその「なりわいとも」について述べていきたいのであるが、その前に、一般的に言って、非農業基盤に成立する従来の家族小経営にはどんなものがあるのか、思いつくままに若干、例示しておきたい。

食品製造では、豆腐屋さん、お餅屋さん、酒やみそ・しょうゆをつくる工場、パン屋さん、和菓子屋さん、ケーキ屋さん等々。呉服屋さん、仕立て屋さん、服飾デザイナーの店。各種多様な家内工場経営から、伝統工芸・手工芸などの工房に至るまで。電機や機械の修理店。建設業関係では、大工さん、左官屋さん、指物師、畳屋さん、建具屋さん、設計士さん、建築事務所……。商業・流通・サービス産業の分野では、日常雑貨店から八百屋さん、魚屋さん、肉屋さん、酒屋さん、お米屋さん、お茶屋さん、果物屋さん、それに靴屋さん、かばん屋さん、傘屋さん、うつわ屋さん、金物屋さん、布団屋さん、布地屋さん、洋品店、メガネ屋さん、時計屋さん、家具屋さん、大工道具や農具を売る店、種苗屋さん、肥料屋さん、花屋さん、楽器屋さん、おもちゃ屋さん、本屋さん、文房具店などの小売商店。食堂、レストラン、料理店、喫茶店、居酒屋等々の飲食店。クリーニング店、理容店、美容院、写真屋さん、印刷屋さん等々のサービス業。医療関係では、薬局、整骨院、鍼灸院、歯科・眼科・耳鼻科・内科・外科等まちのお医者さん。文化・芸術の分野では、作家、画家、書家、写真家、映像作家、陶芸家、音楽家、舞踊家、劇団、ギャラリーや小ホール・スタジオの主宰、ジャーナリスト、地域の新聞・情報誌の出版等々、枚挙にいとまがない。

周知のように、家族を基盤に、家族構成員の協力によって成り立っているこれら多種多様な零細家族経営は、中小企業とともに、わが国の第二次・第三次産業においてきわめて大きな比重を占め、細やかで優れた技術やサービスを編み出し、日本経済にとって不可欠で重要な役割を果たしてきた。にもかかわらず、大企業との取引関係でも、金融面や税制面でも不公正な扱いを受け、経営悪化に絶えず苦しめられ、今日、その極限状態にまで追いつめられている。

アメリカ発信のグローバリゼーションのもと、アメリカ型経営モデルが強引に持ち込まれ、「消費者主権」の美名のもとに「規制緩和」がすすめられ、地方では大資本による郊外型巨大量販店やコンビニエンスストア、ファストフード等のチェーン店が次々と進出し、零細家族経営や中小企業は、破産寸前の苦境に追い込まれている。今や全国地方都市の商店街では、多くの店のシャッターがおろされ、人影もまばらな閑散とした風景が、当たり前のように広がっている。

こうした弱小の経営形態は、アメリカ型「拡大経済」下の市場競争至上主義の効率一辺倒の風潮の中では、たしかにとるに足らない、経済成長には何の役にも立たないものに映るのかもしれない。しかし、零細家族経営によって支えられ成り立っていた地域社会は、一九五〇年代半ばにはじまる高度経済成長期以前にあっては、「下町」として実に生き生きと息づいていた。

そしてそれは、地域の人間の暮らしを潤し、自然循環型社会にふさわしいゆったりとしたリズムの中で、人々の心を豊かにし、和ませてきた。商店街の流通は緩慢で非効率ではあったけれども、人と人が触れ合い、心の通い合う楽しい暮らしがそこにはあった。時間に急き立てられ、分秒を競うようなせかせかとした暮らしなどは、そこにはなかった。

戦後間もなく、わが国にアメリカ型「拡大経済」が移植され、やがて高度経済成長によってもたらされたものは、市場競争と効率を至上と見なすプラグマティズムの極端なまでに歪められた拝金・拝物主義の薄っぺらな思想であった。人々の心の奥深くまで滲み込んだこの思想は、人間にとって大切な森や農地や川や海、さらにはものづくり・商いの場といった生きる基盤や、人と人とのふれあいをもないがしろにして、農山漁村や都市部のコミュニティを破滅寸前にまで追い込んでしまった。

巨大企業を優先する政府の利潤第一主義の生産と「地域開発」の政策は、零細家族経営のみならず、国民全体の生命と健康にかかわる生活と環境の問題でも、それらの破壊を全国的な規模で引き起こしてきた。そして政府は、今なお巨大企業優先の経済・財政政策を続け、多額の国家予算が大型公共事業やＩＴ産業やいわゆる防衛費なるものに向けられ、国民生活に直結する社会保障や教育への公的支出は、資本主義諸国の中でも最低水準にある。しかも、一九九七年～二〇〇七年の一〇年間で一四二兆円から二二〇兆円に急増し、さらに二〇一〇年には二六六兆円にものぼるといわれる莫大な内部留保を積み増してきた巨大企業や、証券・金融取引等による巨額の所得に対しては税率を優遇する一方、生活苦や将来不安に悩む庶民には、社会保障の充実のためと称して一貫してさらなる消費税増税を目論もうとする。手元資金に限っても六四兆円におよぶという巨大企業の内部留保は、ここ一〇年来、派遣労働など非正規の不安定雇用を増大させ、リストラと賃下げ、下請け中小・零細企業に対する単価の切り下げなど、庶民の犠牲のもとに巨額の利潤を上げ、法人税減税など数々の優遇政策のもとで積み増しされていったものである。

それでも、この反国民的な財政政策を、今もって変えようとしない。こうした背景には、政治家、特権的官僚、巨大資本のいわゆる政・官・財の鉄のトライアングルが形成され、汚職、腐敗の温床となっている事実があることについては、多くの国民がうすうす感じているところである。

私たちが未来にどんな暮らしを望むのかによって、社会のあり方の選択は決まってくる。「菜園家族」

構想は、資源やエネルギーの限界性からも、差し迫った地球環境の限界からも、人道上も、市場競争至上主義のアメリカ型「拡大経済」が許されるものではないとする立場から、持続可能なそれこそ本物の自然循環型共生社会への転換をめざしている。そして、何よりも、多くの人々が今、切実に望んでいるものは、人間の心を潤し、子どもの心が、そして人の心が育つ暮らしである。であるならば、なおさら私たちは、ないがしろにされ放置されてきたこうした零細家族経営や中小企業が成り立つ、かつての自然循環型の人間味溢れる地域社会を今一度見なおし、巨大企業優先の今日の経済体系に抗して、その再生をはからなければならないのではないか。

「菜園家族」構想は、まさにこうした状況の中で、人間の暮らしのあり方を根底から問いただし、農山漁村においても、都市部においても、「菜園家族」や今確認してきた「匠商家族」を基盤にして、地域の再生をめざそうとしている。「菜園家族」構想において、「匠商家族」は変革を担うもう一つの大切な主体であり、「菜園家族」と「匠商家族」は、いわば車の両輪ともいうべきものなのである。

「匠商家族」とその協同組織「なりわいとも」

前章までは、農業を基盤とする狭義の「菜園家族」を基礎単位にして成り立つ「なりわいとも」について考えてきたのであるが、ここからは、工業や商業・流通・サービス分野、つまり第二次、第三次産業を基盤にした「匠商家族」を基礎単位に成立する「なりわいとも」について考えてみたい。

狭義の「菜園家族」の「なりわいとも」は、近世の〝村〟の系譜を引く集落基盤を発展的に継承し、農業を基盤とする性格上、農的・自然的立地条件に大いに規定される。それゆえ、森と海を結ぶ流域地域圏《エリア》の奥山の山間部から下流域の平野部へと、「村なりわいとも」、「町なりわいとも」、「郡なりわいとも」というように、ある意味では地縁的に地域団粒構造を形づくりながら展開していく。一方、「匠商家族」の「なりわいとも」は、それと同じではない。むしろ、農業を基盤とする狭義の「菜園家族」の「なりわいとも」とはかなり違った、独自の「なりわいとも」の地域編成の仕方が見られるはずである。

一口に第二次産業の製造業・建設業の分野、第三次産業の商業・流通・サービス業の分野といっても、職種や業種も多種多様である。したがって、「匠商家族」の「なりわいとも」は、職種による職人組合的な「なりわいとも」であったり、同業者組合的な「なりわいとも」であったり、あるいは市街地の様々な商店が地域的・地縁的に組織する商店街組合のような地縁的な「なりわいとも」であったりするであろう。

いずれにせよこれらは、今日の行政区画上の市町村の地理的範囲内で、職人組合的な「町・村なりわいとも」や、同業者組合的な「町・村なりわいとも」、あるいは商店街組合的な「町なりわいとも」としてそれぞれ形成されてくる。そして、それらを基盤にして、さらにそれぞれの上位に、森と海を結ぶ流域地域圏《エリア》全域（郡）の規模で、「郡なりわいとも」が形成されることになる。この「郡なりわいとも」は、対外的にも大きな力を発揮することが可能になるであろう。

巨大企業の谷間であえぐ零細家族経営だけでなく、中小企業についても、そのおかれている状況は同じである。森と海を結ぶ流域地域圏《エリア》の自然資源を生かし、地域住民に密着した地場産業の担い手として、中小企業を育成していかなければならない。零細家族経営と中小企業の両者が、同じ森と海を結ぶ流域地域圏《エリア》にあって連携を強めることによって、相互の発展が可能になってくる。中小企業の「なりわいとも」への参加をどう位置づけ、両者がいかに協力し合っていくのか。これは、今後研究すべき重要な課題として残されている。

放置された巨大資本の専横。それを許してきた理不尽な政策。こうした中で苦しみあえぎながらも、人々は自らの生活の苦しみとますます悪化する地球環境に直面して、ようやく本当の原因がどこにあるのかに気づきはじめた。最後の土壇場に追いつめられながらも、何とか足を踏ん張り反転への道を探ろうとしている。人間の欲望を手品師のように操りもてあそぶ、市場原理至上主義「拡大経済」という得体の知れない巨大な怪物に抗して、自らが築く自らの新たな体系を模索していかなければならない。

ところで、本来都市とは、ある一定の地域圏《エリア》内にあって政治・経済・文化・教育の中核的機能を果たし、人口の集中したその区域のみならず、地域圏《エリア》全域にとっても重要な役割を担うものである。古代ギリシャ・ローマにおいては、国家の形態をもち、中世ヨーロッパではギルド的産業を基礎として、時には自由都市となり、近代資本主義の勃興とともに発達してきた。こうした都市の発展の論理には、一定の普遍性が認められる。特定の国や地域の都市の考察においても、この普遍的論理は注目しておかなければならない。

ギルドはよく知られているように、中世ヨーロッパの同業者組合である。封建的貴族領主や絶対王権に対抗して、同業の発達を目的に成立した。まず商人ギルドが生まれ、手工業者ギルドが派生する。こうして台頭してきた新興の勢力は、都市の経済的・政治的実権をも掌握するようになり、中世都市はギルドによって運営されるに至る。

しかし、近代資本主義の勃興によって、ギルド的産業のシステムは衰退し、都市と農村の連携から地域のあり方までが激変していった。それは、まさに中世・近世によって培われ高度に円熟した、循環型社会のシステムそのものの衰退によるものであった。

それでは私たちの現代は、歴史的にどんな位置に立たされているのであろうか。それは歴史の長いスパンで考えるならば、まぎれもなくこの中世・近世の循環型社会の衰退過程の延長線上にあると言わなければならない。今日の市場原理至上主義アメリカ型「拡大経済」は、結局、この延長線上にあって、商業や工業における零細家族経営から弱小な中小企業に至るまで、ありとあらゆる小さきものたちを破壊していくのである。企業、銀行などあらゆる経済組織は、再編統合を繰り返しながら巨大化の道を突き進み、大が小を従属させる寡頭支配の論理が貫徹していく。東京など大都市に本社をおく巨大企業は、周縁の地方にもそのネットワークを広げ、地方経済を牛耳ることになる。地方はますます自立性を失い、中央への従属的位置に甘んじざるを得ない事態にまで追い詰められていく。

こうした流れに抗して、「菜園家族」構想は地域の再生をめざす。そうであるならば、中世や近世の商人・手工業者が、封建的貴族領主や絶対的王権に対抗して、自らの同業の自衛のために同業者組合ギルドをつくったように、今日の市場原理至上主義アメリカ型「拡大経済」下の巨大企業や巨大資本に対抗して、森と海を結ぶ流域地域圏《エリア》内における商業・手工業の家族零細経営が「匠商家族」という新しいタイプの家族小経営に生まれ変わり、それを基盤に「匠商家族のなりわいとも」を結成するのは、ある意味では歴史の必然であると言ってもいいのかもしれない。

ギルドは中世および近世の循環型社会の中にあって、きわめて有意義的かつ適合的に機能していた。「菜園家族」構想が近世の円熟した循環型社会への回帰の側面を持つ以上、「匠商家族のなりわいとも」の生成は、当然の帰結と言えよう。そして、巨大化の道を突き進むグローバル経済が席捲する今、この「匠商家族のなりわいとも」が、前近代の中世ギルド的な〝共同性〟に加え、資本主義に対抗して登場した近代的協同組合《コープラティブ・ソサエティ》の性格をも合わせもつ、二一世紀の新しいタイプの都市型協同組織としてあらわれてくるのも、歴史の必然と言わなければならない。地方中小都市の未来は、こうした「匠商家族のなりわいとも」を、主にその市街地にいかに隈なく組織し、編成するかにかかっている。

肝心なことは、森と海を結ぶ流域地域圏《エリア》全域を視野に入れて、この「匠商家族のなりわいとも」と、森林地帯に展開する〝森〟の「菜園家族のなりわいとも」や、田園地帯に広がる〝野〟の「菜園家族のなりわいとも」、海辺に息づく〝海〟の「菜園家族のなりわいとも」との連携を強化していくことである。そして、これらによる柔軟にして強靱な「なりわいとも」ネットワークをその全域に張りめぐらしていくことである。こうした基盤の上に、〝森〟と〝野〟と〝海〟と〝街《まち》〟をめぐるヒトとモノと情報の交流の循環がはじまる。こうしてはじめて、市場原理至上主義アメリカ型「拡大経済」に対峙して、相対的に自立したひとつのまとまりある自然循環型共生の森と海を結ぶ地域経済圏の基底部が、徐々に築きあげられ熟成していくのである。

「なりわいとも」と森と海を結ぶ流域地域圏《エリア》の中核都市

森と海を結ぶ流域地域圏《エリア》が相対的に自立自足度の高い経済圏として成立するための前提条件につい

て、「なりわいとも」と中核都市との関連で、ここでもう少しだけ触れておきたい。

まず、森と海を結ぶ流域地域圏《エリア》（おおむね今日の郡の地理的範囲に相当する）内の基礎自治体である市町村が連携して、長期的展望に立った自らの流域地域圏《エリア》の基本構想を立案し、それを計画的に実行していく体制を整える必要がある。そして、今日の税制のあり方を抜本的に改革し、地方自治体の財政自治権を確立し、自治体が自らの判断で的確な公共投資を計画的におこなえるような、地域政策投資のシステムを構築しなければならない。

また、相対的に自立自足度の高い経済圏が成立するためには、流域地域圏《エリア》内でのモノやカネやヒトの流通・交流の循環の持続的な成立が大切になってくる。そのためにはまず、流域地域圏《エリア》内での生産と消費の自給自足度、つまり地産地消の水準が可能な限り高められなければならない。そして、地域融資・地域投資の新しい形態として注目されているコミュニティ・バンクの創設や地域通貨の導入などによって、自立的な経済圏を支える経済システムを整えていく必要がある。このコミュニティ・バンクは、土地や建物を担保にお金を貸す従来型のバンクではなく、事業性や地域への貢献度から判断してお金を貸す、本当の意味での地域のための金融機関として確立されていかなければならない。

今日では、地域住民一人一人の大切な預貯金は、最終的には大手の都市銀行に吸いあげられ、都市銀行にとって投資効率のよい、流域地域圏《エリア》外の重化学工業やハイテク産業や流通業など第二次・第三次産業の「成長分野」に融資されている。農業や林業や漁業、零細家族経営や中小企業のようなもともと本質的に生産性の低い、しかしながら流域地域圏《エリア》の自然環境や人間の生命にとって直接的にもっとも大切な分野には、なかなか投資されないのが実情である。これはまさに市場原理によるもので、こうした状況を放置しておくならば、いつまでたっても地域経済を建て直すことはできない。

ヨーロッパは、日本とはかなり事情が違うようである。イギリスやオランダやドイツでは、経済的利益だけではなく、環境、社会、倫理的側面を重視して活動する金融機関「ソーシャル・バンク」が存在し、主に個人から資金を預かり、社会的な企業やプロジェクト、チャリティ団体やNPOなどに投融資を行ない、社会的にも重要な役割を果たしている。こうした金融機関では、通常の預金や融資、投資信託などとは異なり、資金提供者が重視する価値を実現するための仕組みが金融商品や資金の流れに組み込まれている。地域づくりや環境問題においても、相互扶助を基本理念に今日的な「意志あるお金」の流れの活性化に貢献している。このようなソーシャル・バンクが存在している要因はいろいろ考えられるが、歴史的には、イギリス産業革命以来の協同組合運動発祥の地としての伝統の裾野の広さがあげられるであろう。

日本では、信用組合や信用金庫があるにはあるが、実際には金融庁の統括のもとにあって、大銀行と同じような規制で縛られており、小規模の事業に対する融資や補助金の斡旋がきわめて不十分であると言わざるをえない。とはいえ、過去において、金融の相互扶助の伝統が皆無であったというわけではない。前近代の循環型社会において、特に室町時代から江戸時代にかけて各地の農村でさかんであったといわれている「頼母子講《たのもしこう》」は、相互扶助的な金融組合であった。組合員が一定の掛け金をして、一定の期日にくじまたは入札によって所定の金額を順次、組合員に融通する仕組みだったといわれている。

今日の中央集権的、寡頭金融支配のもとでは、「菜園家族」や「匠商家族」が森と海を結ぶ流域地域圏《エリア》を舞台に、新しい相互扶助の精神にもとづく協同組織「なりわいとも」を結成し、流域地域圏《エリア》の再生をめざして活動を開始しようとしても、その芽はことごとく摘まれてしまうであろう。原初的な相互扶助の精神に支えられた金融機関の伝統が日本にもあったことを考える時、二一世紀の未来に向けて、地域における新しい金融のあり方を模索し、その可能性をもっともっと広げていくべきである。前近代に胚胎していた伝統的精神を生かし、ヨーロッパの優れた側面を取り入れながら、「菜園家族」構想独自の金融システムを地域に確立して、顔の見える相互扶助の地域経済をつくっていかなければならない。

コミュニティ・バンクのような比較的大きな財政的支援を必要とする金融機関の創設については、流域地域圏《エリア》の自治体だけではなく、広域地域圏すなわち都道府県レベルとの連携共同による支援体制が必要である。そのシステムが確立されれば、巨大都市銀行に頼ることなく、住民一人一人の善意の小さな財力を、新しい独自の金融・通貨システムを通じて地域に還流させることが可能になるであろう。住民自らが新たにつくり出したこの新しい金融・通貨システムを通じて、住民が自らの地域経済の自立のために、ささやかながらも常時貢献する道が開かれていくことになる。

森と海を結ぶ流域地域圏《エリア》に創設されるコミュニティ・バンクにとって大切なことは、活動の理念の明確化である。つまり、流域地域圏《エリア》を「菜園家族」構想に基づき自然循環型共生社会に再生させ、人間復活をめざす活動の支援に徹するという理念である。その上で、融資先の明確化と持続的な支援活動が重要になる。コミュニティ・バンクは、こうした零細家族経営や中小の事業を支援することによって、地域のきめ細やかな雇用づくりにも寄与する。このようなコミュニティ・バンクの活動は、第七章で述べるCSSK（国および都道府県レベルに創設される「CO_2《C》削減と菜園《S》家族創出の促進《S》機構《K》」）との連携のもとで相互補完しつつ、両者それぞれの特性を生かしながら進められていくことになるだろう。

もちろん、コミュニティ・バンクの創設とその運営、そしてそのありようは、「菜園家族」を基調とするCFP複合社会がどのように展開し、円熟していくかによって変わっていく。こうしたコミュニティ・バンクを強化し、CFP複合社会を発展させていくことによって、資本主義セクターC内の従来型の巨大都市銀行も、次第に自然循環型共生社会に適合したものに変質せざるを得なくなるであろう。

さて、物流に関して言えば、森と海を結ぶ流域地域《エリア》圏内市町村の中心街の各所に定期的な青空市場を設置するなど、近郊農山漁村に散在する中規模専業農家の生産する作物や「菜園家族」の余剰農産物を流通させる新たなシステムをつくり出す必要がある。日本は先進諸国の中でも、長距離輸送による食糧・木材供給への依存度が異常なまでに高い国である。地産地消システムの確立は、フード・マイレージ、ウッド・マイレージの観点から、CO_2排出量削減にもおおいに寄与するであろう。中規模専業農家に加え、〝森〟と〝野〟と〝海〟の「菜園家族のなりわいとも」および「匠商家族のなりわいとも」は、こうしたシステムづくりを担う重要な役割を果たす。同時に、外部資本による郊外の巨大量販店に対しては次第に規制を強め、零細家族経営や中小業者を守り、育成していく条件を整えることが必要である。

また、流通システムの環境整備の点からは、新しい交通体系の確立が大切である。日本の伝統的旧市街や商店街が集中する都市中心部では、クルマ社会に対抗する交通システムの整備がきわめて遅れている。郊外型巨大量販店の出店を許している客観的条件として、この都市中心部における交通システムの整備の遅れが指摘されてきた。中核都市の中心部における拠点駐車場の設置と、これにつながる自転車・歩道網の整備などが重要な課題になる。同時に、中心市街地においても、近隣の農山漁村地域と結ぶ交通網においても、公共交通機関のあり方をあらためて見直さなければならない。燃料についても、化石燃料に代替する、森と海を結ぶ流域地域圏《エリア》内の自然資源を活かしたエネルギーを研究開発し、人々の暮らしを支え、環境の時代にふさわしい新しい交通体系を確立する必要がある。こうした自然循環型の農村・都市計画における流通・交通体系の研究開発の分野でも、第七章で述べるCSSKとの連携の強化によって、いっそうの成果をあげることができるにちがいない。

森と海を結ぶ流域地域圏《エリア》に自立的な経済圏を確立していく上で、中核都市の都市機能の充実の重要性をもう一度確認しておきたい。城下町や門前町としての歴史的景観の保全、文化・芸術・教育・医療・社会福祉機能の充実、さらには商業・業務機能と調和した都市居住空間の整備を重視し、かつ市街地内においても「菜園」をきめ細やかに配置し、緑豊かな田園都市の名にふさわしい風格あるまちづくりをめざさなければならない。それは、森と海を結ぶ流域地域圏《エリア》全域に広がる〝森〟と〝野〟と〝海〟と〝街《まち》〟の「菜園家族」や「匠商家族」のネットワークの要《かなめ》としての都市であり、森と海を結ぶ持続的な流域循環の中軸としての機能を担う、新しい時代の地方都市の姿でもある。

「なりわいとも」の歴史的意義

団粒構造のふかふかとした土が、植物の生育にとって快適で優れた土壌であるのと同様に、「菜園家族」や「匠商家族」を基礎単位に「なりわいとも」が形成され、多重・重層的な団粒構造に熟成された地域社会は、人間一人ひとりにとっても豊かで理想的な社会であるはずだ。そこでは、人間の様々な個性が生かされ、まさに多重・重層的な人間活動が促される。こうした人間活動の成果が、養分として「地域」という土壌に蓄積され、それによって地域社会は、より豊かなものに熟成されていく。団粒構造の滋味豊かな土を思い起こすだけでも、そのことは実に理に適っていると頷ける。

森と海を結ぶ流域地域圏《エリア》では、先にも触れたように、多重・重層的な地域団粒構造の各次元にあらわれる「菜園家族」、「くみなりわいとも」、「村なりわいとも」、「町なりわいとも」、「郡なりわいとも」などの協同組織体が、それぞれの次元にあって、自律的、重層的に機能し、その結果、森と海を結ぶ流域地域圏《エリア》全体として人間の多次元的で多様な活動が活性化され、それにともなって創造性あふれる〝小さな技術〟が絶え間なく生み出されていく。その結果、人間の側からの自然に対する働きかけが、流域地域圏《エリア》の総体として極めてきめ細やかなものになり、自然を無駄なく有効に活用することが可能になってくる。活動の分野も、農林漁業や畜産に限らず、手工業・手工芸の分野から、さらには教育・文化・芸術に至るまで、人間の幅広い活動が豊かに展開されていくのである。

かつて上から強引にすすめられた社会・経済・文化・教育等々におよぶいわゆる「小泉構造改革」、そして今騒がれている「大阪維新の会」の「地域主権改革」なるものも、やがて、薄っぺらなまやかしのまがいものであることが白日の下に晒されることになるであろう。この「地域主権改革」なるものは、むしろ国民の中に経済・教育・文化の格差を広げ、弱肉強食の競争を煽り、人間不信とモラルの低下をますます強め、財界主導の従来型巨大プロジェクトへのヒト・モノ・カネの集中と引き換えに、地域の衰退にさらなる拍車をかけるものである。

人間を支え、人間を育む基礎的「地域」の内実の根本的変革なしには、経済の変革も、政治の変革も、教育・文化の変革も、徒労に終わらざるをえない。経済の源泉は、まぎれもなく草の根の「人間」であり、「家族」であり、「地域」である。そして民主主義の問題は、究極において人格の変革の問題であり、人格を育むものは、人間の生産と暮らしの場である「家族」と「地域」である。したがって、この「家族」と「地域」を時間がかかってもどう建て直し、どう熟成させていくかにすべてがかかっていると言わなければならない。

「菜園家族」の中で育まれる夫婦や親子や兄弟への愛、ここからはじまる人間と人間の良質な関係、これが「くみなりわいとも」や「村なりわいとも」へ、さらには、森と海を結ぶ流域地域圏《エリア》に形成される「郡なりわいとも」から、県レベルの「くになりわいとも」へと拡延され、地域社会全体に広がっていく。人間性に深く根ざした人への思いやり、お互いが尊重し合い、相互に助け合う精神が培われていくのである。「地域」における〝もの〟の再生産と〝いのち〟の再生産の安定した循環の中に身をおき、親から子へ、子から孫へとつながる永続性を肌で感じ、精神の充足が自覚される時、人間は心底から幸せを実感する。そして、やがて「地域」に新しい精神の秩序が形づくられていく。これこそが、精神の伝統というべきものではないだろうか。

森と海を結ぶ流域循環型の地域形成は、ただ単に経済再建だけが目的ではない。こうした「地域」熟成の中から、市場原理至上主義「拡大経済」社会にはみられなかった地域独自の新たな生活様式が確立され、民衆の新しい倫理や思想が、そして文化や芸術が生み出されていく。今日の精神の荒廃は、こうした大地に根ざした独自の文化や精神を育む地域社会の基盤を失い、それを新たに再生し得ずにいることと関連している。今、私たちにとって大切なことは、時間がかかっても、ゆっくりとこうした「家族」と「地域」の再建からはじめることであり、上からの「地域主権改革」などではない。

森と海を結ぶ流域地域圏《エリア》の多重・重層的な地域団粒構造内部の各次元にあらわれる、協同組織体としてのそれぞれの「なりわいとも」は、ある意味では、現実世界の歴史過程にあらわれた発展の階梯としても捉えることができよう。三次元にあらわれる「村なりわいとも」までの協同組織体は、主として前近代において極めて長期にわたって、ひたすら民衆の知恵と努力によって編み出され熟成されてきたものである。これは、基本的には、世界のいかなる地域にも共通してあらわれる普遍的な現象であり、民衆の長きにわたる努力の成果であるといっていいものである。

これに対して、その後にあらわれる四次元の「町なりわいとも」や、森と海を結ぶ流域地域圏《エリア》を基盤に形成される五次元の「郡なりわいとも」と、それらの成立を支える思想は、まさに近代の産物というべきものなのかもしれない。この思想は、資本主義の勃興期に、不条理でむき出しの初期資本主義の重圧のもとで、あのロバート・オウエンの思想と彼のコミュニティ実験の経験の上に成立した「ロッチデール公正開拓者組合」に端を発した協同組合《コープラティブ・ソサエティ》運動の「一人は万人のために、万人は一人のために」の合言葉に象徴される、「協同の思想」として誕生したものである。それは一八四〇年代のことであるから、今から一七〇年も前のことであった。

前近代の基盤の上に築く新たな「協同の思想」

資本主義のもとで、私的利益を追求する企業社会とは別の、もう一つの経済システムへと人々の心を駆り立てたものは、「協同の思想」によって、自らと仲間の〝いのち〟と〝暮らし〟を守ろうとする民衆の自衛精神であった。したがって、森と海を結ぶ流域地域圏《エリア》に新たに築かれる「郡なりわいとも」は、自然発生的なものというよりも、むしろ近代の超克の結果あらわれる「労」「農」融合の「菜園家族」を拠りどころに、人間の自覚的意識に基づいてなされる地域住民、市民主体の高度な人間的営為であると言わなければならない。

それだけに、森と海を結ぶ流域地域圏《エリア》全域に形成される「郡なりわいとも」には、困難が予想される。一九世紀の「協同の思想」の先駆者たちの悲願は、二〇世紀において無惨にも打ち砕かれ、二一世紀へとその達成が残されたままになっている。引き継がれ残されたこの課題を克服し、成功へと導く鍵は、すでに述べてきたように、現代賃金労働者《サラリーマン》と生産手段との再結合によって、「賃金労働者」と「農民」という二重の性格を備えた二一世紀独自の新たな人間の社会的生存形態と、その家族小経営としての「菜園家族」を創出することであり、それに基づく協同組織「なりわいとも」によって、「地域」を再編することである。

巨大資本の追求する私的利益と、地域住民・市民社会の公的利益との乖離が大きくなればなるほど、もう一つの経済システムの可能性をもとめて、多くの試みがなされるのは当然の成り行きであろう。そして、それは歴史の必然でもある。むき出しの私的欲求がまかり通る時、資本主義内部に抗市場免疫の民衆の優れた自衛組織、対抗勢力としての「菜園家族」と「匠商家族」が生まれ、その協同組織

「なりわいとも」が台頭してくるのもまた、歴史の当然の帰結というべきである。

二一世紀をむかえ、現代世界は、あまりにも私的利益と公的利益の乖離が大きくなり、解決不能の状況に陥っている。一七〇年前のイギリスとはまた違った意味で、今、新たに本格的な「協同の思想」到来の客観的条件が熟しつつある。本章で述べてきた多重・重層的地域団粒構造の各次元に形成される「なりわいとも」、そのなかでも基軸的協同組織体として要の位置にある「村なりわいとも」、そして森と海を結ぶ流域地域圏《エリア》全域を範囲に形成される「郡なりわいとも」、さらには非農業基盤に成立する「匠商家族」とその「なりわいとも」。これらすべては、まさにこうした世界の客観的状況と歴史的経験を背景に、前近代的なるものと近代的なるものとの融合によって、新たなる協同の社会、つまり「菜園家族」を基調とする抗市場免疫の自律的な自然循環型共生社会を築く試みなのである。

つまりそれは、近世の〝村〟や地域団粒構造といった前近代的な伝統の基盤の上に、「協同の思想」という近代の成果を甦らせ融合させることによって、二一世紀にむけて新たな「地域の思想」を構築しようとする人間的営為でもある。これは決して特殊な地域の特殊な事柄ではなく、人類史上、人々によって連綿として続けられてきた、そして今でも続けられている、普遍的価値に基づく未完の壮大な実験を二一世紀において何とか成就させせんとする、人間の飽くなき試みなのである。

第六章　高度経済成長の延長線上に起こった3・11の惨禍

「資源小国」日本は、最先端の科学技術に立脚した工業製品の開発と輸出を梃子に、「貿易立国」として経済成長を遂げることに命運をかけ邁進してきた。こうした急速な高度経済成長が人々の暮らしと地域に何をもたらしたのか、今一度このことを省みることからはじめたい。

高度経済成長が地域にもたらしたもの

戦後高度経済成長期の産業公害である水俣病。加害企業チッソは、原因が自社の工場廃水にあると知りながら真実を隠蔽し、大量に垂れ流し続け、被害を拡大させた。

二〇一二年七月三一日、水俣病被害者救済法（「水俣病特措法」）に基づく救済策の申請受け付けが締め切られた。偏見を恐れ申請をためらう人たちがいる一方、救済対象外とされている地域や年齢の人たちの中にも、今になって次々と症状が見つかっているという。一九五六年の公式確認から半世紀以上の歳月が経っている。生命誕生の母胎とも言うべき聖なる海を穢した人間の愚かな行為が、今なお人々を苦しめ続けていることの重大な意味をあらためて思い知らされる。

不知火海に面したこの水俣の漁村に育ち、「ただの貧しい一主婦」として暮らしを送っていた石牟礼道子さん（一九二七年〜）は、ふるさとが見舞われた恐るべき事態を、ある僻村で起こった特殊な「奇病」、「公害」とその「対策」という言葉では決してとどめることのできない「文明と、人間の原存在の意味への問い」として感じとり、近代化とは何か、日本資本主義とは何かについて根源的な思索を深め、作品に著していった。

完結まで四〇年を費やしたという『苦界浄土』三部作には、被害患者とその家族の苦悩や、深くかかわることになった実際の救済運動について、きわめて人間的な情念に関わる深みから描かれているのと同時に、原因企業チッソの前史として、明治の水俣で欧米からの移入技術を革新し、他社に先んじて独自のものを確立することによって、化学工業界のトップの地位を築いていった会社草創期にはじまり、戦前・戦中の植民地政策のもとでの朝鮮半島への進出、そして敗戦により水俣に引き揚げ、残された頭脳と技術を足がかりに急速な成長を遂げていく過程をも巧みに織り交ぜ精緻な筆致で述べられている。その意味で、日本の近代化を具体的な一地域において克明かつ多面的に辿ることのできる、いわば優れた地域史・地域研究になっているとも言える。

それは、著者の幼年期の原体験をもとにした『椿の海の記』（一九七六年）に重ね合わせた時、思わぬ世界が見えてくる。この自伝的作品には、水俣病以前の自然と人間がまさに一体となり「海と山と川と暮らしが、不可分のものとして」とけあっていた頃のふるさとの様子や、「歳時記とは暦の上のことではなくて、家々の暮らしの中身が、大自然の摂理とともにある」ような家族のなりわいと地域の人々の姿が、昭和初期という時代に起因する老若男女の人生の哀切と、それゆえに深まるひたむきで素朴な人間性への信頼とを色濃く滲ませながら、余すところなく描かれている。まさにそれは、わが国の前近代と近代のはざまにある人間存在と地域を、いっそう重層的で深みのある像として結び、浮かび上がらせるのである。

水俣病は、このようなかけがえのない自然と長い歴史をかけて培われてきた生産と暮らしのありようを破壊した上に、さらには漁民と工場労働者や市民との間など、この地域に生きる人々の中に複雑な対立関係をもたらし、もっとも身近で親密であるはずの集落や家族の中でさえ、人間と人間の素朴な絆をズタズタにしてしまった。そしてその傷は、今なお完全に癒されることなく続いている。石牟礼さんは、「この地球全体がおかしくなったと言われるような時代になった、その核のようなものが水俣にはあると思う。それは人間の生身を通じてあると思う」と語る（ＥＴＶ特集『花を奉る ―石牟礼道子の世界―』ＮＨＫ教育テレビ、二〇一二年二月二六日放送）。

一九七一年から患者たちは、東京丸の内にあったチッソ本社前で一年七ヵ月におよぶ座り込みを行った。その時の印象を、石牟礼さんは「東京は大地が生き埋めになっている。その上にコンクリートが物霊となってこの大都会ができていて、あの異様な建物の感じをその時、近代の卒塔婆だと思った」と回想する（前掲ＥＴＶ特集）。

この一九七一年は、東京電力福島第一原子力発電所の1号機が運転を開始した年でもあった。実質経済成長率が一〇%を超えた一九六〇年代後半、エネルギー需要は拡大を続け、一九六五年〜一九七四年の一〇年間に二倍強、一九五五年頃から見れば実に七倍に増大していたのである（独立行政法人環境再生保全機構ホームページ http://www.erca.go.jp/の「大気環境の情報館 ―日本の大気汚染の歴史」を参考）。

それから四〇年。二〇一一年三月十一日、東日本大震災による事故は起きた。ふるさとの山河や海を放射能に汚染された人々は住み慣れた場を追われ、家族や地域は引き裂かれた。3・11のもたらした容易には取り返しのつかないこの惨状を前に、水俣病という国民的体験をもいつしか忘れ、この四

○年間われわれが安住してきた経済社会とは何だったのか、厳しく自問せずにはいられない。歴史をより遡れば、明治以降の日本が突き進んできた「国家繁栄」の道とは、そして「大東亜共栄」の道とは一体何だったのか、そもそも近代とは何なのか。

3・11を経て石牟礼さんは「今度、世紀が変わるとしたら、まったく異なる世紀が生み出されるといいなと思う」と心底語る（前掲ＥＴＶ特集）。「まったく異なる世紀」へと歩みはじめる契機は、四〇年前の時点にすでにあったのだ。その可能性はいかに歪められ、それを逸することになったのだろうか。

今日の歪められた国土構造を誘引し決定づけた『日本列島改造論』

一九七一年は、高度経済成長に伴って日本各地で顕在化した大気汚染や海洋・河川の汚染など公害問題の深刻化と、それに対する国民世論の高まりを受け、環境庁が発足した年でもあった。

翌一九七二年に発表された田中角栄の『日本列島改造論』で示された日本の将来展望は、このような公害問題や、都市の過密と農山村の過疎など、戦後高度経済成長によって国土の自然と人々の暮らしにもたらされた様々な歪みを指摘し、その解決の必要性を説くものの、その実、そこからの根本的転換をはかるどころか、むしろその路線をますます徹底化させ、拡大・推進するものであった。

この本の中で、田中は次のように述べている。

∴都市集中のメリットは、いま明らかにデメリットへ変わった。国民がいまなによりも求めているのは、過密と過疎の弊害の同時解消であり、美しく、住みよい国土で将来に不安なく、豊かに暮らしていけることである。そのためには都市集中の奔流を大胆に転換して、民族の活力と日本経済のたくましい余力を日本列島の全域に向けて展開することである。工業の全国的な再配置と知識集約化、全国新幹線と高速自動車道の建設、情報通信網のネットワークの形成などをテコにして、都市と農村、表日本と裏日本の格差は必ずなくすことができる。

（田中角栄『日本列島改造論』日刊工業新聞社、一九七二年、「序にかえて」より）

そして、田中は次のように説いている。

一部の人びとは『高度成長は不要だ』『産業の発展はもうごめんだ』とか『これからは福祉の充実をはかるべきだ』と主張している。しかし『成長か福祉か』『産業か国民生活か』という二者択一式の考え方は誤りである。福祉は天から降ってくるものではなく、外国から与えられるものでもない。日本人自身が自らのバイタリティーをもって経済を発展させ、その経済力によって築きあげるほかに必要な資金の出所はないのである。

（前掲書、Ⅲ章「平和と福祉を実現する成長経済 ―成長追求型から成長応用型へ―」より）

工業の再配置、過密都市の再開発、道路、下水道など社会資本の充実、公害絶滅技術の早期開発などに要する膨大な資金は、低い経済成長のもとでは捻出できず、高成長が可能となる体制を前提としない限り、日本が直面する問題の解決は困難だと言うのである。

一九七〇年代初頭といえば、民間設備投資や国内需要の伸びが大きく期待できず、高度成長にかげりが見えはじめていた頃である。こうした中、もはや「日本経済の高度成長は終わった」という見方に対して、田中は、「わが国経済の成長を支えうる要因はまだ十分に存在している」と主張する。それが財政出動による社会資本の拡大であり、それまでの民間設備投資主導を転換して、公共部門投資主導の路線を政策の根幹に据えることであった。加えて教育、医療など社会保障の拡充により老後の不安が払拭されれば、生活水準の向上に伴い高度化・多様化する欲求に呼応して、個人消費はまだまだ拡大するし、伸びが鈍化している民間設備投資についても、省力化、公害防止、安全確保、住宅、交通、医療などに対する新技術の応用へは活発な投資が期待され、それが知識集約型産業の次の発展の促進につながると見る。このようにして、福祉への投資が成長を生み、成長が福祉を約束するという好循環を創り出すことが可能だというのである（前掲書、Ⅲ章）。

『列島改造論』は、全国津々浦々に建設ラッシュとともに、地価上昇を生み出し、「狂乱物価」を招くことになった。とりわけモータリゼーションの上昇期・全盛時代に、ガソリン税や自動車重量税などからの巨額の税金を道路特定財源に、全国高速自動車道をつくり続けていった。

大規模工業基地のさらなる拡大のためには、一九八五年度には発電能力を一九七一年度末の三・五倍以上に引き上げなければならず、このうち火力発電が半分、原子力発電が三割と見込んで、大規模エネルギー基地建設の必要性を説き、いわゆる「電源三法」を導入し（一九七四年）、立地予定地域の人々の不安や抵抗を抑え込みつつ、莫大な交付金や補助金によって地方での原発建設を進めていったのもこの頃からである（前掲書、Ⅳ章「人と経済の流れを変える―日本列島改造の処方箋1―」）。

また、田中はこうも述べている。

人びとは、週休二日制のもとで、生きがいのある仕事につくであろう。二十代、三十代の働きざかりは職住近接の高層アパートに、四十代近くになれば、田園に家を持ち、年老いた親を引き取り、週末には家族連れで近くの山、川、海にドライブを楽しみ、あるいは、日曜大工、日曜農業にいそしむであろう。

（前掲書、「むすび」より）

はたして、その後の日本と私たちの暮らしは、『列島改造論』が描いた通りの姿になったのであろうか。その結果は、その後の経過を見れば分かるように、地域住民から乖離したこうした上からのゼネコン主導の「土木工事」では、かつての「高度成長」を維持することはもはや不可能であった。やがて、巨額の道路特定財源を強力なバックに、道路の必要からではなく、道路をつくることそれ自体が自己目的化していく。その後も歴代の政権は、道路の必要からではなく、景気対策としても利権がらみで道路をつくり続けなければならないという、本末転倒の悪循環に陥っていった。加えて一九九〇年代には、建設国債を財源に、過度な需要見込みに基づいた港湾や空港、高速道路、巨大ダム、干拓など不要不急の大型公共事業が膨張した。こうして、財政出動によって需給の円環を回すことは、国や地方に莫大な財政赤字を累積し、将来世代に借金としてのしかかることとなった。公共事業へのこうした依存体質は、それ以外の地域産業育成の芽を摘み、地域の自主性を阻み、一九八〇年代後半の空前のバブル景気による享楽的物質文明の爛熟とともに、人々の意識や価値観さえ変えていった。

『列島改造論』が「必ずなくすことができる」と謳った地域間格差についても、その解消どころか、「貿易立国は不変の国是」であり、「工業は地域開発の起爆剤」とする重化学工業優先の基本路線（前掲書、Ⅲ章・Ⅳ章）のもとでは、結局、地域の生業と暮らしの根本基盤である農林漁業は、莫大な貿易黒字と引きかえに絶えず犠牲にされていった。新幹線や高速自動車道の大がかりな建設は、むしろ大都市への人口集中に拍車をかけ、大規模開発による自然の破壊、兼業農家の増大による家族農業経営の衰退、農山漁村からの若年世代の流出と過疎・高齢化を招き、田中が言うところの調和のとれた国土でのゆとりある家族の暮らしどころか、家族と地域の崩壊をいっそう加速させていった。「劇症」の公害に直接的に見舞われなかった地域も、例外なく慢性的に衰退させられていったのである。

それは、二一世紀に入り私たちが直面する山村における「限界集落」の続出や、平野部農村でさえあまねく見られる農業の担い手の高齢化、手入れを放棄された山林や耕作地の増大、他方、第二次・第三次産業で増大する失業や不安定雇用、商店街やニュータウンを含む都市コミュニティの崩壊、年間自殺者一四年連続（一九九八〜二〇一一年）三万人超という、非人間的な惨憺たる今日の「無縁社会」に繋がる遠因となった。田中をはじめ為政者たちの主観的意図がどうあれ、すべてが裏目に出たのである。私たちが調査してきた犬上川・芹川流域地域圏《エリア》をはじめ、滋賀県を構成するその他すべての流域地域圏《エリア》も、同様にこうした状況に陥り苦悩している。こうした問題を、経済の繁栄のためなら世の中の多少の歪みはやむを得ないと見過ごし、そうした事態をもたらした経済社会構造の根本原因自体を問い直すことなく、その場凌ぎの対症療法を施すだけでは、もはやどうにもならない。国土の構造全体が土台から変質させられてしまったのである。今、私たちは、この歴史の教訓からあらためて何を学び、どうすべきなのかを真剣に考えなければならない時に来ている。

『日本列島改造論』の地球版再現は許されない

こうした歴史の省察もないまま、今、また同じことを繰り返そうとしている。リーマン・ショックによる世界経済の危機。先行きの見えない鬱屈したどうしようもない二一世紀初頭の今日の状況を何とか変えたいと、新たなビジョンへの待望から、「成長戦略」なるものへの漠然とした期待が高まっていく。「エコ」を御旗に、まずは当面の景気刺激策として、省エネ家電に対する「エコポイント」や環境対応車への「エコカー減税・補助金」によって、官製の「エコ特需」が巨額の税金を投入してまでつくり出される。そして、「日本版グリーン・ニューディール」なるものが、鳴り物入りで政策の基軸に据えられていく。

すでに一九七〇年代初頭に、民間設備投資の伸びに期待できず、高度成長がかげりを見せはじめたその時、持続的な経済成長と国民が望む環境保全や福祉の充実との両立を謳い、田中が『日本列島改造論』を引っさげて登場し、全国新幹線や高速自動車道などの巨大公共投資にシフトし危機回避を計ろうとしたように、「土建国家」からの脱皮を掲げて「政権交代」を実現したはずの鳩山政権、それを引き継ぐ菅政権のもとでもなお、「百年に一度」といわれる世界経済の混迷と閉塞状況の中、中国、インド、ベトナム、その他東南アジア諸国の経済成長に乗じて、「東アジア共同体」構想をバックに、

「新成長戦略」の名のもと、その域内の「内需」を取り込めとばかりに、ハイブリッド車や電気自動車など「エコカー」や、最新鋭の新幹線やスマートグリッド（次世代双方向送電システム）など巨大パッケージ型インフラ、さらには「CO$_2$排出量ゼロのクリーン・エネルギー」を売り物にした原発の売り込みを、他国に遅れてはならじと政・官・財が一体となって推進していった。

3・11後、財界の意をまともに受けて登場した野田政権においても、福島原発事故のあれだけの大惨事を経てもなお、関西電力大飯原発三、四号機（福井県おおい町）の再稼働を強行し、事故前と何ら変わることなく原発の輸出にこだわり、「新成長戦略」とその焼き直しである「日本再生戦略」（二〇一二年七月三一日閣議決定）に邁進した姿は、恐るべきというほかない。

二〇一二年十二月に返り咲いた自民党安倍政権の大胆な「金融緩和」、放漫な「財政出動」、「成長戦略」の「三本の矢」で当面のデフレ・円高を脱却し、日本経済を再建するという「アベノミクス」なるものも、本質的にはこれら従来の一連の政策路線の延長上にあるものにすぎない。むしろなりふり構わず露骨に市場原理至上主義「拡大経済」を推し進めるものにほかならず、その破綻は誰の目にもいずれ明らかになるであろう。

これらの根底にある思想は、一九七〇年代の『日本列島改造論』と本質においてどこも変わるところがない。変わったのは、「場」を国内から他国へといっそう広げ、いよいよ地球大の規模へと拡延しようとしているだけのことである。その主観的な意図が先進国と後進国の格差を解消し、地球温暖化防止や環境問題に日本の優れた科学技術によって貢献し、同時に日本の「経済成長」に結びつけることにあるとしても、『日本列島改造論』が私たちの社会にもたらした悲惨な結果から学べば、その

「地球版」は、意図に反して遠からず相手国の社会にも、わが国自身の社会にも、取り返しのつかないさらなる歪みと重大な打撃を与えるであろうことは予想できるはずである。目先のほころびはしばしの間、繕うことができたとしても、長い目で見れば、『日本列島改造論』とその後の政策によってもたらされた日本社会の今日の深刻な矛盾を国内でさらに深めることはもちろん、地球大の規模に拡延していくことになるのは間違いないであろう。

グローバル化のもとで「拡大経済」を前提とする限り、「エコ」の名のもとに、市場競争は今までにも増して熾烈を極めていく。国内需要の低迷が続く中、世界的な生産体制の見直しを進める多国籍巨大企業は、「国際競争に生き残るために」という口実のもとに、安価な労働力と新たな市場を求めて海外移転を進め、いとも簡単に国内の雇用を切り捨てる。ＴＰＰなど貿易自由化のさらなる推進と引きかえに、特に農林漁業における家族小経営はいよいよ壊滅的な打撃を被ることになる。

日本をはじめ先進工業国に加えて新興諸国までもが「拡大経済」を追求する現在、そうした国々の地方や、さらにその周縁のアジア（モンゴルを含む）・極東・中東・アフリカ・ラテンアメリカなどは、開発の名のもとに地下鉱物資源（石油・石炭・天然ガス・ウラン鉱等エネルギー資源、ベースメタル、レアメタル、レアアース等）や、水、森林などの天然資源、食料、繊維原料などの格好の収奪先となり、「援助」と称して鉄道・道路の輸送網が整備されていく。かつての日本で自然と人々のいのちを蝕んだ公害は再現される。農民や牧畜民など大地に生きる人々は、主体的な地域づくりの芽を外国資本と結びついた自国政府の開発指向・家族小農軽視の政策のもとで無惨にも踏みにじられ、かけがえのない自らの地域から放逐されてしまう。大地から引き離され、なりわいを失い、根なし草となった人口は都市部に流入し、グローバル企業の現地生産や国際下請け生産などに安価な労働力を提供することになる。こうして、いつしかこうした国々も際限のない市場競争至上主義「拡大経済」に呑み込まれ、独自の進むべき道を閉ざされていく。これこそ凄まじい環境の破壊であり、伝統に根ざした暮らしの破壊でなくて何であろうか。

市場原理至上主義「拡大経済」の枠内に留まっている限り、今、世界の先進資本主義諸国が競ってすすめようとしている「グリーン・ニューディール」なるものも、結局は、人々の期待に反して、地球全体を土俵に仕立てた「エコ・ウォーズ」という名の熾烈な市場競争を巻きおこし、この「戦争」に勝ち抜いた強者が弱者を呑み込む、徹底した弱肉強食の世界を新たに再現することになるであろう。わが国がすでに経験した『列島改造論』の後遺症を今もって引きずり苦しんでいる苦い体験からも、このことを心底から危惧する。

最果ての「辺境」の地を含め、地球まるごと全体を巻き込むこの予測される事態が、あまりにも大がかりで重大であるがゆえに、私たちはこうした時代の潮流に抗して、自然循環型共生の本当の意味での「持続可能な」もう一つの道を、今度こそ何としてでも探しもとめなければならない。３・11後の私たちは今、まさにこの二つの道の岐路に立たされている。

「強い経済、強い財政、強い社会保障」を旗印に登場した菅政権は、発足するなり突如、前言を翻し、大衆収奪と地域経済萎縮の最たる消費税増税を急ぎ、目論む始末であった。その後を引き継いだ野田政権も、「どじょう内閣」と庶民受けを演出し、低姿勢を装いながら自らが約束したマニフェストすらことごとく破り、かつての自民党政権でさえ躊躇した悪政を平然と推し進めた。政権に復帰した自民党安倍内閣も、「強い日本を取り戻す」と称してますます従来型のこの路線を露骨に強行していく。こうした方法でしか、今日の経済と社会の閉塞状況から抜け出す活路を見出せないところに、むしろこの社会の矛盾の根の深さがあると言える。賃金労働者という人間の社会的生存形態を暗黙の前提に組み立てられたこれまでの社会の枠組みではどうにもならない、この国の末期的症状を見て取ることができる。

今後どんな政治家や党派が、装いも新たにいかに表面上は聞こえのいい、あるいはいかにに勇ましくもっともらしいスローガンを掲げて登場してきたとしても、そしてそれが一時的に国民を騙すことができたとしても、この社会の深部に蓄積されてきた積年の諸矛盾を明らかにし、その解決のために敢然と踏み出すことができない限り、またもや頓挫することはまちがいない。小泉政権以来この十余年の間、猫の目のように変わる短命政権の交代劇が数次にわたって繰り返されてきたことからも、それは明らかであろう。事もあろうにここに至って、民主党政権から自民党政権に逆戻りした。円安と株価上昇で安倍政権への虚しい期待や幻想がまたもや膨らみはじめた。選挙目当てに一時は鷹の爪を隠すことがあっても、旧套を脱することのできないこの政権には、もちろん社会のこの積年の根本矛盾を解決する重大な任を果たせるはずもない。

この社会の深刻な構造的根本矛盾の解決を先延ばしすることは、もはや許されないのである。今こそ自然と人間、人間と人間のあり方を根源から問い直し、認識と思考の枠組みを根本から変えるパラダイムの転換が求められている所以である。

第七章　自然循環型共生社会へのアプローチ ― 一つの具体的提案

「菜園家族」構想、つまり自然循環型共生社会をめざすこの二一世紀の社会構想は、理想であり、願望であって、今さら実現など到底不可能であるといった諦念にも似た漠然とした思いが、人々の心のどこかに根強くあるようだ。よく考えてみると、それも無理もないことなのかもしれない。そもそも、戦後の焼け跡の中から営々と築いてきた今日の「快適で豊かな生活」に長い間どっぷり埋没し、その暮らしにすっかり馴らされてきた大方の国民にとっては、それ以外の生き方などとても考えられないからなのであろう。そして今は不景気ではあるが、いつかは為政者が約束する「成長戦略」なるものによって景気は回復し、かつての繁栄も夢ではないのではないか、あるいは少なくとも、これまで享受してきたライフスタイルは何とか維持できるのではないか、といった受け身の淡い期待が心のどこかにあるからなのであろう。こうした「お任せ民主主義」は、もう限界に来ている。

東日本大震災を境に、時代は大きく変わろうとしている。3・11の惨禍を体験した国民は、為政者の喧伝する「成長戦略」に惑わされ時間だけが虚しく過ぎていくうちに、いつかこの国は奈落の底に陥っていくのではないか、といった不安も感じはじめているようだ。しかしこれとてまだまだ漠然とした懸念や不安にすぎないものであって、そこから一歩踏み出し、自らの頭で考え、行動し、これまでとは違った自らの生き方を、さらにはこの国のあり方を真剣に探ろうという積極的な姿勢にまでは、残念ながら至っていないようだ。これは、「アベノミクス」なるものにまたもや懲りずに浮き足立っている世論の動向を見ても言えることである。

今日の社会の行き詰まったどうしようもない体制を何とか修復し、維持しようとする財界、官僚、政界中枢の鉄のトライアングルにつながる、まさに国民の「一パーセント」にも満たない支配層は、戦後これまでに蓄積してきた莫大な財力を背景に、財界・官僚ベースの上からのシンクタンクを組織し、マスメディアをはじめ既成のあらゆる体制を総動員して、そこから繰り出す情報と政策によって国を統治・支配してきた。これが今日までのこの国の偽らざる実態なのである。こうした権力構造を背景に、代議制民主主義は徹底して歪められ、民主主義はついに地に堕ちてしまった。議会は、国民の「九九パーセント」の意志をいかにも「合法的に」平然と無視し、国民の大多数の利益とは敵対する「一パーセント」を代弁する機関に失墜してしまった。これは、民主主義の名のもとに、しかも「合法的に」、恐るべき歪んだ構造をわが身の中に深く抱え込むことになったことを意味している。

長い苦難の道のりになるけれども、私たちは、今日のこの顛倒した偽りの「民主主義」に対抗して、草の根の自らの政策を具体的に提起し得る力量を高めていくことからはじめなければならない。国民の圧倒的多数を占める「九九パーセント」の中から英知を結集し、自らの新たな草の根のシンクタンク・ネットワークを編み出し、自らの進む道を切り拓いていくのである。私たちは、自らの理想を不可能だと決めつけ諦める前に、人類の崇高な理想をいかに実現していくのか、その具体的方法とその道筋をまず自らの頭で考え行動することからはじめなければならない。こうした長期にわたる忍耐強い日常普段の思索の鍛錬と実践を通してはじめて、自らを覆っている諦念と虚無感は払拭され、新たな創造的思考の世界へと道は切り拓かれていくのではないだろうか。

莫大な財力を背景に今日まで圧倒的多数の国民を欺き、統治してきた財界・官僚・政界ベースのまさにこの上からのシンクタンクに対峙して、今こそ全国津々浦々に分散し潜在している多彩な英知を結集し、主体的に連携し、自由闊達に考え行動するいわば無数の小さな「私塾」のネットワーク、つまり草の根の21世紀未来構想シンクタンクとも言うべきものの構築が待たれるのである。これはさしずめ「21世紀未来構想草の根シンクタンク自然《じねん》ネットワーク」とでも名付けられるものである（「自然《じねん》」の概念については、わが国近世江戸の先駆的思想家安藤昌益に学び、「エピローグ」であらためて触れる）。

こうした思いから、まずは市場原理至上主義「拡大経済」に対峙する自然循環型共生社会実現へのアプローチの一つの具体的方法として、この章ではＣＳＳＫ方式を提起しておきたい。このことが新たなるシンクタンク「自然《じねん》」ネットワークづくりのスタートのささやかな契機にもなればと願っている。このＣＳＳＫ方式をめぐって、それが現実社会において有効に機能するためには、財政、金融、貿易など従来のマクロ経済論はどのようにあるべきか等々、多岐にわたって具体的に議論が深められていくことになるであろう。それはやがて来るべき脱成長時代のマクロ経済学はいかに変革されるべきかという、未来社会を視野に入れた一般原理論的レベルの問題へと必然的に展開していかざるを得ないのである。一八世紀産業革命以来今日まで支配的であった成長モデルに代わる脱成長モデルがいまだ確立されていない現状を何とか打開し、今こそこの社会の未来への展望を確かなものにしていかなければならない時に来ている。３・11とその後の二年間の混迷は、まさにこの打開の必要性と、そのための私たち自身の主体的力量をいかに強化し確立していくかという新たな難題を私たちに突きつけているのである。

「菜園家族」の創出は、地球温暖化を食い止める究極の鍵

今、世界の人々は、地球温暖化による気候変動がもたらす破局的危機が差し迫る中、この危機回避の重い課題を背負わされている。

二〇〇七年二～五月にかけて、世界の科学者の研究成果を結集した「気候変動に関する政府間パネル」（ＩＰＣＣ）第四次評価報告書が公表された。「過去半世紀の気温上昇のほとんどが、人為的温室効果ガスの増加による可能性がかなり高い」こと、「平均気温が二～三度上昇すれば、地球は重大な打撃を受ける」こと、そして、「今すぐ温室効果ガス排出量の削減に取り組み、二〇一五年までに排出を減少方向に転じ、二〇五〇年までに半減すれば、地球温暖化の脅威を防ぐことは可能である」ことを、あらためて科学的見地から確認した。こうしたＩＰＣＣの報告書や科学者の警告に基づき、同年十二月、第十三回国連気候変動枠組み条約締約国会議（ＣＯＰ13）では、二〇二〇年までに先進国は、ＣＯ$_2$など温室効果ガス排出量を一九九〇年比で二五～四〇％削減するという中期目標と、二〇五〇年までに世界全体の排出量を半減するという長期目標が設定された。

この数年来、国連気候変動枠組み条約締約国会議（ＣＯＰ）や主要国首脳会議（Ｇ８サミット）などの開催を契機に、こうした科学的知見に基づく地球温暖化対策の議論が、国際的な広がりを見せながら深められるようになってきた。

ただしこうした議論には、際だった特徴が見受けられる。それは、ＣＯ$_2$など温室効果ガス排出量削減の対策が、エネルギー効率を上げる「省エネ技術」や新エネルギー技術の開発など科学技術上の問題と、経済誘導策としての排出量取引制度にもっぱら矮小化されていること。そして産業革命以来の工業化社会の大量生産・大量浪費・大量廃棄型の生産のあり方と、先進国の人間の際限のない欲望と放漫なライフスタイルそのものを根源から問い直し、市場原理至上主義「拡大経済」自体の変革を通じてエネルギー消費の総量を大幅に減少させていこうとする姿勢が、あまりにも希薄なことである。

このままでは、いずれ遠からず「環境ビジネス」という名の新たな巨大産業が出現し、ついには二一世紀型の新種の市場原理至上主義「拡大経済」が姿を変えて世界を風靡することになるのは、目に見えている。「エコ商品」の開発、生産、販売の熾烈な市場競争が繰り広げられ、新たな「エコ商品」の生産が拡大し、国内のみならず、ついには世界市場へと展開していく。これでは、廃棄物や温室効果ガスを抑制するどころか、むしろ、増大させる結果に終わらざるをえないであろう。

地球環境の問題は、「浪費が美徳」のこの市場原理至上主義に安住していては決して解決されることはない。なぜなら市場原理至上主義「拡大経済」においては、〝景気回復〟の方法は結局、消費拡大によって消費と生産の循環を刺激する以外になく、それは所詮〝浪費〟の奨励にならざるを得ない。「二一世紀は環境の時代」と言って「地球環境の保全」を声高に叫んでも、その同じ口から〝浪費〟を奨励しなければ立ち直れない、そんなどうしようもないジレンマに陥らざるを得ないからである。

こうした市場原理至上主義「拡大経済」の根本的転換によってエネルギー消費の総量自体を減らそうとしないならば、温室効果ガス大幅削減の目標達成のためには原発に頼るのもやむなし、とする危険な議論に陥ってしまう。今こそ私たちは、環境問題の原点に立ち返り、エネルギーと資源の浪費の元凶である市場原理至上主義アメリカ型「拡大経済」の変革という、いわば社会経済的側面をあえて重視し、これにこれまでの脱温暖化の国際的議論の到達点とその理論的成果をしっかり組み込みながら、より包括的で多面的な理論の構築とその実践に着手していかなければならない。

「菜園家族」構想では、経済成長と地球環境の保全とのジレンマに陥っている今日の「温暖化対策」の限界を克服すべく、それとは異なる新たな角度から、その解決に迫まろうとしている。つまり、CO_2削減の営為が、ただ単にその削減だけにとどまることなく、同時に、次代のあるべき社会の新しい芽（「菜園家族」）の創出へと自動的に連動するような、新たなメカニズムの創設の提起である。

このメカニズムについては次の項目で具体的に述べるが、その前に忘れてはならない重要なことをおさえておきたい。それは自給自足度の高い、それゆえに市場原理に抗する免疫力に優れた「菜園家族」の創出そのものが、社会のエネルギー消費総量の大幅削減を可能にし、地球温暖化を食い止め、気候変動による地球環境の破局的危機を回避する決定的な鍵になるということである。と同時に「菜園家族」の創出それ自体が、資本主義社会の胎内にそれに代わる次代の新しい芽を育むことになるということである。やがてそれが今日の市場原理至上主義の生産体系とそのライフスタイルを根底から変え、原発のない自然循環型共生社会を生み出す確かな原動力になることに気づかなければならない。

原発のない低炭素社会へ導く究極のメカニズム ― CSSK方式

原発のない低炭素社会、つまり本質的にエネルギーや資源の浪費とは無縁の自然循環型共生社会へ導くためには、主に企業など生産部門におけるCO_2排出量の削減と、商業施設や公共機関や一般家庭などにおける電気・ガス・自動車ガソリンなど化石エネルギー使用量の削減を、「菜園家族」の創出と連動させながら、包括的に促進するための公的機関「C《（C）》O_2削減と菜《（S）》園家族創出の促進《（S）》機《（K）》構」（略称CSSK）の創設が鍵になる。国および都道府県レベルに創設されるこの機構は、これから述べるCSSKメカニズムの中軸に据えられる。

EUにおける排出量取引制度は、設定された排出枠、すなわち許可排出量の過不足分の売買を主に企業間で行うものである。ここで提起する案では、こうした排出権取引と並んで、一定規模以上の企業を対象にCO_2排出量自体に「炭素税」を課し、CSSKの財源に充てることになる。いわば「排出量取引」と「環境税」ともいうべき「炭素税」の組み合わせによって、国内のCO_2排出量の抑制を促す。そして、企業間の排出量取引額の一定割合を、炭素税とともにCSSKの財源に移譲する。

他方、商業施設や公共機関や一般家庭などでの電気・ガス・自動車ガソリンなどの化石エネルギー使用については、事業の規模や収益、家族の構成や所得、自然条件や地域格差など、さまざまな条件を考慮した上で、使用量の上限を定め、それを超える使用分に対しては、累進税を課すことになる。この「環境税」も、CSSKの財源に移譲する。

CSSKは、生産部門と消費部門から移譲される、このいわば「特定財源」を有効に運用して、「菜園家族」の創出とCO_2排出量削減のための事業を、同時併行して推進することになる。

CFP複合社会への移行を促すCSSKメカニズム

CSSKはまず、「菜園家族」の創出については、市町村に設置される農地とワーク（勤め口）のシェアリングの調整・促進のための公的「農地バンク」（第三章で詳述）と連携しつつ、各地域において、今述べた「CSSK特定財源」をバックに、「菜園家族」の創出を目的に支援（助成金、融資など）を強化していく。具体的には、「菜園家族」志望者への経済支援、農業技術の指導など人材育成、「菜園家族」向けの住居家屋・農作業場や工房、農業機械・設備、圃場・農道をはじめとする、いわば広い意味での「菜園家族インフラ」の整備・拡充などの総合的な推進である。

「菜園家族」へのこうした支援と併行して、前にも第三章で触れたように〝菜園家族群落〟の核となる中規模専業農家に対しては、その社会的役割や機能に見合った形で、農産物の価格保障や所得補償制度を講ずることが必要になってくる。

森と海を結ぶ流域地域圏《エリア》の土台となる農林漁業を育てるこうした多面的な施策をすすめる中で、地方の第二次・第三次産業にも、細やかで多彩な仕事が新たに生み出され、地域経済は活性化へとむかっていく。地域密着型の新たな需要や雇用が創出され、地域は独自の特色ある自然循環型共生の発展を遂げていく。

今日、限界集落や消滅集落が続出し、田畑や山林の荒廃が急速に進んでいる過疎・高齢化の山村でも、あるいは、後継者問題や農業経営の行き詰まりに悩み、破綻に瀕している平野部の農村でも、こうした長期展望に立った総合的な政策のもとで、週休五日制の「菜園家族」が着実に創出され、全国津々浦々へ広がりを見せていくことであろう。

国および都道府県レベルに創設されるこのＣＳＳＫと、市町村に設立される公的「農地バンク」との連携による強力な支援体制のもとではじめて、都市や地方の若者も、パートや派遣労働など不安定労働に苦しんでいる多くの人々も、脱サラを希望する人たちも、全国各地の農山漁村に移住し、それぞれの風土に適した「菜園家族」を築いていくことになるであろう。根なし草同然の不安定なギスギスした生活から、大地に根ざしたいのち輝く農ある暮らしに移行するのである。やがて日本の国土は、週休五日制の「菜園家族」によって埋め尽くされ、森と海を結ぶ流域地域圏《エリア》が新たに甦っていくにちがいない。

これは、ＣＳＳＫメカニズムによって、いわば特定財源を強力な背景に、資本主義セクターＣ（Capitalism）の無秩序な市場競争を抑制し、その質的変化を促しつつ、「菜園家族」セクターＦ（Family）を拡大強化し、公共的セクターＰ（Public）の新しい役割を明確に位置づけながら、「菜園家族」を基調とするＣＦＰ複合社会への移行を確実に促進することを意味している。この移行は、本当の意味での民主的な地方自治体の成立と、これを基盤に形成される真に民主的な政府のもとで可能となる。ＣＳＳＫは、全国の市町村レベルに設置される公的「農地バンク」のネットワークと連携しつつ、二〇年、三〇年あるいは五〇年という長期にわたる移行期間の全過程を支えていくことになるであろう。

ＣＳＳＫ特定財源による人間本位の新たなる公共的事業

道路やハコモノなどといわれてきた従来の大型公共事業への財政支出は、工事執行の限られた期間だけにしか雇用を生み出すことができない。工事が終了すれば、基本的には道路やダムやトンネルなどといった大型建造物は公共財として残るものの、雇用は即、喪失してしまう。したがって、国・地方自治体や企業は、新たな需要を求め、また、失われた雇用を維持確保するためにも、さらなる大型公共事業を、現実の社会的必要性を度外視してでも、繰り返しつづけなければならないという悪循環に陥る。当初はそれなりに時代の要請に応じて行われてきた大型公共事業が、莫大な財政赤字を累積し、国民からしばしば「ムダ」と汚職の象徴と批判され、次第に精彩を失っていったのは、こうした事情による。

このような従来型の大型公共事業に対して、先に触れたＣＳＳＫ特定財源による、CO_2排出量削減と「菜園家族」創出のために投資される新しいタイプの「公共的事業」であれば、事情は一変する。このＣＳＳＫ特定財源による「菜園家族インフラ」への投資、つまり、「菜園家族型公共事業」であれば、従来のような巨大ゼネコン主導の大型技術によるものではなく、地場の資源を生かした地域密着型の中間技術による多種多様できめ細やかな仕事が生まれる。その結果、雇用も地域に安定的に拡充され、森と海を結ぶ流域地域圏《エリア》は大いに活性化する。

その上、この「菜園家族」型公共的事業であれば、財政執行の期間だけではなく、執行後においても、週休五日制の「菜園家族型ワークシェアリング」のもとで、ＣＳＳＫメカニズムをバックに新しく地域に生まれる「菜園家族」そのものが、いわば新規の安定した「雇用先」となり、しかも永続的な「職場」として地域に確保されることになる。つまり、新しく生まれる「菜園家族」の構成員にとって、「菜園家族」それ自体が、もっとも身近で生活基盤に密着した、多品目少量生産の創造性豊かな、魅力あるまったく新しいタイプの「職場」になるのである。それにともない、「菜園家族」や「匠商家族」向けの住居・店舗や作業場・手工芸工房などの建築、農機具や家屋の修理・リフォーム、農道・林道の補修や圃場整備など、さらには、農作物加工、木工、工芸品の製作等々、中間技術による多種多様で細やかな仕事が生まれ、地域独自の特色ある持続可能な地場産業が育っていく。

それだけではない。未来を担う子どもや孫たちにとってこの上ない「菜園家族」という人間形成の優れた場が地域に創出されたことになる。それこそ本物の〝自然循環型共生地域社会〟という素晴らしい公共財が築かれ、後世に継承されていくことになる。

国土の至るところに「菜園家族」が誕生し、そのネットワークが広がりを見せはじめると、中核都市を含む森と海を結ぶ流域地域圏《エリア》も、ようやく長い眠りから覚め、次第に甦る。これまで大都市に偏在し集中していた人々は、「菜園家族」の魅力に惹かれ、地方へと移りはじめる。中山間地にも奥山にも、「菜園家族」の暮らしは広がっていく。国土全体に均整のとれた配置を見せながら、平野部や山あいへと、土地土地に馴染んだ「菜園」と居住空間が美しいモザイク状に広げられていく。こうして人びとが山に入るにしたがって、針葉樹のスギ・ヒノキに代わって、ナラやブナやクリなどの落葉樹や、クスやカシやツバキなどの照葉樹も次第に植林され、森林の生態系は大きく変わっていく。暗い針葉樹の人工林から、色とりどりの明るく美しい山々に姿を変えていく。山あいを走る渓流や湖、平野を縫うように流れる川や、海や空も、甦っていく。

ＣＳＳＫ特定財源による「菜園家族型公共的事業」は、日本の国土に、かつての大型公共事業からは想像だにできない、美しい世界を現出させていくであろう。このように考えるならば、この「菜園家族型公共的事業」は、今日ますます深刻化する雇用問題や経済の行き詰まりを打開する緊急経済対策として有効なばかりでなく、長い目で見ても、日本の国土に調和した原発のない低炭素社会、つまり、自然循環型共生社会への道を切り開く、決定的に重要な役割を果たしていくに違いない。

本物の自然循環型共生社会をめざして

先にも述べたように、排出量取引と炭素税の組み合わせによる新たなＣＳＳＫメカニズムのもとで、生産部門におけるCO_2排出量と、消費部門における化石エネルギー使用量が次第に抑制されていくのであるが、同時に「環境技術」の開発も、このＣＳＳＫによって促進されていくことになるであろう。特にエネルギー生産の具体的方法や技術については、こうした「菜園家族」を基調とするなりわいや暮らしのあり方が国土に広がるにつれ、それにふさわしいものが各地に編み出されていくに違いない。ＣＳＳＫは、再生可能な自然エネルギー、なかでも大型で「高度な」科学技術に頼らない、「中間技術」による地域分散自給自足型の小さなエネルギーの研究・開発・普及を支援し、CO_2排出量の削減におおいに寄与することになろう。

ここで再度、確認しておきたいことは、ＣＳＳＫメカニズムによる「菜園家族」の創出と森と海を結ぶ流域地域圏《エリア》の再生そのものが、使い捨ての浪費に慣らされてきた私たち自身のライフスタイルと企業の生産体系を、根底から大きく変えていくということである。それはとりもなおさず、「環境技術」による「省エネ」や新エネルギーの開発のみに頼ろうとする今日の施策とは比較にならないほど大幅な消費エネルギー総量の削減を、企業のみならず、一般家庭においても可能にする。したがって、ＣＳＳＫ方式においては、「菜園家族」創出の事業そのものが、CO_2排出量削減の決定的役割を同時に担っているのである。

ＣＳＳＫ方式では、生産部門と消費部門から還流するいわば「特定」財源によってはじめて、CO_2排出量大幅削減とエネルギーや資源の浪費抑制の多重・重層的、かつ包括的なメカニズムが、全体として有効かつ円滑に作動する。つまりここで敢えて繰り返し強調するならば、このＣＳＳＫメカニズムは、CO_2削減の営為が単にその削減だけにとどまることなく、同時に次代のあるべき社会の新しい芽（「菜園家族」）の創出へと自動的に連動する、意外にも高次のポテンシャルを内包しているのである。これが、ＣＳＳＫ方式の優れたもっとも大切な特質であると言ってもいい。国連気候変動枠組み条約締約国会議（ＣＯＰ）が掲げる国際的約束、すなわちCO_2削減の数値目標も、このＣＳＳＫメカニズムによって、確実に達成されていくことになろう。

「菜園家族」そのものが自給自足度が高く、本質的に市場原理に抗する優れた免疫を備えており、CO_2排出量削減とエネルギーや資源の浪費抑制の究極の鍵になっている。したがって、「菜園家族」を基盤に、二〇年、三〇年、五〇年という長い時間をかけてゆっくりと築きあげていくならば、この新しい社会は、ますますグローバル化する世界金融や国際市場競争の脅威にもめげることなく、それに対抗する優れた免疫力を発揮しつつ、自然に融和した抗市場免疫の自律的循環型共生社会へと着実に熟成していくにちがいない。それはとりもなおさず、外需に過度に依存する、無秩序で不安定極まりない輸出貿易主導型の今日の経済体系からの脱却であり、理性的に抑制された資源調整型の貿易のもと、健全な内需主導型の経済へと着実に移行していくことでもある。私たちは二一世紀において、まずこのような方法によって新たな社会をめざしていくほかに、道は残されていないのではないだろうか。

第八章　脱近代的新階層の台頭と資本の自然遡行的分散過程

戦後わが国は、科学技術という知的資産を最大限に活用して産業を発展させ、高い経済成長をもって国際経済への寄与を果たすとする「科学技術立国」なるものをめざしてきたし、これからもめざそうとしている。しかし、はたして私たちは、これを手放しで喜ぶことができるのであろうか。科学技術は市場原理と手を結ぶやいなや、人間の無意識下の欲望を掻き立て、煽り、一挙に暴走をはじめ、ついには計り知れない惨禍をもたらす。3・11フクシマ原発事故は、その象徴的な事件であった。科学技術はいつの間にか本来の使命から逸脱し、経済成長の梃子の役割を一方的に担わされる運命を辿ることになったのである。

前章までは、主に労働の主体としての人間の社会的生存形態に着目し、この側面から未来のあるべき社会の姿を見てきたのであるが、この章では、労働と表裏一体の関係にある資本の側面、とりわけ資本の自己増殖運動と科学技術との関連で考えたい。つまり、「菜園家族」という新たな人間の社会的生存形態の創出が、資本の自己増殖運動の歴史的性格と、その制約のもとで歪められてきた科学技術にいかなる変革をもたらすことになるのか、そしてこのこととの関わりで、未来社会はどのように展望されるのか、少なくともその糸口だけでも探り当てたいと思う。

資本の自己増殖運動と科学技術

さて資本とは、自己増殖する価値の運動体である。できるだけ多くの剰余価値を生み出し、その剰余価値の内からできるだけ多くの部分を資本に転化して旧資本に追加し、絶えずより多くの剰余価値を生産しようとする。資本は、市場の競争過程において自己の存立を維持するために絶えず生産規模を拡張し、生産力を発展させていかなければならない。それは、資本の蓄積によってのみ可能である。こうして、蓄積のための蓄積、生産のための生産の拡大が至上命令となる。結局、資本の所有者は、諸々の資本の運動が織りなす資本主義社会の客観的メカニズムによって、価値増殖の「狂信者」にならざるをえない。こうして、絶えず剰余価値は資本に転化され、社会的再生産の規模が拡張されていく。こうした価値の自己増殖運動の中で、技術は大きな役割を担うことになり、それがかえって資本に対して従属的な性格を強めていくことになる。

技術とは、もともと歴史的に見るならば、人間が自己と自己につながる身近な人間の生存を維持するために生まれたものであり、食べ物を採取したり獲物を捕るための労働や、農耕、牧畜、漁撈に必要な技術がその基本であった。身体を守り暖を取るための衣服や住まいの技術、そして病を治す医療の技術も不可欠だった。人間の活動が広がるにつれて技術は多様化し、地域地域の風土に根づいた人間の身の丈にあった技術の実に緩やかな発展が見られた。これこそが本源的な技術である。しかし、どこかの時点から技術は自然と人間から急速に乖離し、次第に精密化・複雑化・巨大化し、自然そして人間とは対立関係に転化していった。そのメルクマールは、イギリス産業革命の進展によって、石炭エネルギーによる機械制大工業が確立した一九世紀二〇年代初頭と見るべきであろう。

特に現代においては、経済成長を成し遂げるには、労働力や資本以上に技術が果たす役割が以前のいかなる時代にも増して重要になり、技術的優位性が国内外の市場での競争力強化と超過利潤獲得のもっとも重要な要因となっている。一九世紀以前においては、技術者・技能工の接触や移民によって経験や勘からなる技術・技能が比較的容易に移転したのに対して、技術が科学との結びつきを強め、抽象的かつ複雑高度になるにつれて、また、資本の集中の進行によって技術独占が強固になるにつれて、技術開発や技術移転は組織的計画的活動なしには困難になっていく。こうして、科学技術はますます巨大資本に集中し、独占されていく。そして科学技術者は、このような状況下の資本の自己増殖運動の中で、決定的に大きな役割を演じさせられ、ついには資本の僕《しもべ》の地位にまで貶められていく。

資本の従属的地位に転落した科学技術、それがもたらしたもの

人類始原の石斧など実に素朴な技術からはじまり、精密化・複雑化・巨大化した現代の「高度」な科学技術体系に至るまで、人類の二百数十万年の歴史からすれば、産業革命からわずか二百数十年という瞬くほどのあっという間に、私たちは原発という不気味な妖怪の出没を可能ならしめた。それを可能にしたのは、まさに資本の自己増殖をエンジンに駆動する飽くなき市場競争であり、今日の市場原理至上主義「拡大経済」である。

こうして現代の科学技術は、ますます資本の自己増殖運動の奉仕者としての役割を担わされていく。鉄道、自動車、航空等による輸送・運輸は超高速化するとともに、量的拡大を続ける。都市には超高層ビルが林立し、地下鉄は地中深く幾層にも張りめぐらされる。上下水道、電気、ガス、冷暖房施設等のインフラが整備され、通信・情報ネットワークも急成長を遂げ、パソコン、携帯電話、スマートフォン、タブレット端末等々の普及・利用は著しい。開発の「フロンティア」は、海底に、そして宇宙に際限なく拡大していく。一方、ＤＮＡレベルの解析や量子力学など極小世界の研究と、それらを応用したバイオテクノロジーやナノテクノロジーやマイクロマシンなど新規技術、製品開発もいよいよ進む。科学・技術の対象は、極大と極小の両方向にとめどもなく深化していく。

商品開発の資金力、技術力、それにメディアを利用する力は巨大企業に独占される。最先端の科学的知見と技術の粋を動員して、新奇な商品の開発に邁進したり、些細なモデルチェンジをひたすら繰り返し使いこなせないほどの多機能化をはかったりするのと同時に、テレビのコマーシャルや新聞などの広告によって人間の好奇心や欲望を商業主義的に絶えず煽り、強引に需要をつくり出していく。企業の莫大な資金力によって築き上げられた情報・宣伝の巨大な網の目の中で、人々は知らず知らずのうちに、浪費があたかも美徳であるかのように刷り込まれ、大量生産、大量浪費、大量廃棄型のライフスタイルはいよいよ助長されていく。人間は、自然から隔離された狭隘な人工的でバーチャルな世界にますます閉じ込められ、野性を失い、病的とも言える異常な発達を遂げていく。それが快適な生活で幸福な暮らしだと思い込まされている。

欲望を煽られても買わなければいい、と言われるかもしれない。ある面ではそうかもしれない。しかし、消費者は同時に企業の労働者であり、企業が窮地に陥れば、企業の労働者である消費者も同じ運命にあるという「悪因縁の連鎖」の中にあることも事実である。この市場原理至上主義「拡大経済」の社会のほとんどすべての人々は、この「悪因縁の連鎖」につながっているのである。しかも、消費も生産もともに絶え間なく拡大させ、その需給のコマを絶えず円滑に回転させせなければ不況に陥るという宿命にある。こうした社会にあっては、浪費は美徳として社会的にも定着していかざるをえない。

現代の私たちは、あまりにも忙しい暮らしを強いられている。目的に至るプロセスの妙を愉しむ余裕など、すべて切り捨てられてしまった。コマネズミのように働かされ、効率と時間短縮ばかりを余儀なくされ、目先の利便性だけを求めざるを得ないところに絶えず追い込まれている。その結果、こうした忙しい人々のニーズに応えるかのように、多種多様な、しかも莫大な数量の出来合いの選択肢が街中に安値で氾濫し、私たちは仕掛けられた目に見えないこの巨大で不思議な仕組みの中で、ただただ狼狽し目移りしながら、追われるように買い求めていくのである。

こうしたエネルギーと原材料の大量消費、その行き着く先の大量廃棄を前提とする市場原理至上主義「拡大経済」は、地球環境や地域の自然に不可逆的な損傷を与えている。そして人間の物質生活のみならず、精神さえも歪め荒廃させていく。科学技術はこのように経済社会システムに照応する形で発達を遂げ、危機的状況を迎えている。科学技術には紛れもなく経済社会システムの矛盾が投影されているのである。

そしてついに現代科学技術は原子核に手をかけ、世界でもっとももシンプルでもっとも美しいと言われているアインシュタインの数式E＝m²c（エネルギーE、質量m、光速c）どおりに、自然から実に人為的に途方もなく巨大な核エネルギーを引き出し、実用化に成功したかのように見えた。しかし、天の火を盗んだ人間界にゼウスが持たせ寄越したパンドラの箱はついに開けられ、収拾不能の事態に陥ってしまったのである。際限のない資本の自己増殖運動がもたらした現代科学技術のこの恐るべきあまりにも悲惨な結末に、私たち現代人はどう向き合い、どうすべきかが今、問われている。

ＧＤＰの内実を問う ― 経済成長至上主義への疑問

「快適さ」や「利便性」や「スピード」への人間の飽くなき欲求。私たちはこれまで、巨大資本の広告の氾濫の中で欲望や好奇心を煽られ、モノを買わされてきた。こうした「つくり出された需要」を絶えず生み出すために、科学技術は動員され、歪められてきた。それが巨大な商品であればあるほど実に大がかりに、しかも組織的に行われていく。私たちの身の回りにあるもので、はたして自分の生存にとって本当に必要なものはどれだけあるのであろうか。それどころか、自らの手でモノをつくり出す力を奪われ、何よりも人間の身体を、そして精神をどれだけ傷つけ損なってきたことか。無理矢理「つくり出された需要」によって需要と供給の円環を絶えず回すことで、経済は好転すると信じられてきた。そしてこの虚しい需要と供給の回転ゴマを絶えず回すために、イノベーションと称して科学技術は実にけなげに奉仕させられてきたのである。資本の自己増殖が自己目的化され、科学技術は、市場競争至上主義のこの本末転倒の経済思想によって、組織的でしかも大がかりな魔術にかけられ、猛進してきたのではなかったのか。

こうして市場に氾濫していく商品の中には、程度は様々ではあるが、人間の生存にとって本当に必要かどうか疑わしいもの、それどころか危害や害悪すら及ぼすものも少なくない。リニア新幹線などますます超高速化する運輸手段しかり。首都圏直下型地震の危機迫る中でも、人口分散の発想とは全く逆に、再開発によってなおも人口集中を促す巨大都市しかり。莫大な資金を投じ、子どもじみた好奇心を煽り騒ぎ立て、人寄せする東京スカイツリーはさしずめその象徴か。高速鉄道、巨大空港・港湾施設、未来都市スマート・シティ等々、巨大パッケージ型インフラしかり。いったん事故が起これば空間的にも、時間的にも、社会的にも計算不可能な無限大の被害を及ぼす危険きわまりない原発しかり。果てには人間を殺傷する巨大武器体系（陸上の軍事基地施設から海上、宇宙空間にも及ぶ）しかり。例を挙げれば、身の回りの雑多な商品から巨大商品まで枚挙にいとまがない。まさにこれら膨大な商品の堆積物は、資本の自己増殖運動の落とし子そのものなのである。

そうだとすれば、一年間に生産された財やサービスの付加価値の総額を国内総生産（ＧＤＰ）とするその内実は、様々な疑問や問題点を孕んでいることになる。ＧＤＰには、人間にとって無駄なもの、不必要なものどころか、人間に危害や害悪すら及ぼすもの、自然環境の破壊につながる経済活動や、人のいのちを殺傷する武器生産など、これら生産活動から生み出される莫大な付加価値も含まれていると見なければならない。しかも近年、その比重がますます高まる傾向にある。その上、サービス部門の付加価値の総額は、一貫して増大の傾向にあり、とりわけ金融・保険および不動産部門については、アメリカをはじめ日本など先進資本主義国では、ＧＤＰに占めるこの割合をますます増大させている。

一般的にサービス部門の付加価値総額の増大の根源的な原因には、歴史的には、まぎれもなく直接生産者と生産手段との分離にはじまる家族機能の著しい衰退がある。金融・保険および不動産部門の付加価値総額のＧＤＰに占める割合の急激な増大の背景には、金融資本の経済全般への君臨・支配とその跳梁が透けて見える。そこには、実体経済への撹乱とやがて陥る社会の壊滅的危機への影を見て取ることができる。

さらに注視すべきことは、ＧＤＰには個人の市場外的な自給のための生活資料の生産や、例えば家庭内における家事・育児・介護などの市場外的なサービス労働、非営利的なボランティア活動等々、それに非商品の私的な文化・芸術活動などによって新たに生み出される価値は、反映されていない。今後、グローバル市場競争がますます激化していけば、こうした商品・貨幣経済外の非市場的で私的な労働や生産活動が生み出す多様で豊かな計り知れない膨大な価値は、いつの間にか狭隘な経済思想のもとに、強引にしかも大がかりにますます排除されていくのではないかと憂慮せざるを得ない。

このように考えてくるならば、経済成長のメルクマールとされてきたこれまでのＧＤＰに基づく成長率には、もはや前向きで積極的な意義を見出すことができないのではないか。それどころか、皮肉にもある意味では、市場原理至上主義「拡大経済」社会という名の、いわば人間のからだの内部に発症した癌細胞の増殖と転移の進み具合を示す指標としての意味しか持ちえないことにもなりかねないのである。

資本の自然遡行的分散過程と「菜園家族」の創出

さて、先にも触れた原発事故に象徴される今日の科学技術の「収拾不能の事態」に至るまでの資本の自己増殖運動、つまり資本の蓄積過程には、大きく二つの歴史的段階があった。一つは、前近代から近代への移行期における「資本の本源的蓄積過程」であり、もう一つは、それによって準備された原初的な資本の基盤の上に展開される、全面的な商品生産のもとでの本格的な「資本の蓄積・集中・集積過程」であり、その延長線上に現れた今日の巨大資本の形成過程である。この資本の自己増殖運動の全歴史の終末期の象徴とも言うべき今日のこの科学技術の「収拾不能の事態」は、私たちにこれまでの「資本の蓄積・集中・集積過程」からの訣別と、それに代わるべき「資本の自然遡行的分散過程」の対置をいやが上にも迫っている。こうした時代を迎えるに至ったのは、成るべくして成った歴史の必然と言わなければならない。

ところで、二一世紀の未来社会論としての「菜園家族」構想は、既に見てきたように、現代賃金労働者《サラリーマン》と生産手段との再結合によって未来社会を展望するのであるが、週休五日制の「菜園家族型ワークシェアリング」に基づくこのCFP複合社会においては、一人の人間の労働時間から見れば、一週間のうち資本主義セクターCに投入される労働は、従来の五日から二日に減少する。つまりこのことは同時に即、純粋な意味での賃金労働者としての社会的労働力の絶対的減少をも意味している。

したがって、このことを資本の側面から見るならば、それは剰余価値の資本への転化のメカニズム、つまり資本の自己増殖運動のメカニズムを漸次衰退へと向かわせ、やがて巨大資本は質的変化を遂げながら縮小・分割・分散の道を辿っていく運命にあることを意味している。こうした資本の自己増殖の衰退傾向は、これまでのような巨大資本による科学技術の独占を困難にし、科学技術が資本の僕《しもべ》の地位から次第に解き放たれ、自由な発展の条件を獲得していく過程でもある。

一方、「菜園家族型ワークシェアリング」によって、人々が「菜園」や「匠・商」の自営基盤を得て、地域で過ごす時間が飛躍的に増えることは、人々の知恵と力が家族小経営セクターFに集中して注がれ、その結果、地域にもともとあった自然的・人的・文化的潜在力が最大限に生かされ、人間性豊かな地域づくりが可能になることを意味している。こうして、森と海を結ぶ流域地域圏《エリア》の農山漁村部に新たに創出される「菜園家族」や「匠商家族」、そして流域地域圏《エリア》の中核都市の「匠商家族」が担い手となって、「新たな技術」創出の時代を切り拓いていくことになる。

各地の風土と長い歴史の中で育まれ、市場原理の浸蝕にもめげずにそれでも何とか生き残ってきた農林漁業の細やかな技術や知恵、民衆のものづくりの技や道具、それに土地土地の天然素材を巧みに生かした伝統工芸や民芸に象徴される、実用的機能美に溢れた精緻で素朴な伝統的技術体系は、自然科学の発展に伴って人類が到達する新たな知見から再評価されることにもなろう。同時に、「資本の自然遡行的分散過程」の進展に伴い地方に分割・分散されていく「高度な」科学技術との融合もはじまる。このことは、これまでには見られなかった全く異質の新たな技術体系が地域に創出されていく可能性が、大きく開かれていくことを意味しているのである。

先にも触れたように、CFP複合社会の展開過程におけるC、F、Pそれぞれのセクター間の相互作用に注目するならば、「菜園家族」や「匠商家族」が熾烈な市場競争に抗して自己の暮らしを守るために、生活と生産の基盤を日常普段に自らの手で築いていく結果、家族小経営セクターFは全体として次第に力をつけ、大勢を占めるに至る。これと同時併行的に、資本主義セクターCは相対的に力を弱め縮小過程に入っていく。それに伴い公共的セクターPも次第に強化されていく。家族小経営セクターF内の「菜園家族」と「匠商家族」の個々の構成員を見ると、週休五日制の「菜園家族型ワークシェアリング」が制度的にも定着していく中で、週に五日間は自己のセクターF内で家族とともに働き生活し、残り二日間は資本主義セクターCまたは公共的セクターPの職場に勤務することになる。

このように、一人の人間が日常的に二つの異なるセクターでの労働に携わることによって、人間の多面的で豊かな発達が日常的に保障されることになる。それはまた同時に、旧来の科学技術が、家族と地域という場において、自然に根ざした伝統的なものづくりの技術体系と融合し、質的変化を遂げていく条件を恒常的に獲得したことにもなるのだ。こうした新たな社会的条件のもとで、市場原理に完全なまでに統御され、歪められてきた従来の科学技術は新たな展開過程に入り、これまでとは全く異質な、自然循環型共生社会にふさわしい、つまり自然の摂理に適った新たな科学技術の創出がはじまるのである。これはまさに、C、F、P三つのセクター間の相互補完的相互作用の展開過程の中ではじめて保障されるものであると言ってもいいであろう。

こうして「菜園家族」や「匠商家族」は、産業革命以来奪われていったものづくりの力を自らの手に取り戻し、これまでには見られなかった新たな生活創造への意欲と活力を得て、市場原理至上主義に抗する自己正当防衛としての自らの協同組織「なりわいとも」を組織しつつ、やがて森と海を結ぶ流域地域圏《エリア》の中核都市を要《かなめ》に、自らの地域ネットワーク、つまり豊かで生き生きとした地域団粒構造をこの流域地域圏《エリア》全域に築きあげていくことになるであろう。

「菜園家族」と「匠商家族」を基盤に成立する抗市場免疫の自律的世界、つまり自然循環型共生社会では、四季折々の移ろいに身をゆだね営まれる人間の暮らしと、その母胎とも言うべき自然が根幹を成している。こうした中で人々は、自然と人間との物質代謝の循環に直接に関わっていることから、この循環のためには、いのちの源である自然そのものの永続性が何よりも大切であることを、日常的に身をもって実感し生きていく。したがって、この循環を持続させるために、最低限必要な生活用具や生産用具の損耗部分を補填しさえすれば、基本的には事足りると納得できるのである。自然との物質代謝の循環を破壊してまで拡大生産をしなければならない社会的必然性は、本質的にそこにはないのである。浪費が美徳でなければ成り立たない市場原理至上主義「拡大経済」の社会に対して、こうした社会ではモノを大切に長く使うことや節約が個人にとっても家族にとっても理に適っているのであって、それが社会の倫理としても定着していく。多くの人々が自然循環型の暮らしの中に生きていた高度経済成長以前のついこの間まで、日本社会において節約やモノを大切に使うことが美徳であったことを想起すれば、それは十分に頷けるはずである。

新たな科学技術体系の生成・進化と未来社会

３・11によってパンドラの箱の蓋が開けられ、「収拾不能の事態」に陥った今、現代科学技術を手放しで礼賛していればそれで済む時代はもうとうに過ぎてしまった。精密化・複雑化・巨大化への自己運動を続ける現代科学技術。得体の知れない妖怪としか言いようのないこの巨体は、大自然界の摂理に背き、ついには自己制御不能に陥り、同行者であり主《ぬし》でもある資本に人類を丸ごと生け贄として捧げるとでもいうのであろうか。ここに至った原因は一体何だったのか。そしてそれを克服していくためにどうすればいいのか。３・11は、これまでの科学技術のあり方と経済社会のあり方の両者を統一的に、しかも根源的に問い直すよう迫っている。

それには先にも述べたように、一八世紀イギリス産業革命以来、延々と続けられてきた厄介極まりないこの資本の自己増殖運動の過程に抗して、いよいよ「資本の自然遡行的分散過程」を対置する以外に道は残されていないのではないのか。たとえそれが三〇年、五〇年、八〇年先の遠い道のりであっても、二一世紀の全時代を貫く長期展望のもとに、その基本方向をしっかりと定めておくこと。こうすることによってはじめて、自然界の摂理に適った、自然循環型共生の二一世紀の新たな次元の科学技術体系の創出の可能性が見えてくるのではないだろうか。

そして、この可能性を確実に保障する現実社会における局面は、紛れもなく「菜園家族」を基調とする自然循環型共生社会を志向するC、F、P三つのセクター間の相互補完的相互作用の展開過程の中にある。特にこの展開過程において必然的に進行する、二一世紀の新しい人間の社会的生存形態としての「菜園家族」の創出それ自体が、剰余価値の資本への転化のメカニズムそのものを狂わせ、「資本の蓄積・集中・集積過程」を抑制し、資本主義を根底から揺るがすものになっているということ。つまり、社会の基礎単位である「家族」そのものを労・農一体的な新たな家族形態へと一つひとつ時間をかけて改造することが、資本の自己増殖のメカニズムを次第に衰退へと向かわせ、その結果として、「資本の自然遡行的分散過程」を社会の土台からゆっくりと着実に促す決定的に重要な契機になっていることに刮目しておきたい。

それはとりもなおさず、一八世紀イギリス産業革命を起点に成立した資本主義二百数十年におよぶ生成・発展の歴史過程において、おそらくははじめて、現実社会のさまざまな分野における広範な民衆一人ひとりの努力からはじまる、一見何の変哲もないこの「菜園家族」創出という日常普段の地道な人間的営為が、結果的にではあるが、市場原理に抗する免疫を自らの内部につくり出し、資本主義そのものの崩壊過程のはじまりを社会の基底部から確実に準備し、促進していくことになることに気づかなければならない。そこに、近代を根底から変え、歴史を大きく塗り替えていくその重大な世界史的意義を見出すことができるのである。それは同時に、この自然循環型共生の未来社会の成立を保障するだけにとどまらず、その内実をいっそう豊かにしていく重要な過程でもあるのだ。

こうして、精密化・複雑化・巨大化を遂げ、ついに母なる自然を破壊し、人間社会をも狂わせ破局へと追い込んできた現代科学技術に代わって、これまでとは全く異質な自然循環型共生の新たな科学技術体系が確立されていくであろう。それは、今から四〇年ほど前にＥ・Ｆ・シューマッハー（一九一一〜一九七七）が著書『スモール・イズ・ビューティフル』の中で唱えた「中間技術」の概念をはるかに超え、３・11後という新たな時代状況の中で、いっそう豊かなものになっていくにちがいない。

巨大化し、ついに自然、そして人間社会との対立物に転化した現代科学技術に代わって、自然循環型共生にふさわしい、人間の身の丈にあった、これまでには想像だにできなかった全く異次元の「小さな美しい科学技術」が生成・進化していくにつれて、国内総生産（ＧＤＰ）を構成する価値の総体からは、人間にとって不必要なもの、無駄なもの、ましてや人間に危害や害悪を及ぼすもの、自然に対して不可逆的な破壊作用を及ぼすものは次第に取り除かれていくであろう。その代わりに、自然循環型共生の「小さな美しい科学技術体系」によってつくり出される新たな価値によって置き換えられていくにちがいない。

このプロセスは、緩慢で実に長期にわたることが予想されるが、自然循環型共生のこの「小さな美しい科学技術」がやがて大勢を制するにしたがって、経済成長はもはや意義を失い、この新たな経済社会システムの持続可能性が最大の関心事になっていくであろう。その時、政策立案や経済運営にはなくてはならないものとしてこれまで後生大事にされてきた旧来の経済成長率の数値目標自体が、もはや全く意味を失い、それに代わってこの新たな経済社会システムの持続可能性を示し得る客観的指標の考案が社会的にも要請されてくるにちがいない。

イギリス産業革命以来長きにわたって一貫して資本の自己増殖運動に寄り添い、精密化・複雑化・巨大化を遂げてきた現代科学技術は、ついに自然の摂理、つまり自然界の生成・進化のあらゆる現象を貫く「適応・調整」(＝自己組織化)の普遍的原理に即して、人間と自然との融合の可能性を大きく切り拓く新たな科学技術に席を譲っていくことになる。その時、科学技術は、資本の自己増殖運動に寄り添い従属するものとしてではなく、そこから解き放たれ、自由な世界へと羽ばたいていくことになるであろう。これまで科学技術が歩んできた道は、あまりにも歪められた実に悲惨な歴史であった。科学技術が本来の真価を発揮できる本当の歴史は、3・11を境にこれからはじまるのである。

第九章　苦難の時代を生きる

「国民の生活が第一」のイメージも束の間

菅政権の突然のTPP交渉への参加検討表明によって

奇しくも露呈した
鉄のトライアングル政・官・財の真意。

世界をいよいよ一つの土俵に仕立て
農業・農村を
そしてあらゆる産業分野の
小さきものたちをさらに切り捨て
新幹線、スマート・シティ、原発など
巨大インフラの海外セールスに奔走し
外需依存型「拡大経済」の極限へとひた走る。

くにのかたちを
そして一国の行く末を決する
この重い選択を
国民にはつまびらかにせず
そそくさと勝手に決めていいのか…。

家族を、地域を、そして国土をさらなる荒廃へと追いやる
財界・為政者たちの本質
アメリカ追従の「ＴＰＰ型成長戦略路線」に踏み切った日本に
はたして未来はあるのだろうか。

二一世紀、人々は
人類始原のおおらかな自然状態を夢見て
素朴な精神世界への回帰と止揚《レボリューション》
人間復活の壮大な道を歩みはじめる。

（二〇一〇・十一・五記）

―3・11東日本大震災の数ヵ月前、にわかに高まるＴＰＰ推進の大合唱のさなかに―

今こそ「成長神話」の呪縛からの脱却を

ここであらためて問題にしたいことは、今日ここに至ってもなお目先の損得に終始する、近視眼的思考に陥っているこの国の政治的状況である。それをつくり出している原因は、もちろんいろいろ考えられる。しかし、その責任を為政者のみに負わせるのは簡単ではあるが、それでは、本当の意味で

の解決にはつながらない。むしろ、この国の未来のあるべき姿が見えないところで、絶えず目先の小手先の処方箋のみに終始する議論を強いられ、あるいはそれを許してきた国民サイド、なかんずく自戒を込めて「研究者」の弱さにも、もっと目を向けなければならないのではないか。

世界のすべての人々にとって焦眉の課題である地球温暖化による気候変動の問題は、二〇〇八年七月に北海道洞爺湖でＧ８サミットが開催されたこともあり、私たちが生きているこの社会の未来の姿はどうあるべきかを、自分自身の問題として真剣に考える千載一遇の機会であるはずだった。ところが、その年から数年間、マスメディアなどを通じて流布され、多くの人が疑いを抱かないまま進もうとしていたわが国の針路とは、一体何だったのか。３・11後の今、あらためて厳粛に国民一人ひとりが省みなければならない。

３・11東日本大震災の前年にあたる二〇一〇年に里山研究庵Ｎｏｍａｄのホームページ（http://www.satoken-nomad.com/）上に公表した小文『菜園家族宣言』の中で、当時の状況への憂慮から次のように書き記した。

市場原理に抗する免疫力のない脆弱な体質をもった、根なし草同然の現代賃金労働者《サラリーマン》。こうした人間によって埋め尽くされた旧来型の社会が世界を覆っている限り、同次元での食うか食われるかの力の対決は避けられず、血みどろのたたかいは延々と続くであろう。市場競争は、地球大の規模でますます熾烈さを極め、世界は終わりのない修羅場と化していく。

こうした社会の危機的状況を作り出している根源を不問に付したまま、環境技術による

「省エネ」や「新エネルギー」開発に奔走し、装いも新たに未だ「成長戦略」に固執し、その施策を競い合っている姿は、時代錯誤を通り越して、滑稽というほかない。

先にも述べたように、このような時代認識に基づく今日の地球温暖化対策は、一時はうわべを糊塗することができたとしても、決して本質的な解決にはつながらない。それどころか、人類を破滅の道へと誘いかねない。今や世界経済の牽引役と期待されている中国も、これまでの市場原理至上主義「拡大経済」とは同根であり、本質的に何ら変わるものではない。こうした「成長戦略」に乗りにのって勢いづいている中国に、いずれ遠からずやってくるその後の結末と、世界経済への計り知れない衝撃の連鎖を想像するだけでも、こうした危惧の念を単なる取り越し苦労と、一笑に付すわけにはいかないであろう。

こうした「成長戦略」が広がる中、もはやチェルノブイリ原発の大惨事（一九八六年）は遠い過去のものとなり、忘却の彼方へと追いやられていく。「CO_2排出量ゼロのクリーン・エネルギー」を売り物に、原子力発電所は、悪性の癌細胞が増殖と転移を繰り返しながらいのちを蝕むかのように、世界各地に競って建造され、拡散していく。その布石は、もうすでに打たれている。核エネルギーに下支えされた、快適で便利で「豊かな」暮らし。「エコ」とは裏腹に、危険は地球に拡散し、充満していく。このような地球の未来を想像するだに恐ろしい。こんな地球を子どもや孫たちに渡すわけにはいかない。

（『菜園家族宣言』、小貫・伊藤、二〇一〇年より）

このように書き記し、危惧の念を強くしていた矢先、二〇一一年三月十一日、まさに自らの足元で東京電力福島第一原子力発電所の大惨事が起こった。

今こそ私たちは、一八世紀産業革命以来、長きにわたって拘泥してきたものの見方・考え方を支配する認識の枠組みを根本から転換しなければならない。そして、新たなパラダイムのもとに、これまでとはまったく次元の異なる視点から社会変革の独自の道を探り、歩みはじめる勇気と覚悟を迫られている。

これは日本のみならず世界のすべての人々に負わされた、避けては通れない二一世紀人類の共通にして最大の課題である。そうでないというのであれば、現状を甘受するほかなく、やがて人類は、熾烈な市場競争の果てに、人間同士のたたかいによって滅びるか、それとも、地球環境の破壊によって亡びるしかないであろう。

いまだ具現されない〝自由・平等・友愛〟の理念

今日私たちは残念ながら、人類が自然権の承認から出発し、数世紀にわたって鋭意かちとってきた、一八四八年のフランスにおける二月革命に象徴される自由・平等・友愛の精神からは、はるかに遠いところにまで後退したと言わざるをえない。

不思議なことに、近年、特に為政者サイドからは、「自立と共生」とか「自助、共助、公助」という言葉がとみに使われるようになってきた。「自立と共生」とは、人類が長きにわたる苦難の歴史の末に到達した、重くて崇高な理念である自由・平等・友愛から導き出される概念であり、その凝縮され、集約された表現であると言ってもいい。それは、人類の崇高な目標であるとともに、突き詰めていけば、そこには「個」と「共生」という二律背反のジレンマが内在していることに気づく。

あらゆる生物がそうであるように、人間はひとりでは生きていけない。人間は、できる限り自立しようとそれぞれが努力しながらも、なおも互いに支えあい、助けあい、分かちあい、補いあいながら、いのちをつないでいる。「個」は「個」でありながら、今この片時も、また時間軸を加えても、「個」のみでは存在しえないという冷厳な宿命を、人間は背負わされている。それゆえに、人類の歴史は、個我の自由な発展と、他者との「共生」という二つの相反する命題を調和させ、同時に解決できるような方途を探り続けてきた歴史であるとも言えるのではないだろうか。

私たち人類は、その歴史の中で、ある時は「個」に重きを置き、またある時はその行き過ぎを補正しようとして「共生」に傾くというように、「個」と「共生」の間を揺れ動いてきた。この「自立と共生」という人類に課せられた難題を、どのような道筋で、どのようにして具現するかを示すことなく、この言葉を呪文のように繰り返しているだけでは、空語を語るに等しいといわれても、致し方ないであろう。

生きる自立の基盤があってはじめて、人間は自立することが可能なのであり、本当の意味での「共生」への条件が備わる。人間を大地から引き離し、人間から生きる自立の基盤を奪い、その上、最低限必要な社会保障をも削って放置しておきながら、その同じ口から「自立と共生」を説くとしたならば、それは、二重にも三重にも自己を偽り、他を欺くことになるのではないだろうか。

ところで、きわめて大切な歴史認識の問題として、ここであらためて再確認しておきたいことがある。それは、イギリス産業革命以来二百数十年の長きにわたって、人間が農地や生産用具など必要最小限の生産手段さえ奪われ、生きる自立の基盤を失い、ついには根なし草同然の存在になったという、この冷厳な事実についてである。

一九世紀「社会主義」理論は、生産手段を社会的規模で共同所有し、それを基礎に共同運営・共同管理することによって、資本主義の根本矛盾、すなわち繰り返される不況と恐慌を克服しようとした。しかし二〇世紀に入ると、その実践過程において、人々を解放するどころか、かえって「個」と自由は抑圧され、「共生」が強制され、独裁強権的な中央集権化の道を辿ることになった。人類の壮大な理想への実験は、結局、挫折に終わった。そして、いまだにその挫折の本当の原因を突き止めることができず、新たなる未来社会論を見出せないまま、人類は今、海図なき時代に生きている。

二一世紀の今もなお、私たちの社会は、大量につくり出された根なし草同然の人間によって、埋め尽くされたままである。大地から引き離され、生きる自立の基盤を失い、根なし草同然の人間が増大すればするほど、当然のことながら、市場原理至上主義の競争は激化し、人々の間に不信と憎悪が助長され、互いに支えあい、分かちあい、助けあう精神、つまり友愛の精神は衰退していく。そしてそれは、個々人間《ここじんかん》のレベルの問題にとどまらず、社会制度全般にまでおよんでいく。

生きる自立の基盤を奪われ、本来の「自助」力を発揮できない人間によって埋め尽くされた社会にあって、なおも私たちが「共生」を実現しようとするならば、社会負担はますます増大し、年金、医療、介護、育児、教育、障害者福祉、生活保護などの社会保障制度は財政面から破綻するほかない。それが、日本社会をはじめ先進資本主義諸国の直面する今日の事態である。

この事態を避けるためにと称して、為政者によって今強行されようとしている消費税増税は、弱者を切り捨て、巨大資本の生き残りを賭けた愚策にすぎないものであり、もちろん論外であるが、別の選択肢として一般的に考えられるのは、財政支出の無駄をなくすか、所得税等々の累進課税をはじめとする税制の民主的改革によって税収を増やす以外にないことになる。しかしこれとて、根なし草同然の賃金労働者家族、つまり市場原理に抗する免疫力を失った家族を基礎に置く社会を前提にする限り、グローバル市場下の現代資本主義の末期的症状とも言うべき社会経済の構造的、質的変化によってもたらされた今日の状況にあっては、いずれ遠からず立ち行かなくなるにちがいない。

急速に進行する少子高齢化の中で、もちろん財政の組み替えや節減、そして巨大企業に二六六兆円もの内部留保の累積を許すような不公正な今日の税制を抜本的に改革することは、当然貫徹させなければならない当面の重要課題ではあるが、遠い未来を見据える視点に立てば、生産と暮らしのあり方、それに規定される家族や地域のあり方、つまり今日の社会構造の根本的変革を抜きにしては、こうした短期的処方箋ではもはやどうにもならないところにまで来ていると言わざるをえない。このような施策は社会経済構造全体から見れば、もはや表層のフローにおけるきわめて近視眼的な当面の処方箋にすぎないものであり、それは決して今日の事態を歴史的に位置づけ、長期展望のもとにこの社会の構造的行き詰まりをその深層から根源的に解決しようとするものにはなり得ない。

また「新成長戦略」とか「エコ産業」などという触れ込みで、万が一、「経済のパイ」を大きくし、企業からの税の増収をはかることができたとしても、先にも述べたように、この市場原理至上主義「拡大経済」路線そのものが、本質的に資源の有限性や地球環境問題と真っ向から対立せざるをえない。

しかも、グローバル経済を前提にする限り、「エコ」の名のもとに、市場競争は今までにも増して熾烈を極めていく。国内需要の低迷が続く中で世界的な生産体制の見直しを進める多国籍巨大企業は、「国際競争に生き残るために」という口実のもとに、安価な労働力と新たな市場を求めて海外移転を進め、いとも簡単に国内の雇用を切り捨てる。そしてますます社会的負担を免れようとして、結局はその負担を庶民への増税として押しつけてくる。

したがって、自立の基盤を奪われ、「自助」力を失い、根なし草同然になった現代賃金労働者家族《サラリーマン》を基礎単位に構成される今日の社会の仕組みをそのままにしておいて、「自立と共生」を語ること自体が、もはや許されない時代になってきていることに気づかなければならない。

「菜園家族」構想は、こうした時代認識に基づいて提起されている。そして、人類共通の崇高な理念であり目標でもある自由・平等・友愛、つまり「自立と共生」という命題に内在する二律背反のジレンマをいかにして克服し、その理念をいかにして具現することが可能なのか、その方法と道筋を具体的に提起しようとしているのである。

安倍首相は二〇一三年二月二八日の施政方針演説の中で、自助・自立を第一に、共助と公助を組み合わせ、弱い立場の人を援助するとしながらも、『強い日本』。それを創るのは、他の誰でもありません。私たち自身です。『一身独立して一国独立する』。私たち自身が、誰かに寄り掛かる心を捨て、それぞれの持ち場で、自ら運命を切り開こうという意志を持たない限り、私たちの未来は開けません」、こう述べ、敢えて自助の精神を喚起した。

私たちの社会の底知れぬ構造的矛盾に正面から向き合い、大胆にメスを入れ、今日の社会の枠組みを根本から転換することなしに、「自立と共生」を説くとすれば、それは大多数の国民を欺き、自立の基盤を保障せずに社会保障をも削減し、自助努力のみを強制するための単なる口実に終わらざるをえないのは明らかである。

これからどんな政権が新たに登場しようとも、社会のこの構造的根本矛盾、つまり生産手段を奪われ、根なし草同然になった人間の社会的生存形態を放置し、市場原理に抗する免疫力を失った家族をそのままにしておく限り、ほんものの「自立と共生」実現への具体的かつ包括的な道は、見出すことはできない。そうした政権は、遅かれ早かれいずれ国民から見放されるほかないであろう。

今まさに直面しているＴＰＰは、個別の目先の損得をはるかに超えて、わが国の将来の方向を決定的にする極めて重い全国民的な問題を孕んでいる。鉄のトライアングルと言われている政・官・財の権力中枢は、３・11の未曾有の大惨禍に苦しむ民衆にさらなる追い打ちをかけ、平然と自己の利益と延命を図ろうとしている。貪《どん》すれば窮するということなのか。近頃はとみにずる賢くなった。中でも政権の首脳をはじめ為政者たちは、慇懃無礼にも低姿勢を装い、卑怯にも曖昧な言葉に詭弁を弄し、「外交交渉の手の内は明かせない」と常套句を繰り返しながら国民には真実を覆い隠し、既成事実を積み重ねていく。

私たちはあらためて３・11を深く胸に刻み、彼らの本性と今日の事態の深刻さとその本質を見抜き、真実を学ばなければならない。それは、終わりのない食うか食われるかの熾烈なグローバル市場競争に終止符を打ち、自然循環型共生の分かちあいの世界へと一歩を踏み出すのか、それともそれを諦めて、これまでの路線に唯々諾々と追従し、人類破滅のスパイラルの深みへと嵌《はま》っていくのか、そのいずれかの選択しかもはや残されていないという、この冷厳な現実にしっかり向き合い、その真実を知ることではないのか。

今やＴＰＰとかＦＴＡＡＰなどといった大国主導、多国籍巨大企業主導、そして巨大金融資本主導の弱肉強食の自由貿易路線の拡張が、今日の経済・社会の深刻な閉塞状況を打開する道なのではない。産業革命以来の賃金労働者という人間の生存形態そのものを根源から問い直し、何よりも家族や地域の土台から、わが身とわが社会の虚弱体質を変革することが求められている。これこそが、一刻の猶予も許されない解決すべき先決課題なのである。そのためにも、国際的には非同盟・中立の主権不可侵、相互尊重を遵守し、あくまでも自給自足度の高い国民経済を前提に、各国それぞれの自然的、歴史的、社会的、文化的諸条件を十分に考慮し、社会的安定性と持続的な経済のあり方を可能にする、相互補完、平等互恵を旨とする秩序ある理性的な調整貿易の確立が不可欠の条件となるであろう。

スモール・イズ・ビューティフル ― 巨大化の道に抗して

早くも一九七〇年代初頭に、現代文明の物質至上主義と科学技術への過大なまでの信仰を痛撃し、巨大化の道に警鐘を鳴らしたＥ・Ｆ・シューマッハーが世に問うた名著『スモール・イズ・ビューティフル』。今、私たちの目の前に再び甦ってくる。その先見的知性にあらためて注目したい。

私たちの世界は、今、弱者がいとも簡単に圧し潰され、競争に勝ち抜いた強者が大手を振ってまかり通る、そんな世の中になってしまった。勝者がますます怪物のように巨大化し、世界を徘徊し、地球を一つに統合しようとさえしている。そんな巨大化の波の中で、人はある意味では、その体制の恩恵に浴し、それに支えられて暮らしている。やがて、すっかりその状況に身を浸し、飼い馴らされていく。「競争に勝たなければ、生き残れない…」という一言に、人々は、今の暮らしを失う不安に怯え、ひるむ。それに乗じてすべてが正当化され、事はすすめられていく。こうした中で、この巨大化の道は、あたかも永遠不動のようにさえ見えてくる。

人類史上における家族小経営のもつ意義は、特に近代化の過程では、その狭隘性・後進性の評価のもとに指弾され、不当にも、常にその価値は矮小化されてきた。矮小化というよりも、むしろ家族小経営を否定することが、歴史の進歩であるとさえ評価されてきた。

しかし、世界的規模で展開される巨大化の道の弊害と行き詰まりが浮き彫りになった今、あらためてその評価を根本から見直さなければならない。私たちは今、この巨大化の道に対峙して、家族と家族小経営のもつ優れた側面を再評価し、それを今日の社会にどう位置づけ、どのように組み込むべきかを、真剣に考えなければならない時に来ている。「菜園家族」構想は、結局、このことのためにあると言ってもいい。

「菜園家族」構想について、「それは理想かもしれないが、実現不可能な夢物語にすぎない」と思う人もいるかもしれない。果たしてそうなのであろうか。

最近、高齢者の行方不明・孤独死の問題や、育児放棄・児童虐待による幼い子の死など、家族や地域の崩壊を象徴する痛ましい事件が頻繁に報道されている。こうした中、東日本大震災を機にあらためて人間の絆を取り戻そうと、家族や地域コミュニティについての議論が、ようやく今までになく取りあげられるようになってきた。しかし、家族や地域と言えば、なぜかかつての形をそのままイメージするためか、結局、その再生はもはや不可能ではないのか、といった話に落ち着いていく。

　こうした家族再生不可能論にありがちな一つの特徴は、高度経済成長とともに人生を歩んだ戦後団塊世代とそれに続く年齢層に多く見られる傾向である。家族の狭隘性や後進性、農村の人間関係の煩わしさを避けて、高度成長の雰囲気に何となく押され、都会生活に憧れ、物質的な豊かさを享受してきたこうした世代にとって、一旦抜け出したはずの家族や地域といったものに対しては、自由を縛る時代遅れなものという観念が先に立ち、どうしても消極的にならざるをえないのかもしれない。

　もう一つの特徴は、こうした世代の息子や娘に当たる世代に見られる傾向である。特に都市へ出た団塊世代の親から生まれた二〇代、三〇代の若者の多くは、農村生活を経験したことがなく、大地から隔てられた人工的で「快適」な生活は、所与のものとして生まれた時から存在している。つまり、今日当たり前のように享受しているこのライフスタイルの原形は、一九五〇年代半ばからはじまった高度成長期のたかだか二〇年のうちに、あらゆるものが実に目まぐるしく変わる中で即製されたものであり、若者たちは、そもそもその変貌ぶりを実際に居合わせて体験したことのない世代なのである。このような若者たちに、今のライフスタイルが永遠不変のように映るのも不思議ではない。

　世代論で決めつけるのは、不正確のそしりを免れないが、こうしたさまざまな歴史意識が前提にあって、いずれにせよ、どの世代も、家族の形態はこれからも永遠に変わらないし、今さら変えることなどできないという漠然とした諦念にも似た思いが先に立ち、結局、家族や地域の再生は不可能であるという感覚に何となく陥っていくのかもしれない。

　もちろんこれら世代の人々の中にも、家族や地域の意義をあらためて見直し、新しい考えからその再生に真剣に取り組んでいる例が、近年とみに見られるようになってきたのもまた事実である。全体から見れば、まだまだ一部に限られたものではあるが、人の意識は、状況の変化の中で大きく変わっていくものである。特に若者たちの世代は、熾烈な市場競争の渦中にあって、むごいまでの仕打ちを受け、生活と将来への不安と絶望に喘ぎながらも、ようやくこれまでの価値とは違った新たな人生をもとめ、歩みはじめようとしている。ここに私たちは、二一世紀世界への一縷の希望と可能性を見出すことができるのではないだろうか。

果たして家族と地域の再生は不可能なのか ― 諦念から希望へ

こうした状況や家族に対する意識の現状をふまえて、家族再生の問題を具体的に考えてみよう。まず、おさえておきたいことは、「菜園家族」構想は、これまでにも述べてきたように、決してかつての家族や地域の姿にそのまま戻ると考えているわけではないということである。「菜園家族」構想では、家族を構成する人間そのものが、男女ともに、「現代賃金労働者《サラリーマン》」と「農民」といういわば近代と前近代の人格的融合によって、二一世紀にふさわしい新たなる人間の社会的生存形態として、高次の段階へと止揚されることが前提となっているからである。このような新しい人間で構成される家族と地域のあり方も、おのずとかつての限界を克服し、新たな段階へと展開していくにちがいない。このことをまず確認した上で、もう少しこの問題を考えてみたい。

今この時点で、若い世代の男女が結婚し、週休五日制の「菜園家族型ワークシェアリング」による新たな生活がはじまったとしよう。そして、まもなく初めての子どもが生まれたと仮定しよう。生まれたばかりのこの乳児は、一〇年後には小学三、四年生になっている。さらに一〇年後には、この小学生は、二〇歳の立派な成人になっているはずだ。後から生まれた弟や妹たちも、それぞれ大きく成長していることであろう。このことを同様に敷衍して、祖父母、両親、子どもによる様々な組み合わせや年齢層で構成される「菜園家族」のいくつかのパターンを具体的に想定し、イメージしてみよう。それぞれのパターンが一〇年先、二〇年先、さらには三〇年先には、どのようになっていくのか。そして、このことをさらに地域に広げて想像するならば、こうした「菜園家族」の様々なパターンを基軸にして、地域社会が具体的にどのような共同性を培いながら変わっていくのかが、もっとはっきりとイメージできるはずである。

このように、一〇年先、二〇年先、三〇年先…と順に時間軸を延ばして、地域空間内の自然や人々の暮らしを総合的に変化の中で捉えようとするならば、週休五日制のワークシェアリグによる三世代「菜園家族」構想は、それほど遠い未来の漠然としたものには思えないのではないか。そうだとすれば、「理想かもしれないが、実現不可能な夢物語にすぎない」という消極的な考えには、必ずしも陥らないでもすむのではないだろうか。むしろ時間軸を延ばして将来を具体的に考える想像力こそが、これまで欠如していたとも言える。

家族や地域を崩壊に導き、社会を今日の事態にまで追い込んだ原形ができあがったのは、先にも触れたように、高度成長期のたかだか二〇年の出来事であったのだ。それを修復できないと言うのであれば、それこそ諦念に陥るほかないであろう。

市場原理至上主義「拡大経済」によってますます深刻の度を増していく今日の社会的矛盾がもっと

も集中的に現れているのは、特に幼い子どもたちの世代や、就職難と不安定雇用と失業に喘ぎ、自分の家族さえ持てないでいる二〇代、三〇代の若者世代である。こうした世代の現実を直視すれば、一〇年先、二〇年先を見据えて、家族と地域をどのような姿に再生していくのかという課題が、もはや避けられなくなってきていることを痛感させられる。中高年世代にとって、それは言ってみれば、まさに自分の子どもや孫たちが、将来においても末永く幸せに暮らしていける道を考えることであり、自分自身の本当のやすらぎ、心の幸せにもつながる問題であるはずだ。

こうした幼い子どもたちと若者たちを念頭に、この二大世代を基軸に、「菜園家族」創出の具体的目標を設定し取り組むことによって、その他の世代をも含めて、私たちが抱えている差し迫った問題や将来への不安も、やがて根本的に解決され、全体として今日の社会の閉塞状況は解消へと向かっていくであろう。これら二つの世代は、あらゆる意味で多くの問題を抱えていると同時に、将来への展望を切り拓く上で重要な鍵にもなっている。この二大世代にまずは知恵と力を集中し、今から一〇年先、二〇年先を見据えて、来たるべき新しい社会の礎となる自給自足度の高い抗市場免疫に優れた「菜園家族」に一つ一つ育てあげていく。そうするならば、誰もが生きがいを感じ幸せに暮らせる、世界に誇る日本独自の自然循環型共生社会の構築も、決して不可能なことではないであろう。

今わが国の経済は、先にも触れたように、長期にわたり成長、収益性の面で危機的状況が続いている。この長期停滞は、設備投資と農山村から都市への労働移転を基軸に形成されてきた過剰な生産能力を、生活の浪費構造と輸出と公共事業で解消していくという戦後を主導してきた蓄積構造そのものが、もはや限界に達したことを示している。私たちは、このことを厳しく受け止めなければならない。

根源的な変革を避け、この構造的過剰に根本から手を打つ政策を見出せず手をこまねいているうちに、一九九〇年からの「失われた二〇年」は、もうとうに過ぎてしまった。この間、「高度成長をもう一度」の幻想を捨てきれないまま、旧態依然たる政策がズルズルと続けられてきた。その結果、むしろ事態はいっそう悪化した。

私たちは、この「失われた二〇年」から本当に何を学ぶべきなのか。「菜園家族」構想など時代錯誤だと言ってうかうかしているうちに、今度は「失われた三〇年」が過ぎていく。長引けば長引くほど、根本的な再建はそれだけますます困難になる。「アベノミクス」、そして黒田日銀の「異次元金融緩和」とやらでサプライズに湧き、円安・株高・債券高の流れが一気に強まったといって浮かれている場合ではない。安倍政権は、国民生活を質に入れての一か八かの危険極まりない「賭け」に出た。二〇一二年十二月の衆院選での「一票の格差」訴訟に対して、翌年三月に入り「違憲」そして「無効」の一連の厳しい司法判断が次々と下された。そもそもそんな「政治」に、国民の生活と未来を犠牲にしてまでこんな無謀な決断をする正当性があるのか。これほどの「政治」の堕落もあるまい。

際限なく続出してくる「問題」群の一つ一つの対処に振り回されながら、その都度、絆創膏を貼り、セーフティーネットを張るといったたぐいの、目先のその場凌ぎのいわば対症療法は、もはや限界に達していることを知るべきである。今、本当に必要なのは、「問題」が起こってからの事後処理ではなく、「問題」が発生する大本《おおもと》の社会のあり方そのものを変えることである。衰弱しきった今日の社会の体質を根本から変えていく原因療法に、本格的に取り組むことである。それは、少なくとも一〇年先、二〇年先をしっかりと見据え、長期展望に立って、戦後社会の構造的矛盾を人間の社会的生存形態と家族や地域のあり方の根底から着実に変革しつつ、再建の礎を根気よく一つ一つ積み上げていく過程なのである。

経済成長至上主義者の野望によって、いつの間にか曖昧にされ、後退を余儀なくされているが、ここでもう一度しっかり心に留めておかなければならないことがある。先にも触れたように、私たち人類は、四〇年後の二〇五〇年までに、一九九〇年比でCO_2など温室効果ガス排出量を世界全体で半減、先進工業国日本の場合八〇％削減しなければならない重い課題を背負わされているはずだ。「CO_2排出量ゼロのクリーン・エネルギー」とにわかに持ち上げられた原発も、3・11によってその途方もない危険性を今や誰もが認識するに至った。自己の存在すら根底から否定されかねないこの問題に誠実に向き合い、その解決を本当に望むのであれば、原発をただちに無くし、世界の多くの人々がめざそうとしているCO_2削減のこの目標年に合わせて、一〇年、二〇年、あるいは四〇年先を見据え、CO_2削減とエネルギーや資源の浪費抑制にとって決定的な鍵となる自然循環型共生社会、すなわち「菜園家族」を基調とするＣＦＰ複合社会を構想し、その実現をめざすことを、「夢物語」などと言ってはいられないのではないか。むしろそれは、脱原発や地球環境問題で高まりつつある国際的な議論と運動の一翼を担い、その先進的な役割を果たしていくことにもなる。何よりも子どもや孫たちの未来のために、あるべき姿を描き、その目標に向かって少しでも早く第一歩を踏みだし、できる限りの努力を重ねることこそが大切である。

「菜園家族」を基調とするＣＦＰ複合社会の構築と、森と海を結ぶ流域地域圏《エリア》の再生。このＣＦＰ複合社会は、自然循環型共生の理念を志向する本当の意味での民主的な地方自治体の誕生と、それを基盤に成立する真に民主的な政府のもとではじめて、本格的に形成され、熟成されていく。この新政府のもとでこそ、社会・経済の客観的変化とその時点での現実を十分に組み込みながら、あらためて自然循環型共生の理念に基づき、財政・金融・貿易など、抜本的かつ画期的なマクロ経済政策を打ち出すことができる。この時はじめて、家族や地域、そして社会、教育・文化など、包括的かつ具体的な政策を全面的に展開し、遂行していくことが可能になる。その結果、子育て・医療・介護・年金など社会保障についても、生活者本位の新たな税政のもとで、公的機能と甦った家族機能とを有機的に結合した、新しい時代にふさわしい画期的な制度が確立されていくことであろう。

先に提起したＣＳＳＫメカニズムは、このようなＣＦＰ複合社会の「本格形成期」に先立つ「揺籃期」とも言うべき初動の段階からでも、都道府県レベルなど広域地域圏によっては、不完全ながらも実践に移されていくにちがいない。それは、「本格形成期」への移行を促す前提となる基盤を、身近な地域から着実に築いていくことでもある。そして、いよいよ自然循環型共生の理念を志向する新しい政府が樹立された暁には、このＣＳＳＫメカニズムも全国レベルの本格的なシステムと機能に成長し、新しい政府による「包括的かつ具体的な政策の全面的展開」と相俟って、いっそう重要な役割を担い、格段の効果を発揮していくことになるであろう。

私たちは、これまであまりにも多くの時間を失いながらも、今ようやく「菜園家族」を基調とするＣＦＰ複合社会のまさに「揺籃期」の入口に立っている。手はじめに何からスタートすべきなのであろうか。それは、陳腐かつまどろっこしく思われるかもしれないが、何よりも自らが暮らす郷土に一つの特定の〝森と海を結ぶ流域地域圏《エリア》〟を選定し、それをそれぞれが自らの身近な問題として具体的に考えることからはじめることなのではないだろうか。そして、その地域がめざすべき未来像を明確にするために、子どもや若者やお年寄りを含め、世代を超えた住民・市民自らが、郷土の「点検・調査・立案」という認識と実践の連続らせん円環運動に加わり、粘り強く取り組むことであろう。

その際大切なのは、この連続らせん円環運動の初動の作業仮説として、世の「常識」に流されず、できる限り事実に即して、郷土の将来像を不完全であってもまずは素描してみることである。こうした仮説設定とその後の検証を繰り返すことによってはじめて、自らの「地域」の本当の姿が見えてくる。そこから、自らの「地域」と日本のめざすべき未来像も、より具体的に浮かび上がってくるはずだ。明日への確かな目標に向かって努力する地道な活動を抜きにしては、巨大化の道に抗して地域の自立をはかり、未来への道を切り拓く手立てはないと言ってもいい。これこそ、現実的に考えられる本当の意味での近道なのである。

不可能だと思われがちな「菜園家族」構想も、こうしたさまざまな地域の人々の長年にわたる主体的な試みの積み重ねによって、その実現への可能性が次第にふくらんでいくであろう。

人々の英知と固い絆と耐える力が地域を変える

モノとカネとヒトをかき集めさらなる巨大都市へ、とかつての「繁栄」を夢見る時代錯誤も甚だしい「大阪都構想」なるもの。いかに「地域主権」を標榜していても、その本質は、経済力が集中している大阪市をはじめ、その他大阪府内の各市町村の財源と権限を「大阪都」の中枢部に一元化し、巨大開発の推進を狙うものである。つまり、首謀者が熱唱するこの上から目線の統治機構と経済・社会の「改革」は、人間の欲望にまみれ破綻したこれまでの市場原理至上主義「拡大経済」と何ら変わるものではない。さらに露骨にそれを推し進めるものに過ぎない。それは大阪の都市内部において庶民の暮らしを圧迫し、格差をさらに拡大させるとともに、周縁地域の衰退にもいっそう拍車をかけることになるであろう。威勢のいい物言いで庶民の味方を装いつつ、結局、この「改革」なるものは、今日の行き詰まった社会の根本矛盾から人々の目をそらし、真の住民主権の精神を破壊し、恐るべきファシズムへの道を突き進む以外にないであろう。二〇一二年八月に「大阪維新の会」が衆院選に向けて打ち出した政権公約「維新八策」やその後の一連の文書に、その本質が如実に表現されている。

　今日の社会の閉塞状況を本当の意味で打開するためには、何よりも基礎自治体としての市町村の地域社会の土台を成す家族と地域コミュニティに真っ正面から向き合い、地域社会の積年の根本矛盾の内実に迫らなければならない。大都市や地方中小都市をも含め、全国のすべての市町村の地域や農山漁村の衰退の原因の究明も、それによって自ずと導き出される未来への確かな展望も、私たちが長きにわたって拘泥してきたパラダイムの転換なしには不可能なのである。その時機の到来は、今起こりつつある客観的世界の急速な構造的変化にともなって、思いのほか早く近づいていると見なければならない。

　そうであるとするならばなおのこと、一刻も早く今日の基礎自治体としての市町村の地域、とりわけ農山漁村の衰退の本当の原因とその真相を究め、何よりもその解決の糸口をつかむことからはじめなければならない。それは、全国のすべての市町村において、農業に携わる者がますます減少し、しかも今では農家の圧倒的多数を占めるに至った兼業農家が、本来、家族や地域の場に滞留し農業に勤しむはずの時間をほとんど奪われ、いわば「土・日農業」を強いられている現実をどう打開するのか、という戦後長きにわたって解決できなかったこの問題に、結局は行き着くことになるはずである。

そしてそれは、これまでの延長線上に、農地のさらなる集積による農業の規模拡大化の道を進むのか、それとももう一度、本来あるべき原点に立ち戻り、農業に勤しむ時間的余裕が社会的にも制度的にも十分に保障され、かつまた豊かな多品目少量生産が可能な、創造的で楽しい家族農業経営の新たな形態を独自に創出し、これを基礎にさまざまな次元の営農形態を検証しつつ、農業・農村の新たなあり方を探り、さらにはその基盤の上に森と海を結ぶ流域地域圏《エリア》の再生をはかり、地方中核都市のあり方を探るのかという、素朴ではあるがきわめてオーソドックスな議論に収斂していくことになるであろう。こうした議論を通じてはじめて、今日、都市部において極端なまでに膨れあがった労働力過剰を週休五日制の「菜園家族型ワークシェアリング」によって吸収しつつ、広大な農山漁村地帯を再構築する道を具体的に描くことが可能になるのである。

その際、肝に銘じておかなければならないことは、自然を直接相手にする農業とは、偏狭な生産効率主義にはおよそ馴染まない、本質的には「自然」と「家族」と「生業」の三位が一体となって深く結びついた、きわめて人間的で有機的なメカニズムの総体であるということである。他方、現今に見られる熾烈な市場競争下の無軌道できわめて商業主義的な「科学技術」の発展は、生活の人工化と無機質化を急速におしすすめている。その結果、今や農家、非農家を問わず、大人にも子どもにもわずかながらも何とか残されてきた「野性」はますます衰弱し、いよいよ人間性の喪失という由々しき事態にまで追いやられている現実に刮目しなければならない。

こうした現実を冷静に直視し、この事態を深刻に受け止めるならば、市町村の中にわずかばかり残された「農業」・「農村」の再生は、ただ単に専業農家や兼業農家だけの問題ではないことが分かるはずである。なぜならそれは、建設業や製造業、商業・流通・サービス業、そして教育・医療・福祉・公務など、第二次・第三次産業に携わり生活する大多数の地域住民と、その子どもや孫たちの将来の働き方・暮らし方をも、基礎的に決定づけることになるからである。言葉を換えて敷衍して言うならば、「農ある暮らし」の現代的意義の再評価のもとに、市町村の地域の再生をはかっていくことが、今日いかに大切になってきているかということでもあろう。

それはまた、原発事故による放射能汚染や地球温暖化、乱開発による生態系破壊の脅威にさらされている今日、「自然と人間」という根源的な主題に絶えず立ち返り、市町村における地域住民それぞれの生業の立場を乗り越えて、新たな価値に基づく共通の理念を探りつつ、自然循環型共生の成熟した新しいライフスタイルへの移行を、地域の根底から積極的に促していくことでもある。

グローバル市場化が急速に進行する中、地方の自営業や中小・零細企業が苦境に立たされ、またかつては可能であった都市部での勤め口の確保も、いよいよ危うくなっている今日においてはなおのこと、こうした根源的で、しかも包括的な地域政策が不可欠になってきている。今や、基礎自治体としての市町村が農業・農村問題の解決に着手することこそが、農山村のみならず、地方中小都市やさらには大都市部をも含めたすべての地域にとって、これまで述べてきた普遍的にして根源的な問題解決の鍵であり、地域再生の究極の鍵なのである。

古今東西を問わず、農業・農村問題は、しばしば国や地域の政策のアキレス腱とまで言われてきた。

まさに今日のわが国の閉塞状況は、その箴言が的中し、戦後六八年が経った今、その致命的とも言うべき社会の弱点が露呈し、窮地に陥っている姿だと言ってもいいであろう。戦後長きにわたって放置されてきた積年のこうした肝心かなめの社会の構造的根本矛盾には目もくれず、今日の堕落した政治への民衆の不信と怒りを逆手に取って、「決定できる民主主義」とか上から目線の「統治機構の改革」なるものを叫んでいるところに、この国の政治のどうしようもない末期的症状を見る思いがする。

精密検査による早期発見・早期治療は、今や医療では常識である。このことは、「地域」についても、踏みはずしてはならない大切な原則ではないだろうか。今、私たちに求められているものは、目先のその場凌ぎの対症療法などではなく、衰弱しきった農山漁村と地方の中核都市を全一体的に捉え、その両者の体質そのものをトータルに根本から変革していく原因療法とでも言うべきものなのである。今日の憂うべき事態から一日も早く脱却し、明るい未来への展望を切り拓くためには、時間がかかってもこのことからはじめる以外に方法はないであろう。地域社会は、今まさにこうした根本的な原因療法を必要とする時代を迎えていると言わなければならない。

全国各地の市町村の住民と行政にあらためて課せられる、喫緊のいわば残された宿題は、窮地に陥り疲弊しきった地域社会の体質を根本から治すこうした原因療法に速やかに着手することである。既成の「一〇ヵ年総合計画」がすでに策定されている場合であっても、何はともあれ、原因療法に着手するための本格的で詳細な実態調査をできるだけ早い時期にスタートさせることである。こうすることによって、既成の「総合計画」の内容そのものを今一度、点検し直し、原因療法をいち早くスタートさせる態勢を早期に整えることができる。

地域の「一〇ヵ年総合計画」は、こうした新たな態勢のもとではじめて、住民・市民の英知によっていのちが吹き込まれ豊かなものに練りあげられていき、真に生きた新たな「地域計画」として優れた役割を果たしていくことになるにちがいない。そうなるかどうかは、ひとえに地域住民の今後の学習と実践にかかっていると言わなければならない。

全国の多くの自治体にとって、時代の大きな転換期にあってはなおのこと、一時の流行《はや》りにすぎない上滑りの華々しいイベントなどの「成功事例」をその都度追い求めるのではなく、むしろ共通の悩みや困難を抱えながら地域再生への道を見出しあぐね、懸命に試行錯誤している地域の本当の姿を深く知り、互いに学びあい切磋琢磨しあうことこそが、今何よりも大切なのではないだろうか。

ここでもう一度、確認しておこう。今日、社会の閉塞状況を打開できるのは、決して上からのセンセーショナルな「統治機構の改革」などではない。真の打開への道は、広域地域のいわば足もとに広がる広大な裾野、つまり現実の地域社会の基底に日々暮らし、息づいている数々のいのち、そして家族や地域コミュニティを、さらには基礎自治体としての市町村の内実を、決して形式的にではなく、いかに実質的に根底から再生していくかに尽きる。それがどんなに時間がかかっても、「決定できる民主主義」などという言葉に惑わされることなく、人々が互いに信頼し合い、自らの英知と固い絆と耐える力によって、じっくり時間をかけて地域社会の礎を一つ一つ積みあげていくほかにない。このことを抜きにしたいかなる上からの改革も、たとえ社会の不条理に対する人々の憤りや政治不信に乗じて、どんなに大げさな仕掛け花火を高らかに打ち上げたとしても、それは束の間の鬱憤晴らしに終わるか、あるいは品性のないずる賢いファシスト紛《まが》いの為政者に道を明け渡し、かつての国民的苦難を甘受するかのいずれかにならざるをえないであろう。今、多くの人々がこのことを憂えている。

社会がどんなに行き詰まったとしても、その打開は独裁的強権によって上からなされ得るものでは決してない。まさに人々の英知と友愛の固い絆と苦難に耐える力によって、粘り強く立ち向かう以外にないことを、多くの人々は戦前・戦中のかつての悲惨な国民的体験からも学んだはずである。これを簡潔に要約するならば、まさに本書の主題でもある、人々の英知と固い絆と耐える力による、自然の摂理に適った〝静かなるレボリューション〟、これ以外に道はないであろう。

第十章　今こそパラダイムの転換を

人には夢がある

未踏の思考領域に活路を探る

「菜園家族」構想の提案を、懐古趣味的アナクロニズムの妄想として一蹴するのは簡単ではあるが、それでは今日の危機的状況を乗り越え、非人間的現実をどうするかの解答にはならない。これに答えるためには、結局、近代の所産である「賃金労働者」という人間の社会的生存形態が、はたして永遠不変のものなのか、という根源的な問いに行き着かざるを得ない。

一九世紀以来今日まで、未来社会論の基調は、生産手段の社会的規模での共同所有と、これに基づく共同管理・運営を優先・先行させることにあった。そして、この社会の主たる構成員は、「賃金労働者」が暗黙の前提となっていた。しかし、今やこの理論自体に根本からメスを入れ、新たなパラダイムのもとに、一九世紀以来拘泥してきた未来社会論を止揚《アウフヘーベン》しなければならない時に来ている。

微に入り細をうがつ目から一旦離れ、歴史を長いスパンで大きく捉えるならば、人間の社会的生存形態は、人類史上、原始、古代、中世、近・現代と、それぞれの時代の主立った生産様式に照応し、原始自由人、古代奴隷、中世農奴、近代賃金労働者へと姿を変えてきた。とするならば、これから先も、人間の社会的生存形態が未来永劫にわたってそのままあり続けることはあり得ず、必ず変わっていくと考えるのは至極当然のことであろう。

「菜園家族」とは、大地から引き離され、自立の基盤を失った現代の「賃金労働者」が、自立の基盤としての「菜園」との再結合を果たすことによって創出される新たな家族形態のことである。それはつまり、大地から遊離し根なし草同然となった不安定な現代賃金労働者《サラリーマン》が、大地に根ざして生きる自給自足度の高い前近代における「農民的性格」との融合を果たすことによって、二一世紀の新たな客観的諸条件のもとで「賃金労働者」としての自己を止揚し、より高次の人間の社会的生存形態に到達することを意味している。

現代賃金労働者《サラリーマン》と生産手段（生きるに必要な最低限度の農地と生産用具と家屋等々）との再結合（B型発展の道）というこの考えは、経済成長の途上にあってモノが豊かにもたらされ、社会の矛盾がそれなりに抑え込まれている時代にあっては、社会発展の理論としては実に長きにわたって不問に付され封印されてきた。しかし今や世界は、市場原理至上主義「拡大経済」の破綻の危機に直面し、「経済成長神話」の虜となっていさえすればそれで済まされる時代は、もう終わりを告げようとしている。

現代賃金労働者《サラリーマン》よりはるかに自立の基盤が堅固で、しかも安定した、精神性豊かな人間の生存形態、すなわち市場原理の作動を抑制する能力と、世界市場の猛威に抗する免疫を自らの体内に備えた「菜園家族」が、浮き草同然の不安定な現代賃金労働者《サラリーマン》家族にとって代わる。それは歴史の必然であろう。

こうして新たに生み出された人間の社会的生存形態によって構成される家族、つまり「菜園家族」の創出と、これに基礎をおく新たな社会の構築。これが、一九世紀以来の未来社会論（A型発展の道）が不覚にも見過ごしてきた、家族小経営への回帰と止揚という未踏の領域に挑み、資本主義超克の道筋をより具体的に示す、二一世紀のあるべき未来社会論の根幹なのである。

今日の社会の深刻な矛盾にまともに向き合い、未来を展望するならば、「賃金労働者」という人間の社会的生存形態は、前近代の「農民的性格」との融合によってはじめて、より高次の段階へと止揚されることが分かるはずである。そして、「労」・「農」一体の二重化された性格を特徴とするこの新たな人間の社会的生存形態（「菜園家族」の構成員にあたる）は、遠い未来の「高度自由人」へと次第に高められていく。こうして人類史上、人間の社会的生存形態は、原始自由人から「高度自由人」へと壮大な回帰と止揚《レボリューション》の一貫した道のりを辿ることになるであろう。「菜園家族」は、この壮大な道のりの途上にある今日の現代賃金労働者《サラリーマン》から、はるか未来における「高度自由人」へのいわば過渡期にあらわれる人間の社会的生存形態、これに照応する家族形態として位置づけられるものなのである。

近代化の歴史過程で失った自立の基盤と多様な家族機能を取り戻し、生気を回復したこの新たな「家族」、つまり「菜園家族」を基礎単位に、団粒構造の土壌のようにみずみずしく滋味豊かな「自立と共生」の社会的基盤が築きあげられていくことであろう。「家族」、「隣保」、「集落」から「森と海を結ぶ流域地域圏《エリア》」（郡）、さらには「広域地域圏」（県）、そして「国」におよぶ多重・重層的で相互補完的なこうした地域土壌が、長い時間をかけ熟成されていく歴史的過程の中で、人間は根源的に鍛錬され、新たな価値にもとづく草の根の民主主義思想が次第に形成されていく。こうした長きにわたる人間鍛錬の苦闘のプロセスを経てようやく、人々は人生観や世界観や倫理観にまでおよぶ深みから思想的変革を成し遂げ、近代的思想の限界を乗り超えていくであろう。こうしてはじめて、「菜園家族」を基調とする抗市場免疫の自律的世界、つまり自然循環型共生社会を経て、人類究極の夢である人間復活の高度自然社会へと向かう道は開かれていくのではないだろうか。

人間の新たな社会的生存形態が、二一世紀社会のかたちを決める

先にも述べたように、日本をはじめ世界のすべての先進資本主義諸国は、いずれも同様に社会保障費の増大による慢性的赤字財政に悩んでいる。こうした中、先進資本主義各国の企業は、絶えず産業の新たな「成長分野」を求めて、新規のハイテク商品や大がかりで最新鋭のスマート・シティなど巨大パッケージ型インフラや、性懲りもなく原発の開発と売り込みに血眼になっている。生き残りをかけて規模拡大化と資本統合による巨大化の道を競い、これまでにも増して国際市場競争を激化させている。

このような状況をつくり出している要因には、その根底にもちろん飽くなき利潤追求の資本の一般

的法則があるものの、少子・高齢化が急速に進む今日の状況下にあっては、ますます増大する社会保障費による財政への重圧が国民経済全体に絶えず重くのしかかり、それが遠因となってこうした競争激化の傾向にいっそう拍車をかけている。

このことは同時に、「賃金労働者」、つまり根なし草同然の人間の社会的生存形態を暗黙の前提に成立している近代以来の社会のあり方そのものが、今や社会破綻の重大な要因となり、さらなる社会進歩の重い桎梏に転化しつつあることを如実に示している。家族と地域の細やかな機能をことごとく衰退させ、それらのすべてを代替できるかのように肥大化していく「カネ」と現物給付のみに頼るきわめて即席的で人為的で乾いた、しかも脆弱な社会保障制度。今日のこの事態は、こうした制度をつくり出した社会のもとで、生ずるべくして生じた宿命的とも言える結末なのである。

こうした問題の根底に横たわるもの、つまり大地から引き離され自立の基盤を失い、根なし草同然となった「賃金労働者」という今日の不安定な人間の社会的生存形態にまともに向き合い、それをいかに変革していくかというこの重い課題に着手しない限り、「先進国病」とも言われるこの慢性的な赤字財政の体質は、根本から治癒されることはない。この課題を放置する限り、現行の社会保障制度は土台から崩れ、やがて修復不能な事態へと陥っていくのは目に見えている。

「賃金労働者」と「農民」のこの二つの人格的融合によって、二一世紀にふさわしい新たな人間の社会的生存形態を創出するというこの「菜園家族」構想が現実のものになった時、本来の家族機能は甦り、やがてそれは最大限に開花していく。その時、家族と地域の力に裏打ちされ、公的福祉と有機的に結合した潤いのある自然循環型共生の〝高度な社会保障制度〟が、新たな理念のもとに確立されていくであろう。しかも、新しく確立されたこの〝高度な社会保障制度〟のもとでは、「先進国病」と言われてきた地方や国の慢性的な赤字財政は、次第に解消へと向かっていくにちがいない。こうして、熾烈な市場競争に傷つき失われた人間の尊厳は次第に回復へと向かい、日本国憲法第二五条（国民の生存権・国の社会的使命）の理念は、まぎれもなく現実のものとなるであろう。

自然界を貫く「適応・調整」の普遍的原理

二一世紀の社会構想、つまり「菜園家族」構想は、ある意味では、自然への回帰によって今日の市場原理至上主義「拡大経済」を止揚し、自然の摂理に適った精神性豊かな社会の構築をめざすものである、と言ってもいい。そこで、「菜園家族」構想をより深く理解するために、ここでは次の二つのことについて根源的次元に立ち返り、あらためて考えてみたいと思う。一つは自然界を貫く普遍的原理とはいったい何なのか、もう一つはその原理と私たち人間社会とはどのような関係にあるのか、という問いである。

四十数億年前に地球が誕生して以後、気も遠くなるような長い時間をかけて、地球が変化する過程で起きた緩慢な化学合成によって、生命をもつ原始生物は出現したと考えられている。それが、今からおよそ三八億年前、太古の海にあらわれた最初の生命である。それは単細胞で、はっきりとした核のない原核細胞生物であったといわれている。

すべての生物個体は、細胞から成り立っているのであるが、生物が誕生するためには、まず、前細胞段階のものが形成される必要がある。つまり、太古の海にできた有機物が生命体になるためには、なんらかの外界との境界ができ、細胞のように一定の内部環境が形づくられなければならない。やがて、酵素や遺伝子（ＤＮＡ）などを含む前細胞段階のものが生まれ、長い歳月をかけて変化を遂げるうちに、成長や物質交代能力、分裂能力をもつようになり、原始生物へ進化したと考えられている。

こうして誕生した最初の生命体である原核細胞生物の段階から出発し、約三八億年という歳月をかけて、ついに大自然界は、人間という特異で驚くべき傑作をつくりあげたのである。それだけに、人間の体の構造や機能の成り立ちを、細胞の核や細胞質の働きから、生物個体の組織や器官のひとつひとつの果たす役割、そして生物個体全体を有機的に統一している機能に至るまで垣間見る時、それらの驚くべき合理的な機能メカニズムの仕組みに、ただただ圧倒され驚嘆するほかない。六〇兆ともいわれる無数の細胞から組み立てられた、この人間という生物個体の不思議に満ちた深遠な世界に引き込まれていくと同時に、それを数十億年という歳月をかけながら、ゆっくりと熟成させてきた自然の偉大な力に感服する。

これに比べて、直立二足歩行をし、石器を使用した最古の人類があらわれたのは、たかだか二五〇万年前といわれている。やがて、遅かれ早かれ人類には、自然生的《ナチュラル》な共同体が最初の前提としてあらわれる。それは、家族や種族や種族連合体としてである。この原始的で本源的な共同社会は、私的所有の発生・発展によって、古代から中世へ、そして近代へと様々な形態に変形されていった。古代以降においては、社会の上層に一定の政治的権力が形成され、その「指揮・統制・支配」の原理によって、何らかの下部組織がつくりあげられ、ひとつのまとまりある社会が形成・維持されてきた。近代になると、民主主義の一定の発展によって、国家機構は若干改良されたとはいえ、国家の本質が、「指揮・統制・支配」であることに変わりはない。

このように、人間社会は、構造上・機能上、極めて反自然的な、つまり人為的で権力的な「指揮・統制・支配」の原理によって、ひとつの社会的まとまりを保ち、それに見合ったさまざまなレベルの社会組織が形成され、管理・運営されてきた。これに対して、人間という生物個体は、生命の起源以来数十億年という長い歳月をかけて、大自然の恐るべき力によって自らの構造や機能を極めて自然生的で、しかも現代科学技術の最先端をゆく水準よりもはるかに精巧で高度な「適応・調整」原理に基づく機能メカニズムに、完全なまでにつくりあげられていることに気づかされる。ここでは、権力的な「指揮・統制・支配」の原理は微塵《みじん》も見られない。まさに自然生的な「適応・調整」原理によってのみ、生命活動が営まれているのである。

私たちは、この偉大な大自然界が数十億年という歳月を費やしてつくりあげてきた、自然界の最高傑作としかいいようのない、人間という生物個体の「適応・調整」原理に基づく機能メカニズムを、人間社会に組み込む必要に迫られている。現代の人間社会は、極めて人為的な権力による「指揮・統制・支配」の原理に基づくメカニズムの中に依然としてとどまり、いまだにそこから脱却できずにいる。人間という生物個体のこの自然生的な「適応・調整」原理に基づく機能メカニズムに限りなく近づくことによってはじめて、この課題は解決されるはずである。

そのためには何よりもまず、人間という生物個体の基礎単位である細胞の機能・構造上の原理をモジュール化し、現代資本主義社会の地域の基礎単位に甦らせる必要がある。それはとりもなおさず、いわば人体の一つ一つの細胞にあたる家族を、「賃金労働者」と「農民」といういわば近代と前近代の人間の社会的生存形態の融合によって、二一世紀にふさわしい新たな家族形態、つまり「菜園家族」として再生し、これをＣＦＰ複合社会（本編第三章に詳述）の基礎単位に組み込み、さらにそれを地域団粒構造にまで熟成させていくことなのである。これが、真に民主的な手続きによって成立する地方自治体および「民主的政府」の究極の目標であり、最大の課題となる。そしてそれは、この政府を支持するすべての人々の暮らしの中から出てくる切実な願いでもある。

さて、現代の自然科学の到達点を鑑みながら、さらに深く考えをめぐらしていくと、この「適応・調整」原理は、実は、宇宙における物質的世界と生命世界の生成・進化のあらゆる現象を貫く、もっとも普遍的な原理であるように思えてくる。細胞は、たくさんの異なった分子がともに働いている生命の統一体である。分子はたくさんの原子の集まりであり、さらに原子は素粒子の集まりである。そして、分子も細胞も生物個体も、惑星も太陽系も銀河系も、この宇宙のすべての存在はきわめて極微のレベル、すなわち原子よりも小さい素粒子、さらには量子のレベルの〝場〟にあって、互いに強く繋がっている。

最新の説では、この量子レベルのエネルギーの〝場〟は、エネルギーを運搬するだけでなく、情報も伝達しているといわれている。これは従来の宇宙観とは大きく違い、宇宙は記憶をもっているということになる。一度生まれた情報は、その量子エネルギーの〝場〟に痕跡を残し、決して消え去りはしない。〝過去〟は宇宙の量子エネルギーの〝場〟に保存され、そこから情報を得て、新しい世界をたえず構築していくということなのである。

自然法則の現れとしての生命

こうした自然科学の成果や新しい宇宙観に立つ時、次のような仮説が措定される。

物質あるいは生命のすべての存在は、それぞれが、分子や原子やさらに小さい素粒子の「極小の世界」から、生命世界のＤＮＡや細胞核や細胞そして生物個体から生態系への一連の生命系、さらには惑星や太陽系や銀河系など宇宙の「極大の世界」に至る遠大な系の中の、いずれかのレベルの〝場〟に位置を占めている。これは「自然の階層性」といわれるものであるが、物質あるいは生命のすべての存在は、素粒子よりもさらに深遠な量子エネルギーのレベルで働く共通の広大無窮の〝場〟にあって、しかも宇宙や自然界の多重・重層的な〝場〟の構造のそれぞれのレベルの〝場〟において、外的環境の変化に対しては自己を適応させようとして、自己を調整し、自己をも変革さえしようとする。

つまり、この宇宙の量子エネルギーの広大無窮の〝場〟にあって、物質あるいは生命のすべての存在には、究極において何らかの首尾一貫した統一的な〝力〟がたえず働き、貫かれていると考えられる。自然の摂理ともいうべき、まさにこの統一的な〝力〟こそが、自然界の生成・進化のあらゆる現象の深奥にひそむ源であり、これが宇宙や自然界のあらゆる現象を全一的に律する、「適応・調整」の普遍的な原理なのである。

かねがね思いを巡らせてきたことなのであるが、この「適応・調整」の普遍的原理が成立する根拠は、一体どこにあるのであろうか。このことについて、今考えられることを敢えて述べるならば、自然界のあらゆる事象がアインシュタインの数式Ｅ＝m^{2}ｃ（エネルギーＥ、質量ｍ、光速ｃ）と、エネルギー保存の法則のこの二つの命題の制約のもとにあることによると考えるのが、ごく自然なのではないか。つまり、はじめの命題からは、物質には膨大なエネルギーが秘められているということと、物質はエネルギーの姿を変えた形態に過ぎないということ。二番目の命題からは、自然界のあらゆる事象は、絶えず変化の中にあるのであるが、その変化の前後においてエネルギーの総量は不変であるということ。まさにこの二つの命題（大法則）の制約のもとではじめて、すべての存在は外的環境の変化に対して、自己を適応させようとして自己を調整し、自己をも変革しようとするという、この自然界の生成・進化のあらゆる事象を貫く「適応・調整」の普遍的原理が必然的に導き出され、成立しているとと考えるべきなのではないだろうか。

ところで、自然淘汰と突然変異が、生物界における進化と、生物における秩序の唯一の原動力であると、長い間信じられてきた。しかし、淘汰によって選ばれた生物の形態が、もともと自然界を貫くより深遠な法則、すなわち「適応・調整」の普遍的原理によって生み出されたものであるならば、自然淘汰は形態を生み出す唯一の原動力ではなく、生物も、より深遠なこの自然法則の現れだということになる。したがって、われわれ人間も偶然の産物ではなく、生じるべくして生じたものだったということになるのである。

ところが最近の研究によると、自然淘汰も、「適応・調整」原理のどちらも、単独では十分な働きをしない。つまり、自然淘汰は、より深遠な自然法則である「適応・調整」の普遍的原理の単なる下位の従属的な法則でしかなく、「適応・調整」原理によって生じた秩序に対して働きかけをおこない、その秩序を念入りにつくりあげることになると考えられている。

さて、話を少しもどして、この自然界の「適応・調整」の普遍的原理を土壌の世界にも敷衍して、若干、述べておこう。土壌学でいうところの団粒構造も実は、宇宙や極小の世界の〝場〟に似せて、多重・重層的につくりあげられたものなのではないかとも考えられる。つまり、自然界の摂理ともいうべき「適応・調整」の普遍的原理が、自然界の中での次元はかなり異なってはいるものの、土壌の世界においても働き、具現されたものなのではないかということである。あるいは、むしろ団粒構造そのものが、土壌に限らず、分子や原子や素粒子などの極小の世界から、惑星など宇宙の極大の世界に至るあらゆるレベルにおいて現れる〝場〟の普遍的構造である、と言ってもいいのかもしれない。

ところで、仮説としてのこの「適応・調整」の普遍的原理は、分子生物学・生物複雑系科学の第一人者である、アメリカのスチュアート・カウフマンが唱えている「自己組織化」の原理と、奇しくも本質的な部分で重なるところが多いことに驚かされた。この分野では門外漢である者としては意を強くもし、その研究の今後の展開に期待しているところである。

スチュアート・カウフマンのこの自己組織化の原理を、原子や素粒子の「極小の世界」から惑星など宇宙の「極大の世界」におよぶ自然界、さらには人間社会の生成・発展の現象にまで敷衍し、仮説としての普遍的原理にまで高めたのが、この「適応・調整」原理であると言うことができる。

アインシュタインが、「われわれは、観測される諸事実のすべてを体系化できるもっとも単純な思考の枠組みを探しているのだ」と語っているように、人類は、科学の確立された世界観を求めてすすんできたし、これからもすすんでいくにちがいない。ここで提起した自然界を貫く「適応・調整」の普遍的原理は、こうした今日の諸科学の進展の中で、その仮説としての有効性がいっそう明らかにされていくのではないか、と期待している。

自然界の普遍的原理と二一世紀未来社会

さて、「菜園家族」構想を現実のものにするためには、「菜園家族」形成のゆりかごとも言うべき森と海を結ぶ流域地域圏《エリア》内に、週休五日制の「菜園家族型ワークシェアリング」（ここでも週休四日や三日の場合については省略し、週休五日制のみを例示して説明）を制度的に確立することが鍵となる。ここでは、その重要性を、宇宙、つまり大自然界における物質的世界と生命世界の生成・進化のあらゆる現象を貫く、自然の摂理とも言うべき「適応・調整」（＝自己組織化）の普遍的原理に照らして考えてみよう。

森と海を結ぶ流域地域圏《エリア》社会を、生物個体としての人間のからだに譬えるならば、先に触れたように、「菜園家族」は、さしずめ人体の構造上・機能上の基礎単位である一つ一つの細胞にあたる。

週休五日制の「菜園家族型ワークシェアリング」のもとでは、森と海を結ぶ流域地域圏《エリア》内のそれぞれの「菜園家族」は、週に五日、自己の「菜園」で創造性豊かな多品目少量生産を営み、残りの二日間は、流域地域圏《エリア》内の中核都市など近隣の職場に労働力を拠出。その見返りに応分の賃金を受け取り、「菜園家族」自身を自己補完しつつ、安定的に暮らすことになる。

それはあたかも、人体の六〇兆にもおよぶ細胞のそれぞれが、細胞質内のミトコンドリアで生産されるＡＴＰといういわば「エネルギーの共通通貨」を、人体の組織や器官に拠出し、その見返りに血液に乗せて送られてくる栄養分を受け取り、細胞自身を自己補完しつつ生きている、というメカニズムに酷似している。

このように考えてくると、週休五日制の「菜園家族型ワークシェアリング」は、単なる偶然の思いつきで提起されたものと言うよりも、実は、自然界の摂理とも言うべき「適応・調整」の普遍的原理に則して、必然的に導き出されてくるシステムであるように思えてくる。

ビッグバンによる宇宙の誕生から一三七億年。無窮の宇宙に地球が生まれてから四六億年。太古の海に原初の生命があらわれてから三八億年。大自然界は、この気の遠くなるような歳月を費やして、生物個体の構造や機能を極めて自然生的で、しかも現代科学技術の最先端を行く水準よりもはるかに精巧で高度な「適応・調整」の原理に基づく機能メカニズムに、完全なまでにつくりあげてきた。連綿と続く生命の進化の果てに生まれた、自然界の最高傑作としか言いようのない人間という生物個体。この人体においてもまた、その生命の総合的な機能システムの根底には、自然界の「適応・調整」の普遍的原理が貫かれている。体温の自動調整機能一つをとって見ても、細胞内のミトコンドリアが果たすエネルギー転換の自律的で複雑な機能メカニズムを見ても、さらには、自律神経の巧妙なメカニズムを見ても、そのことに気づくはずである。自律神経は、人体を構成する約六〇兆の細胞を意志とは無関係に調整しているだけでなく、血管、心臓、胃腸、内分泌腺、汗腺、唾液腺などを支配し、生体の機能を自動的に調整している。交感神経と副交感神経の両者が外部環境や状況に応じてシーソーのように揺れ動き機能することで、私たちの体調が整えられているのである。この自然の偉大な力に感服するほかない。

ところが、「直立二足歩行」をはじめるようになり、両手の自由を獲得した人類は、「道具」の使用によって、脳髄を他の生物には見られないほど飛躍的に発達させていった。そして、人間に特有な「家族」、「言語」の発達とも密接に連動しつつ、いっそう脳を発達させながら、地球の生物進化史上、まったく予期せぬ重大な〝出来事〟をひきおこしていく。とりわけ「道具」の発達は、生産力の飛躍的な上昇をもたらし、いつしか人類は、剰余労働の収奪という悪習をおぼえ、身につけることになった。この時を起点に、人間社会の生成・発展を規定する原理は、自然界の「適応・調整」の普遍的原理から、きわめて人為的な「指揮・統制・支配」の原理へと大きく変質を遂げていったのである。

「指揮・統制・支配」の原理に基づく世界に身を浸し生きている現代の私たちは、それが当たり前のことのように受け止めているが、三八億年という生命起源の悠久の歴史から見れば、「直立二足歩行」をし、石器を使用した最古の人類が現れたのは、たかだか三〇〇万年前である。ましてや人類史上におけるこの「指揮・統制・支配」の原理への移行に至っては、つい最近の出来事であると言ってもいい。

人類が、大自然界に抱かれ生存し続けるためには、人間社会の生成・発展を規定しているこの「指揮・統制・支配」の原理を、究極において、自然界の摂理とも言うべき「適応・調整」の普遍的原理に限りなく近づかせていかなければならない。さもなければ、大自然界の一隅にありながら、自然界の原理とは相対立する「指揮・統制・支配」の原理のもとに恐るべき勢いで増殖と転移を繰り返し、今まさに地球を覆い尽くそうとしている人間社会という名の「悪性の癌細胞」を、永遠に抑制することはできないであろう。

「菜園家族」構想が自然と人間社会の共生と融合をめざす以上、究極において人間社会の編成原理と機能原理が自然界の原理に限りなく近づき、一つのものになるように人間の社会システムを構想するのは、至極当然のことであろう。こう考えるならば、人体における細胞の「ミトコンドリアの機能」メカニズムと酷似する週休五日制の「菜園家族型ワークシェアリング」が、「菜園家族」を基調とする来たるべき地域社会にとって、自然界の原理に適ったものとして機能し、その自然循環型共生社会成立の不可欠の条件になることも、あらためて納得できるはずである。

人間社会は、自らを律する「指揮・統制・支配」の原理を、自然界を貫く「適応・調整」という本来の普遍的原理に限りなく接近させることによって、大自然という母体を蝕む存在としてではなく、同一の普遍的原理によって一元的に成立する大自然界の中へとけ込んでいくことができるのである。

人間は自然の一部であり、人間そのものが自然なのである。

本当の意味での持続可能な自然循環型共生社会の実現とは、浮ついた「エコ」風潮に甘んずることなく、まさに人間社会の生成・発展を律する原理レベルにおいて、この壮大な自然界への回帰と止揚《レボリューション》を成し遂げることにほかならない。今こそ人間存在を大自然界に包摂する新たな世界認識の枠組みを構築し、その原理と思想を地球環境問題や未来社会構想の根っこにしっかりと据えなければならない。

すでに本編の冒頭でも触れた生命本位史観とは、実は今ここで縷々述べてきたこうした考えがその根底にある。人間社会を宇宙の壮大な生成・進化の歴史の中に位置づけ、それを生物個体としてのヒトの体に似せてモジュール化して捉え直す時、この生命本位史観は、表現を変えれば近代を超克する社会生物史観とも言うべき二一世紀の新たな歴史観として、より明確な輪郭と説得性をともなって立ち現れてくることになるであろう。

ＣＦＰ複合社会を経て高度自然社会へ ― 労働を芸術に高める

この世界に、そしてこの宇宙に存在するものはすべて、絶えず変化する過程の中にある。それはむしろ、変化、すなわち運動そのものが存在であると言ってもいいのかもしれない。「菜園家族」を基調とするＣＦＰ複合社会も、決してその例外ではない。

ここでは、ＣＦＰ複合社会の展開過程を、まず、Ｃ、Ｆ、Ｐ三つのセクター間の相互作用に注目しながら見ていきたい。そして、その側面から、人間の労働とは一体何なのかを問いつつ、その未来のあるべき姿についても同時に考えることにする。

まず、資本主義セクターＣの内部において、現代賃金労働者と生産手段（農地や生産用具など）との再結合がすすみ、「菜園家族」への転化が進行していく。家族小経営（「菜園家族」と「匠商家族」）セクターＦは、時間の経過とともに増大の一途を辿り、その結果、セクターＣにおける純粋な意味での賃金労働者は、漸次、減少していく。

先に本編第八章「脱近代的新階層の台頭と資本の自然遡行的分散過程」で見てきたように、国土に偏在していた巨大企業や官庁などが分割・分散され、全国各地にバランスよく配置されることによって、賃金労働者と農民の性格を二重にもつ「菜園家族」の生成はいっそう進展し、全国の隅々にまで広がっていく。こうして自給自足度の高い家族が国土に隈無く広がることと相俟って、巨大企業の分割配置がさらに促進され、企業の規模適正化が確実にすすむ。

その結果、適正規模の工業や流通・サービス産業から成る中小都市を中核に、「菜園家族」のネットワークが森と海を結ぶ流域地域圏《エリア》全域に広がりを見せ、美しい田園風景が次第に国土全体を覆っていくことであろう。その結果、市場競争はおおいに緩和の方向へとむかっていく。こうして資本主義セクターCは、自然循環型共生社会にふさわしい性格に次第に変質する過程を辿っていくことになるであろう。

他方、成長途上にある家族小経営セクターFでは、自然と人間との間の直接的な物質代謝過程が回復し、自然循環型共生のおおらかな生活がはじまる。労働に喜びが甦り、人間の自己鍛錬の過程が深まっていく。自然循環型共生の思想と倫理に裏打ちされた、新しい人間形成の過程がはじまる。「菜園家族」独自のきめ細やかで多様な労働を通じて、人々に和の精神が芽生え、共生の精神によって人々の輪が広がっていく。

このCFP複合社会形成の時代は、おそらく一〇年、二〇年といった短い歳月ではなく、三〇年、五〇年、あるいはそれ以上の長い時代を要することになるのかもしれない。それは、今日人類にとって避けては通れない喫緊の課題となっているエネルギーや資源の浪費抑制や、「二〇五〇年までに世界のCO_2排出量を半減する」という国際目標にも呼応する、重要なプロセスのなくてはならない一翼を担うことになるであろう。

こうした長きにわたる時代の経過の中で、家族小経営セクターFはますます力をつけて発展していく。それにともなって、資本主義セクターC内部の個々の企業や経営体は、次第に自然循環型共生社会にふさわしい内容と規模に変質を遂げながら、漸次、公共的セクターPに転化・移行していく。やがて、このCFP複合社会の時代の最終段階では、資本主義セクターCはその存在意義を失い、ついには自然消滅し、家族小経営（「菜園家族」と「匠商家族」）セクターFと公共的セクターPの二大セクターから成るＦＰ複合社会が誕生する。この時はじめて、資本主義は超克されるのである。それでも、この段階に至ってもなお、「菜園家族」を基調とする家族小経営セクターＦが、依然としてこの社会の土台に据えられていることに、かわりはないであろう。

このように、ＣＦＰ複合社会の長期にわたる展開過程を経て、最終的に成立したＦ、Ｐの二大セクターから成るＦＰ複合社会は、さらに長期にわたる熟成のプロセスを経て、ついには人間復活の高度自然社会に到達する。そこでは、権力の象徴である国家は消滅する。この高度自然社会は、はるか遠い未来に到達すべき人類の悲願であり、究極の目標であり、夢でもある。

ＣＦＰ複合社会の形成からはじまって高度自然社会に到達する、この長いプロセスを貫く特質は、いずれも「菜園家族」がいわば生物個体としての人体における細胞のように、地域社会の最小の基礎単位であり続ける点である。したがって、「菜園家族」が農地と生産用具を含む生産手段との有機的な結合を維持している限り、この家族の構成員である子どもから老人に至る個々人にとっても、自然と人間との間の直接的な物質代謝過程が安定的に確保されることになる。この過程に投入される労働を通じて、人間は自然を変革すると同時に、何よりも人間自身をも変革する条件とその可能性を絶えず保持し続けるであろう。このことは、ＣＦＰ複合社会の形成から高度自然社会に至る全過程を貫く法則である。したがって、社会の細胞である最小の基礎単位が「菜園家族」である限り、この社会は、人間の発達と人間形成を基軸に据えた、これまでには見られなかった優れた社会システムとしてあり続けることが可能になるのである。

生産手段（「菜園」）が家族小経営の基礎にしっかりと組み込まれている限り、「菜園」での労働過程の指揮系統は、労働主体である人間の外部にあるのではなく、労働主体である人間と一体のものであり続ける。したがって「菜園家族」は、まさにこの指揮系統を自らのものとして自己の内部に獲得し続けるであろう。

労働過程を指揮する営みを精神労働とし、それに従って神経や筋肉を動かす労働を肉体労働とするならば、もともと精神労働と肉体労働とは、一人の人間の中に分かち難く統合されていたものである。その両者の分離は、労働する人間から生産手段（農地や生産用具など）を奪った時からはじまるのであるが、この精神労働と肉体労働の両者の分離こそが、労働から創造の喜びを奪い、労働を忌み嫌う傾向を生み出した。

主体性を失い、苦痛のみを強いられるこうした労働とは対照的に、芸術的創作は疲れや時間の経過さえ忘れさせるほど、人間に喜びをもたらすものである。それは、本来の芸術が精神労働と肉体労働の両者の統一されたものであり、まさにそこに創造の喜びの源泉があるからにほかならない。「菜園家族」構想は、資本主義が生み出した賃金労働者と生産手段（農地と生産用具など）との、まさにこの分離を「再結合」させることによって、労働過程に指揮する営み、つまり精神労働を取り戻し、両者の統一を実現し、労働を芸術にまで高めようとするものなのである。

労働が芸術に転化したときはじめて、人間は、創造の喜びを等しく享受することになるであろう。その時、人間は、市場原理至上主義「拡大経済」のもとで物欲や金銭欲の充足のみに矮小化された価値観から次第に解き放たれ、多元的な価値に基づく多様で豊かな幸福観を形成し、前時代には見られなかった新たな倫理と思想を育んでいくにちがいない。

ＣＦＰ複合社会がどんなに高い水準に達し、さらに人類の夢である高度自然社会に到達したとしても、この社会から家族小経営としての「菜園家族」が消えることはないであろう。「菜園家族」がこの社会の最小の基礎単位であり続けなければならない理由は、まさに人間の労働に本来の喜びを取り戻すために不可欠なものであるからであり、しかも、自然との融合による素朴な精神世界への回帰を実現し、健全で豊かな人間形成にむけて、人間そのものの変革過程を恒常的かつ永遠に保障するものであるからなのである。

人間の変革過程が静止した時、人間は人間ではなくなるであろう。

さいごに確認しておきたいいくつかの要諦

本書のこれまでの考察から、少なくとも二つの大切なことが明らかになってきた。一つは、一九世紀以来、資本主義超克の道として模索され世界的規模で展開されてきた、生産手段の社会的規模での共同所有・共同管理を優先・先行させる従来型の社会主義理論の限界とその欠陥が、二〇世紀におけるその実践の失敗によって決定的になったにもかかわらず、今なおその根本原因の省察が不徹底であるということ。もう一つは、それゆえに、一九世紀以来の未来社会論に代わる新たな未来社会論、つまり未来への明確な展望を指し示し、同時に現実社会の諸矛盾をも克服していく具体的な道筋を全一体的に提起し得る二一世紀の確かな未来社会論をいまだに構築し得ずにいるということである。

戦前においてもそして戦後においてもそうなのであるが、社会が直面する深刻な諸矛盾に向き合い、その解決を探る様々な努力が成されてきたものの、広い意味での未来社会論について言うならば、その時々の時代的制約から来るところが実に大きかったとは言え、外国の理論の模倣的適用に終始する傾向が強く、自国の現実に即してより具体的に、わが国独自の未来社会論を展開し練りあげていくという姿勢が、あまりにも欠如していたのではなかったのか。この欠陥を克服できずに、今日に至るまで問題を抱え込んできたと言えよう。この点については、とりわけ戦後高度経済成長以降に限って見るならば、絶えず日陰の産業に追い遣られてきた農業・農村の現実に焦点を当て、その他第二次、第三次産業との関連のもとに社会を全一体的《ホリスティック》に捉え、そこから未来社会論を展開しようとする意識が希薄であることを自戒を込めて指摘しなければならない。その時々の目新しい舶来の未来社会論を追い求め、抽象レベルでの議論にあまりにも終始している現状に、このことは如実にあらわれている。

私たち人類はこれから先、果たしてどのような長期展望のもとに、具体的にどのような道筋を歩んでいくべきなのか。

ここまで本編で述べてきた「菜園家族」構想は、一八世紀産業革命以来、人類が長きにわたって囚われてきた近代のパラダイムを根本から転換することによって、この難問に正面から向き合い、二一世紀のあるべき新たな未来社会論を模索し、その基本を提示しようとしたものである。それが、「菜園家族」を基調とする〝CFP複合社会〟を経て、人類の悲願である人間復活の〝高度自然社会〟へ至る道である。つまり、従来の社会主義理論の根幹を成す生産手段の社会的規模での共同所有・共同管理（A型発展の道）ではなく、生産手段から排除され根なし草同然になった現代賃金労働者《サラリーマン》と、生産手段（自足限度の小農地、生産用具、家屋等々）との再結合（B型発展の道）を果たすことによって新たに生まれてくる家族小経営（「菜園家族」・「匠商家族」）を基軸に、未来社会を展望するのである。

一八世紀産業革命以来、大地から引き離され、「賃金労働者」となった人間の社会的生存形態は、今ではすっかり人々の常識となってしまった。しかし、やがて二一世紀世界が行き詰まる中で、これにかわって新しく芽生えてくるものに、その席を譲らざるをえなくなるであろう。「菜園家族」は、まさしくこうした時代転換の大激動の中から必然的にあらわれてくる、人間生存の新たなる普遍的形態なのである。

「菜園家族」構想は、この新しい人間の社会的生存形態とそれに基礎を置く家族の登場の必然性と、人類史におけるその位置を明らかにすることから説き起こしてきた。その上で「菜園家族」に人間本来の豊かさと無限の可能性を見出し、人類究極の夢である大地への回帰と、人間復活の自由・平等・友愛の〝高度自然社会〟への止揚の必然性とその展開過程を探ろうとしてきた。この長い道のりとなる全過程の前期段階に、「菜園家族」を基調とする〝CFP複合社会〟を明確に位置づけている。こうすることによってはじめて、〝高度自然社会〟への道を単なる理念に終わらせることなく、そこに到達するプロセスをより現実的、具体的かつ多面的に論じることが可能になってきたように思う。

換言すれば、こうした未来社会の生成・発展の過程を、〝CFP複合社会〟の揺籃期（制度的に未確立の段階で、ごく限られた個々の人々や家族の努力によって模索され、細々と実践されている今日の時代）からはじまり、新しい「民主的政府」の成立（国レベルに限らず地方自治体レベルも含む）のもとでの本格形成期を経て、さらには〝高度自然社会〟（セクターCのPへの質的変化にともなって漸次達成されるFP複合社会）へと至る壮大な道のり、つまり人間社会の自然への回帰と止揚《レボリューション》の論理とその必然性をできるだけ具体的に論じてきた。まさにこの議論を通じて、私たちは、今日における当面の実践的課題をも、より具体的に明らかにしていくことが可能になるであろう。この未来社会論が、過去のいかなる理論にも増して現実味を帯びてくる所以もここにある。

これまでの近代的価値観とはまったく異なる次元にそれと対峙して、「菜園家族」つまり市場原理に抗する免疫力に優れ、自らの自然治癒力を高めた自律的な生き生きとした家族を地域に一つひとつ着実に築き上げていく。こうした民衆の日常普段の自己生活防衛とも言うべき人間的営為を支え、それを常態化し、やがて制度化を目指すこの週休五日制による三世代「菜園家族」構想は、一九世紀以来考えられてきた様々な未来社会論をはるかに超えた精神性豊かな新しい社会のあり方と、そこへ至る確実で具体的な道筋を提起しているところに特長がある。それは戦後高度経済成長の過程で無惨にも衰退した家族と、森と海を結ぶ流域地域圏《エリア》を一体的に甦らせ、農山漁村の過疎高齢化と都市の過密を同時解消するとともに、「菜園家族」を基調とする自然循環型共生の地域社会を限無くバランスよく一つずつ積み上げていくことによって、国土全体をグローバル市場に対峙する「免疫的自律世界」に構築していくことなのである。

「新成長戦略」、そして「アベノミクス」なるものに幻想を抱き続けながら、ついにはどうしようもない破滅へのスパイラルに陥っていくぐらいならば、たとえ「菜園家族」構想が時間のかかる苦難の道であったとしても、人類の崇高な理想に向かって生きることが、どんなに人間として生き甲斐のある生き方であるかが次第に分かってくるはずである。私たちは根拠のない淡い幻想を繰り返し抱き、現実から目をそらしてきたのではなかったのか。私たちはあまりにも長い間、目前の些細な功利に振り回され、本来の目標を見失い、夢を描くことすら忘れてしまったのではなかったのか。このことを深く自戒しなければならない。

さて、人間の新たな社会的生存形態の創出と並んで、「菜園家族」構想にとってもう一つ重要な問題は、本編第八章「脱近代的新階層の台頭と資本の自然遡行的分散過程」で触れた、二一世紀の新たな次元の科学技術体系の創出である。「菜園家族」構想については、生産力の減退によって、結局、昔の貧しい生活に戻ってしまうのではないか、といった懸念や誤解を持たれがちである。しかしながら、この「資本の自然遡行的分散過程」が進むにつれて、市場原理によって歪められた今日の科学技術は次第に影をひそめ、まったく次元の異なる新たな価値に基づく、自然界の摂理に適った「小さな科学技術体系」が創出されていく。その結果、今日よりも人間の幸福にとってはるかに本質的で、しかも精神性豊かな生活を築くための、それこそ人間にとって真に必要不可欠な物質的諸条件が整ってくると見なければならないであろう。先の懸念や誤解は、長期的展望に立ってこの新たな科学技術体系の生成・進化の側面に注目するならば、それは自ずと解消されていくはずである。このことをあらためて確認しておきたいと思う。

次のことは、「菜園家族」構想の中でもきわめて重要な点であるので、繰り返しになりくどくなるが、ここであえてこの項目「さいごに確認しておきたいいくつかの要諦」の中の一つに加えて位置づけておきたい。

つまりそれは、こういうことなのである。「菜園家族」を創出し、それをゆっくりではあっても地域社会の基礎単位として社会の基盤に組み込むことは、それに伴って、社会全体からすれば、純粋な意味での「賃金労働者」が確実に減少していくことを意味している。このことはただちに、剰余価値の資本への転化のメカニズムを揺るがし、資本の自己増殖運動を社会のおおもとから抑制し、次第に衰退へと向かわせていくことになる。これは結果として、「資本の自然遡行的分散過程」を社会の基底部から促進していくことにつながるのである。つまり、地域住民一人ひとりの日常普段の地道な努力によって成される生活正当防衛としてのこの「菜園家族」の創出は、一見地味で緩慢に見えるが、地域に抗市場免疫の自律的世界を拡充していくことであり、ますます強まる資本主義の横暴を社会の基礎から抑制し、資本主義そのものをゆっくり時間をかけて確実に衰退へと導き、ついには近代を超克する自然循環型共生社会への体制転換を着実に促していく原動力になる。「菜園家族」の創出という一見些細に見える個々人の日常普段の努力の積み重ねが、実は射程の長い世界史的意義を有する人間的営為であることを、ここであらためて確認しておきたいのである。

人類が究極において、大自然界の中で生存し続けるためには、人間社会の生成・発展を規定している「指揮・統制・支配」の原理を、自然界の摂理ともいうべき「適応・調整」(=自己組織化)の普遍的原理へと、実に長い年月をかけて戻していかなければならない。このことについてはすでに述べてきた。本当の意味での持続可能な自然循環型共生社会の実現とは、まさに、人間社会の生成・発展を律する原理レベルにおいて、この壮大な自然界への回帰と止揚《レボリューション》を成し遂げることにほかならない。大自然界の摂理に背き、人類が自らつくり出した原発、つまり核エネルギーの開発と利用という自らの行為によって、無惨にも母なる自然を破壊し、自らのいのちと自らの運命を絶望の淵に追い遣っている今こそ、人間存在を大自然界に包摂する新たな世界認識の枠組みのもとに、その原理とその思想を未来社会構想の根っこにしっかりと据えなければならないのである。

これまで人類が成し遂げることができなかったこの壮大な課題が、３・11後のまさに今、二一世紀に生きる私たちに最後の機会として与えられている。この課題から逃げることなく、真っ正面に据えて取り組む。こうしてはじめて、道は開かれていくのではないだろうか。

北国、春を待つ思い

琵琶湖畔・鈴鹿山中に研究調査の拠点をおく私たちの出発点には、長年にわたって研究してきたモンゴルの遊牧地域がある。モンゴルがアジアの片田舎であるとするならば、遊牧の村ツェルゲルは、そのまた片田舎の小さな地域社会であると言える。そんな「辺境」で生きる人々の姿は、私たち現代人の暮らしのあり方や、ますます混迷を深める世界のゆくえを見つめる上で、実に大切な視点を与えてくれたように思う。

モンゴルの遊牧民が好む花に、ヤルゴイ（モウコオキナグサ）という早春の草花がある。

北国の高原の酷寒に耐えぬいたヤルゴイの草たちは、春を迎え大地が根雪をとかすと一斉に芽を吹き出し、紫や黄色の小さな花を咲かせる。これは現実かと目を疑うほど華やかに冬の灰色を吹き飛ばし、なだらかな丘陵の南斜面に鮮やかな色彩をひろげる。それは、見事な生命力を見せつけてくれる。

この小さな蕾には、ビタミンがいっぱい詰まっているという。長い冬の間、雪の下でじっと堪えたエネルギーが、一気に噴き出すからであろう。越冬に体重を三割近くも減らし、憔悴しきった家畜たちは、丘にうす緑が広がると一斉に駆け登り、春一番に咲くこの栄養源を夢中になって食《は》み、急速に体力を回復してゆく。

大自然の循環の中で、家畜たちの生命《いのち》の再生のために、肩ひじ張らず、あるがままに献身するこの可憐な花に、遊牧民たちは自らの生きざまを重ね合わせる。そしてわが身も同様、地上と天上を巡る大循環の中にあることを思う。それは、自己の生存の因縁を悟り、生命《いのち》に対する敬虔な心に浸る一瞬でもある。

モンゴルの自然は厳しい。しかし、じっと目を据える余裕があるならば、大地と家畜と人間が、悠久の歴史の中で織り成し創りあげてきた、繊細にして見事な世界がそこにあることに気づくであろう。人間は、まさにこうした世界の中にあってはじめて、自然の過酷さに耐える能力も、つつましさとか心優しさといった人間の優れた資質をも育むことができたのである。

先進工業社会に生きる私たちは、あまりにも科学技術を過信すると同時に、市場原理を神格の座に祭り上げ、欲望を掻き立てひたすら走り続けてきた。その結果、人々は大地から分断され、極めて人工的な閉じられた世界の中で、一〇〇パーセント賃金に依存する根なし草同然の暮らしを強いられることになった。個性的で多様な幸福観は、人間が大地を失い耕すことを忘れたその時から、次第に画一化され始めた。人間の幸せはいつしかモノとカネによってのみ計量され、心の安らぎはますます失われてゆく。今人類は、手のつけようのない不可解な世界に迷い込んでしまったようだ。このままでは断崖から落ちていくほかあるまい。

人間は自然の一部であり、人間そのものが自然であるという、現代人にはとうに忘却の彼方に追いやられたこの命題が、文明の地の果てと言われる〝遊牧の世界〟に、今もなお見事に息づいていることを記憶に留めたいものである。

映像作品『四季・遊牧―ツェルゲルの人々―』（三部作全6巻、七時間四〇分、小貫・伊藤共同制作、一九九八年）は、そのような世界でたくましく生きる遊牧民の姿を描いている。この長編ドキュメンタリーは、一九九二年秋から一年にわたって、首都から南西へ七五〇キロ離れた大砂漠にそびえるゴビ・アルタイ山中の遊牧の村ツェルゲルでおこなった、住み込み越冬調査の記録をもとに制作したものである。

二〇〇〇年、秋も深まり肌寒くなった仙台の東北大学で、この作品の上映会が開催された。一般の市民のほかに、三十数名ものモンゴル留学生が参加。なかでも、中国内蒙古自治区から来た留学生は、複雑な思いで見入っていたようだ。

その一人、植物生態学専攻の大学院生ナチンさんによると、お国では、圧倒的多数を占める漢族の中で、モンゴル族はただでさえ肩身が狭いのに、中国の高度経済成長のただ中にあって、遊牧は遅れた前世紀の遺物とみなされ、心の故郷《ふるさと》さえも失ってしまったという。仲間たちに民族文化の大切さをいくら説いても、大勢《たいせい》の中、ほとんどの人が考えようとしないか、諦めの境地にいる。『四季・遊牧』は、こうしたやるせない気持ちを一気に吹き飛ばしてくれるものだったという。

さらに彼は、熱を込めて意外な指摘をつづけた。「民族として生きる心の故郷《ふるさと》を失った内蒙古の我々と同様、今日の日本の人々も自国の中に故郷《ふるさと》を失っている。そこに、両者が理解しあえる共通の何かがあるのではないか」と。

私たちは長年の間、『四季・遊牧』の世界を「辺境」からの大切な視点として受けとめ、そこから日本の現状を見つめ直し、未来のあるべき姿を模索してきたのだが、私たちの考えの核心部分と、彼の思いとがあまりにも一致していることに驚かされた。

市場原理は、科学技術と手を結ぶやいなや、人間の意識下に眠る欲望をかき立て、煽り、一挙に暴走をはじめる。高度経済成長の過程で、人々は、一方的な市場の論理によって大地から引き離され、大地という故郷《ふるさと》を失い、心の不安に苛まれている。

朝昇る太陽に今日一日を祈り、夕べに沈む太陽に今日一日を感謝する。そんな中で平和な気持ちで暮らせることが、豊かなことではないのか。いのちに対する慈しみの心、感謝や尊敬の気持ちが根っこにない暮らしは、嘘だと思う。だから、二一世紀こそは故郷《ふるさと》を奪還し、大地に根ざした人間本来の暮らしをとり戻さなければ……。いつしかナチンさんと私たちは、高揚感に浸っていた。

留学生たちは、宴席ということもあってか、次第に閉ざされた心を開いて、幾度も千昌夫の「北国の春」を流暢な日本語で歌っていた。「届いたおふくろの小さな包み　あの故郷《ふるさと》へ帰ろうかな　帰ろうかな」。この最後のリフレインが、〝大地〟を呼び戻す切なる叫びに聞こえて、いつまでも耳から離れなかった。

千昌夫さん、あなたの目の届かないところで、今なおあなたの歌に鼓舞され、誠実に生きようとしている人がいるのです。

未曾有の東日本大震災の苦しみと悲しみをのり越え、多くの人々が強く生きようとしている。こうした中にあってもなお、一部の人々や政治家は、目先の瑣事に心を奪われ、今の温もりを失うまいと必死になる。景気回復とか成長戦略とか聞こえはいいが、それは所詮、従来型の生き方を強化こそすれ、決して変えるものではない。

今必要とされているのは、産業革命以来の路線の根本的転換であり、勇気なのである。大地に生きる素朴な精神世界への回帰と人間復活の壮大な道のりを心に描き、『四季・遊牧』のエンディングから次の詩《ことば》を引用し、未来に夢をつなぎたいと思う。

それがどんな「国家」であろうとも
この「地域」の願いを
圧《お》し潰《つぶ》すことはできない。

歴史がどんなに人間の思考を
顛倒《てんとう》させようとも
人々の思いを
圧し潰すことはできない。

人が大地に生きる限り。

春の日差しが
人々の思いが

やがて根雪を溶かし
「地域」の一つ一つが花開き
この地球を覆い尽くすとき
世界は変わる。

人が大地に生きる限り。

エピローグ ― いのちの思想を現実の世界へ

苦海を彷徨《さまよ》い
酔夢は
大地に明日を描く

「菜園家族」の真髄は、燦々と降りそそぐ太陽のもと大地を耕し、雨の恵みを受けて作物を育て、その成長を慈しむことにある。天体の運行にあわせ、自然のゆったりとした循環の中に身をゆだね、子供たちも、大人たちも、年老いた祖父母たちも、ともに助け合い、分かち合い、仲良く暮らす。それ以外の何ものでもない。

年年歳歳かわることなく、めぐり来る四季。その自然の移ろいの中で、「菜園家族」とその地域社会は、自然と人間との物質代謝の和やかな循環の恵みを享受する。ものを手作りし、人々とともに仲良く暮らす喜びを実感し、感謝の心を育む。

人々は、やがて、ものを大切にする心、さらには、いのちを慈しむ心を育て、失われた人間性を次第に回復していく。市場競争至上主義の延長上にあらわれる対立と憎しみに代わって友愛が、そして抗争と戦争に代わって平和の思想が、「菜園家族」に、さらには地域社会に根づいていく。

人と競い、争い、果てには他国への憎しみを駆り立てられ、殺し合う。そんな戦争とは、「菜園家族」はもともと無縁である。残酷非道な、それこそ無駄と浪費の最たる前世紀の遺物「人を殺す道具」

とは、無縁なのである。「菜園家族」は、世界に先駆けて自らの手で戦争を永遠に放棄し、自らも大いなる自然に溶け込むように、平和に暮らすよすがを築いていくにちがいない。

ひょっとしたら、「菜園家族」に託すこの願いは酔夢だったのだろうか。ふと、そんな思いがよぎる。しかし、よく考えてみると、この「菜園家族のくに」こそ、日本国憲法が世界にむかって高らかに謳《うた》った「平和主義」、「基本的人権（生存権を含む）の尊重」、「主権在民」の三原則の精神を地でいくものであることが分かってくる。「菜園家族のくに」では、日常のレベルで、そして大地に根ざした思想形成の過程で、この憲法の精神が現実のものになっていく。

日本の国土に生きる私たち自身が、世界に率先してこの新しい人間の生き方「菜園家族」の道を選び、誠実に歩んでいくならば、きっと、世界に誇る日本国憲法に、いのちを吹き込むことになるであろう。憲法の精神を地でいくこの「菜園家族」に、アジアの人々も、さらには世界のすべての人々も、いつかはきっと、惜しみない賞賛と尊敬の念を寄せてくれるにちがいない。

世界の人々は今、モノでもカネでもなく、精神の高みを心から望んでいる。「菜園家族」はこの世界の願いに応えて、必ず世界に先駆けてその範を示すことになるであろう。

人間を大地から引き離し、虚構の世界へとますます追いやる市場原理至上主義「拡大経済」に、はたして未来はあるのだろうか。

今日まで私たちが思い込まされてきたすべての「常識」は、恐らくこのままあり続けることはないであろう。今や日本は、そして世界は3・11東日本大震災を機に大転換期をむかえつつある。

ややもすると、これまでの近代的価値観にすっかり埋没し、そこから一歩も抜け出すことができずに、目先の処方箋や短絡的できわめて小手先の個々の細部の議論に終始しがちな傾向の中にあって、地域や労働の現場に生きる人々の立場に立った、かつ二一世紀日本のめざすべき方向を見据えた総合的で全一体的《ホリスティック》な研究と、それに基づく未来への展望とそこへ至るより具体的な道筋の提起が、今ほど必要な時はない。このことは、このたびの3・11東日本大震災からの復旧・復興をめぐる混迷・混乱という国民的体験からもあらためて言えることではないだろうか。

3・11を機に、政府や財界や大手シンクタンク、コンサルタントなど各方面から出されている上からの復興計画なるものに対して、ただ単なる批判にとどまることなく、その対抗軸となり得る有効でかつ包括的な未来への展望を具体的に提示していくためには、それを導き得る理論的大前提となるべき21世紀未来社会論の探究とその深化の努力が不可欠である。

論壇やマスメディアでは、大震災前の旧態依然たる価値に基づく財界・官僚シンクタンクベースの「新成長戦略」の論調が、半年も経たないうちに早くも息を吹き返しもてはやされ、二〇一二年七月三一日にはその焼き直しに過ぎない「日本再生戦略」なるものが、野田内閣によって早々と閣議決定された。そして政界もメディアも、受けを狙ったはったりとまやかしとしか言いようのない「維新八策」なるものに翻弄され、この政治団体の一挙手一投足に右往左往の醜い姿をさらけ出す始末である。はてには超タカ派の人物が保守系政党の総裁に返り咲き、政権に復帰する。壮大な人類史などとても感じとれない古色蒼然たる狭隘な前時代的思想を得々として語る。そして使い古された「三本の矢」を持ち出し、あたかもこれで勝負は決まったとばかりに「アベノミクス」なるものを賞揚する。この時代錯誤も甚だしい輩をメディアはこぞって持ち上げ人気を煽り、政党支持率は急上昇する。

一時的にせよこうした歴史の逆流を許しているのも、その一つには、私たち自身に二一世紀の未来を展望しつつ、同時に今日の時代要請にも的確に応え得る、確たる社会構想が欠落していることに遠因があると言わざるを得ない。この憂うべき現状を、広範な国民的対話と議論を通じて、時間をかけ何としてでも克服していかなければならない。

二一世紀の初頭にあたって重大な岐路に立たされた今こそ、どこかで誰かによって自らの運命が決められてしまう社会的悪習とはもうこの辺で訣別し、自らの頭で考え、自らの道を選択する主権在民のあるべき姿をとり戻さなければならない。

歴史は私たちに教えている。新しい時代の台頭は、大きなうねりとなって若い魂を揺さぶらずにはいないであろう。今や恐れるものは何もない。若者たちは長い沈黙を破って、居心地のよい自己の狭隘な小市民的世界と訣別し、新たな価値を未来にもとめて力強く歩みはじめることであろう。そして若者たちは、世界的な共感の渦と連帯の絆によって結ばれていく。

人々は長い旧来の陋習を打ち破り、敢然とすすむのである。自らの運命を為政者にゆだね、翻弄されてきた時代は終わった。私たちは、自らが選択する自らの道を歩み、自己自身を変え、世界をも変えるのである。自らの意志によって、自らの力で、自らの未来を切り拓く時代は、今ようやくはじまろうとしている。

時代は逆巻く怒濤のごとく、激しく揺れ動く。社会を覆う不公正と虚偽と欺瞞は、やがて影をひそめ、二一世紀にふさわしい新たなる理念が芽生えてくるにちがいない。新しい時代への、そして人類究極の夢である自由・平等・友愛の「高度自然社会」への展望は、こうしてひらかれていくことであろう。

自然界の生成・進化を貫く「適応・調整」の普遍的原理を人間社会に体現するかのように、人間の生存形態と家族や地域のあり方を根源から変えながら、次代のあるべき姿へと時間をかけてじっくりと熟成させていく。それはまさに、〝静かなるレボリューション〟の長い長い過程なのである。

市場原理至上主義アメリカ型「拡大経済」を克服し、グローバル市場原理に抗する原発のない「免疫的自律世界」、つまり「菜園家族」を基調とする自然循環型共生社会を創出する主体は、紛れもなく「菜園家族」自身である。その意味で、この〝静かなるレボリューション〟による二一世紀の社会変革の道は、〝菜園家族レボリューション〟とでも言うべきものなのかもしれない。

〝菜園家族レボリューション〟。

これを文字どおりに解釈すれば、「菜園家族」が主体となる革命ということである。しかし、〝レボリューション〟には、自然と人間界を貫く、もっと深遠な哲理が秘められているように思えてならない。それはもともと旋回であり、回転であるが、天体の公転でもあり、季節の循環でもある。そして何よりも、原初への回帰を想起させるに足る壮大な動きが感じとれる。イエス・キリストにせよ、ブッダにせよ、一九世紀のマルクスにせよ、わが国近世の希有な思想家安藤昌益にせよ、インドの偉大なる思想家ガンジーにせよ、あるいはルネサンスやフランス革命にしても、レボリューションの名に値するものは、現状の否定による、原初への回帰の情熱によって突き動かされたものである。

現状の否定による、より高次の段階への回帰と止揚《アウフヘーベン》。それはまさに、事物の発展の根源的哲理とも言うべき「否定の否定」の弁証法なのである。

現代工業社会の廃墟の中から、それ自身の否定によって、田園の牧歌的情景への回帰と人間復活の夢を、この〝菜園家族レボリューション〟のことばに託し、結びにかえたいと思う。

人は明日があるから、今日を生きるのである。

失望と混迷の中から二一世紀人々は、人類始原の自由と平等と友愛のおおらかな自然状態を夢見て、素朴な精神世界への壮大な回帰と止揚《レボリューション》、人間復活の高度自然社会への道を歩みはじめる。

わが国の先駆的思想家であり、『自然真営道』の著者として世に知られる安藤昌益（一七〇三～一七六二）は、江戸幕藩体制のただ中に、出羽国の大館盆地南部に位置する二井田村（現秋田県大館市）に生まれた。昌益の用いる「自然」の一語には、宇宙の全存在の「自《ひと》り然《す》る」自律的自己運動性と、作為の加わらぬ天然性と、権力の加わらぬ無階級性、男女平等性が含意されている。人類の太古には、全員が耕し、平等に暮らした共同社会があったと想定する。そこでは、生態系は自然のままに循環し、人は労働することで自然の治癒力が十分にはたらき、みな無病息災であった。そこにはゆったりとした豊かさがあり、すべては自然のままに上下、貴賤、貧富の差別のない万人直耕の無階級社会であったとして、これを「自然世」と名付けた。こうして自己充足的な集落や村など小単位の自治的農民共同体の社会が、もっとも自然なものとされた。自然観と社会観を分離する考え方を排し、人類始原の自然状態の存在を直感し、確信し、それを自己の理論的全体系の基礎に据えたのである。

今からおよそ二六〇年も前に、わが国の風土の中から世界史的にも稀な独自の思想が生み出されたことに驚かされるとともに、同じこの山河に生きるひとりの人間であることをひそかに誇りに思う。この思想的伝統を二一世紀の今日の混迷の時代にあってどう受け継ぎ、未来へと創造的に展開できるのか。このささやかな本書がそのことを探る出発になればと願う。
めざすべき永遠の彼方の「高度自然社会の内実」と、そこへ至る長いプロセスつまり「静かなるレボリューション」のいわば「静」と「動」のこの両者が、相互に作用をおよぼし合いながら絶えず共進化を遂げていく。まさにこの理念と現実との対立・矛盾の葛藤を通して、さらなる高次の段階へと展開する終わりのない自律的自己運動の総体を、ここでは今日一般に用いられている自然《ネイチャー》と区別して、昌益に学び敢えて「自然《じねん》」と呼ぶことにしよう。この「自然《じねん》」こそが本書の真髄でもあるのだ。

悠久の時空の中
　人は大地に生まれ
　　育ち
　大地に帰っていく

あとがき

騙されても騙されても、それでもまた繰り返し騙される。人々はそんな不甲斐なさに打ち拉《ひし》がれ、どうしようもない無力感と政治不信に陥っていく。その一方で、「アベノミクス」なるものの実体のない束の間のつくられた円安・株高に淡い期待を寄せ、浮き足立ち酔い痴れる。さんざんそうさせられた挙句に、またもや「選挙」だと言うのである。何とも不条理で不気味な時代に突き進んでいく。

二〇一二年十二月の衆議院選での「一票の格差」訴訟に対して、翌二〇一三年三月に入り、「違憲」そして「無効」の一連の司法判断が次々に下された。思えば、長きにわたって人々を愚弄してきたこの偽りの選挙制度のもとで、私たちは「選挙」だけに頼る「政治」にあまりにも安易に幻想を抱いてきたのではなかったのか。かくも歪曲された「政治」のあり方を民主主義と思い込み、この両者を根本から履き違えてきたのではなかったのか。今こそ覚悟を決め、思考停止と「お任せ民主主義」から抜け出さなければならない時に来ている。

自らの頭で自由に考え、他者を尊重し、ねばり強く対話を重ね、めざすべき二一世紀の未来像を共有する。この長期にわたる苦難と試練のプロセスの中からこそ、自らの力量を涵養し、自らの手で、自らの未来を切り開くことができるのである。これこそが民主主義の真髄ではなかったのか。

諦めてはならない。私たちの本当の歴史は、今ここからはじまろうとしている。昌益の精神に学び、「21世紀未来構想草の根シンクタンク自然《じねん》ネットワーク」なるものの必要性とその緊急性を第七章で敢えて喚起したのも、戦後六八年が経った今なお、草の根の本物の民主主義が育っていない現状に気づかされたからにほかならない。今日の政治の堕落と社会の混迷の原因のすべてがそこに凝縮されている。本物の民主主義の復権、そして二一世紀のあるべき未来像をもとめて止まないひたむきな対話の一角に、ささやかながらも本書が加わることができるならば、こんなうれしいことはない。

長きにわたる閉塞状況から忌まわしい反動の時代へとずるずると急傾斜していく中、それでも怒りを堪《こら》え、じっと耳を澄ませば、新しい時代への鼓動が聞こえてくる。たとえそれが幽かであっても、信じたいと思う。そして対話への期待も、その意義も、未来への光もそこに見出したいのである。

本書をまとめるにあたっては、実に多くの方々からご助言を仰ぐことになった。この場を借りてお礼を申し上げたい。これからはじまる終わりのない長い対話の道のりにあっても、引き続き変わらぬご指導をお願い申し上げる次第である。

最後になったが、昨今の出版界の厳しい情況にもかかわらず、拙稿の真意を瞬時に汲み取り、即座に出版を決断された御茶の水書房の社長橋本盛作さん、そして隅々にまで心を配りご尽力くださった小堺章夫さんはじめ編集部のみなさんにあらためて衷心より感謝の意を記したいと思う。

二〇一三年五月二一日 —小満の日—

琵琶湖畔鈴鹿山中、里山研究庵Ｎｏｍａｄにて

小貫雅男

伊藤恵子

追記

ここ十数年の間に出版された未来社会論に類する主な著作（翻訳書を含む）を以下に列挙する。これらをあらためて本書と合わせ検討することによって、わが国の現実と風土に根ざした私たち自身の二一世紀未来社会論がいっそう深められていくのではないかと思う。と同時に、これら諸説との対話を通じて、あるべき未来社会へのより具体的な変革の道筋についても、多面的に議論がなされていくことになればと願っている。

玉野井芳郎『生命系のエコノミー ―経済学・物理学・哲学への問いかけ―』新評論、一九八二

ポール・エキンズ編著、石見尚ほか訳『生命系の経済学』御茶の水書房、一九八七年

アンドレ・ゴルツ著、杉村裕史訳『資本主義・社会主義・エコロジー』新評論、一九九三年

石見尚『農系からの発想 ―ポスト工業社会にむけて』日本経済評論社、一九九五年

マレイ・ブクチン著、藤堂真理子ほか訳『エコロジーと社会』白水社、一九九六年

ジェイムズ・ロバートソン著、石見尚・森田邦彦訳『21世紀の経済システム展望 ―市民所得・地域貨幣・資源・金融システムの総合構想―』日本経済評論社、一九九九年

デビット・コーテン著、西川潤監訳『ポスト大企業の世界 ―貨幣中心の市場経済から人間中心の社会へ―』シュプリンガー・フェアラーク東京、二〇〇〇年

エントロピー学会編『「循環型社会」を問う ―生命・技術・経済―』藤原書店、二〇〇一年

森岡孝二・杉浦克己・八木紀一郎編『21世紀の経済社会を構想する』桜井書店、二〇〇一年

藤岡惇「平和の経済学―〈くずれぬ平和《ディープ・ピース》〉を支える社会経済システムの探求」『立命館経済学』第54巻

特別号、立命館大学経済学会、二〇〇五年
山森亮『ベーシック・インカム入門—無条件給付の基本所得を考える—』光文社新書、二〇〇九年
広井良典『コミュニティを問いなおす—つながり・都市・日本社会の未来』ちくま新書、二〇〇九年
リーアン・アイスラー著、中小路佳代子訳『ゼロから考える経済学—未来のために考えておきたいこと—』英治出版、二〇〇九年
レスター・ブラウン著、日本語版編集協力 環境文化創造研究所『プランB 4.0—人類文明を救うために』ワールドウォッチジャパン、二〇一〇年
セルジュ・ラトゥーシュ著、中野佳裕訳『経済成長なき社会発展は可能か？—〈脱成長《デクロワサンス》〉と〈ポスト開発〉の経済学—』作品社、二〇一〇年
基礎経済科学研究所編『未来社会を展望する—甦るマルクス』大月書店、二〇一〇年
勝俣誠、マルク・アンベール編著『脱成長の道—分かち合いの社会を創る—』コモンズ、二〇一一年
中沢新一『日本の大転換』集英社新書、二〇一一年
金子勝『「脱原発」成長論—新しい産業革命へ』筑摩書房、二〇一一年
日本科学者会議21世紀社会論研究委員会編『21世紀社会の将来像と道筋』本の泉社、二〇一一年
ジュリエット・B・ショア著、森岡孝二監訳『プレニテュード—新しい〈豊かさ〉の経済学—』岩波書店、二〇一一年
聴濤弘『マルクス主義と福祉国家』大月書店、二〇一二年

引用・参考文献一覧（一部映像作品を含む）

はしがき

M・K・ガンディー『真の独立への道』岩波文庫、二〇〇一年

サティシュ・クマール著、尾関修・尾関沢人訳『君あり、故に我あり ―依存の宣言―』講談社学術文庫、二〇〇五年

プロローグ

『新成長戦略 ～「元気な日本」復活のシナリオ』首相官邸ホームページ、二〇一〇年六月一八日

日本経済団体連合会『サンライズ・レポート』日本経済団体連合会ホームページ、二〇一〇年十二月六日

東日本大震災復興構想会議『復興への提言 ～悲惨のなかの希望』内閣官房ホームページ、二〇一一年六月二五日

岡田知弘『震災からの地域再生 ―人間の復興か惨事便乗型「構造改革」か』新日本出版社、二〇一二年

『日本再生戦略 ～フロンティアを拓き、「共創の国」へ』内閣官房国家戦略室ホームページ、二〇一二年七月三一日

荒川章二『豊かさへの渇望 ―一九五五年から現在―』（全集日本の歴史第16巻）小学館、二〇〇九年

「老いる都市 ―都心に潜む限界集落」『日本経済新聞』二〇〇九年八月二日付記事

国立社会保障・人口問題研究所『日本の将来推計人口（平成二四年一月推計）』国立社会保障・人口問題研究所ホームページ、二〇一二年三月三〇日

「ニュータウン人口減深刻 ―国交省調査・推計」『朝日新聞』二〇一二年七月二一日付記事

※二一世紀の社会構想としての「菜園家族」構想は、二〇〇〇年以来数次にわたって検討を加え、その都度改訂を重ね今日に至っている。以下に列挙する。

小貫雅男『週休五日制による三世代「菜園家族」酔夢譚』Ｎｏｍａｄ、二〇〇〇年
小貫雅男『菜園家族レボリューション』社会思想社・現代教養文庫、二〇〇一年
小貫雅男・伊藤恵子『森と海を結ぶ菜園家族 ―21世紀の未来社会論―』人文書院、二〇〇四年
小貫雅男・伊藤恵子『菜園家族物語 ―子どもに伝える未来への夢―』日本経済評論社、二〇〇六年
小貫雅男・伊藤恵子『菜園家族21 ―分かちあいの世界へ―』コモンズ、二〇〇八年

序編(1)・(2)・(3)

文部科学省検定済高校教科書『詳説 世界史』山川出版社、二〇〇三年
文部科学省検定済高校教科書『倫理』東京書籍、二〇〇三年
トマス・モア『ユートピア』岩波文庫、一九五七年
ルソー『社会契約論』岩波文庫、一九五四年
岩間徹『ヨーロッパの栄光』（世界の歴史16）河出書房新社、一九九〇年
ヘーゲル『歴史哲学講義』（上）（下）岩波文庫、一九九四年
五島茂訳『オウエン自叙伝』岩波文庫、一九六一年
ロバアト・オウエン『新社会観』岩波文庫、一九五四年
ロバート・オウエン『ラナーク州への報告』未来社、一九七〇年
土方直史『ロバアト・オウエン』研究社、二〇〇三年

五島茂・坂本慶一編『オウエン、サンシモン、フーリエ』（世界の名著42）中央公論社、一九八〇年
カール・マルクス『経済学・哲学手稿』国民文庫（大月書店）、一九九一年
マルクス、エンゲルス『ドイツ・イデオロギー』国民文庫、一九九五年
マルクス『哲学の貧困』国民文庫、一九五四年
マルクス『賃労働と資本』国民文庫、一九八六年
マルクス、エンゲルス『共産党宣言』国民文庫、一九八七年
マルクス『経済学批判』国民文庫、一九九七年
マルクス『資本論』（一）〜（九）岩波文庫、一九七〇年
エンゲルス『自然弁証法』（1）（2）国民文庫、一九六五年
マルクス、訳・解説 手島正毅『資本主義的生産に先行する諸形態』国民文庫、一九七〇年
エンゲルス『家族、私有財産および国家の起源』国民文庫、一九八九年
エンゲルス『空想から科学へ』国民文庫、一九八三年
マルクス『フランスにおける内乱』国民文庫、一九七〇年
マルクス、エンゲルス『ゴータ綱領批判』国民文庫、一九八三年
ウイリアム・モリス、訳・解説 松村達雄『ユートピアだより』岩波文庫、一九六八年
ウイリアム・モリス『民衆の芸術』岩波文庫、一九七七年
南川三治郎『ウィリアム・モリスの楽園へ』世界文化社、二〇〇五年
マックス・ベア『イギリス社会主義史』全四冊 岩波文庫、一九七五年
ゲルツェン『ロシアにおける革命思想の発達について』岩波文庫、一九七五年
A・チャヤーノフ『農民ユートピア国旅行記』晶文社、一九八四年

E・H・カー『ロシア革命』岩波現代文庫、二〇〇〇年
ケインズ『雇用・利子・および貨幣の一般理論』東洋経済新報社、一九九五年
シュムペーター『経済発展の理論』(上)(下)岩波文庫、一九七七年
シュムペーター『経済学史』岩波文庫、一九八〇年
シュムペーター『租税国家の危機』岩波文庫、一九八三年
シュムペーター『理論経済学の本質と主要内容』(上)(下)岩波文庫、一九八四年
伊東光晴『ケインズ』岩波新書、一九六二年
早坂忠『ケインズ』中公新書、一九六九年
伊東光晴・根井雅弘『シュンペーター』岩波新書、一九九三年
浜林正夫『「資本論」を読む』(上)(下)学習の友社、一九九五年
玉川寛治『「資本論」と産業革命の時代』新日本出版社、一九九九年
林直道『史的唯物論と経済学』(上)(下)大月書店、一九七一年
芝原拓自『所有と生産様式の歴史理論』青木書店、一九七二年
置塩信雄・伊藤誠『経済理論と現代資本主義』岩波書店、一九八七年
内田義彦『資本論の世界』岩波新書、一九六六年
藤田勇『社会主義社会論』東京大学出版会、一九八〇年
倉持俊一『ソ連現代史I　ヨーロッパ地域』山川出版社、一九九六年
松田道雄『ロシアの革命』(世界の歴史22)河出書房新社、一九九〇年
奥田央『コルホーズの成立過程　―ロシアにおける共同体の終焉―』岩波書店、一九九〇年
伊藤誠『現代の社会主義』講談社学術文庫、一九九三年

和田春樹『歴史としての社会主義』岩波新書、一九九六年

本編

はじめに

小貫雅男「グローバル市場原理に抗する免疫的自律世界の形成 ―21世紀の社会構想、その核心的思想と基本原理―」『立命館経済学』第61巻第5号、立命館大学経済学会、二〇一三年一月

第一章

河原宏『素朴への回帰 ―国から「くに」へ―』人文書院、二〇〇〇年
内橋克人『経済学は誰のためにあるのか ―市場原理至上主義批判―』岩波書店、一九九九年
小宮山量平『地には豊かな種子を』自然と人間社、二〇〇六年
川人博『過労自殺』岩波新書、一九九八年
宮本みち子『若者が〈社会的弱者〉に転落する』洋泉社新書、二〇〇二年
森岡孝二『働きすぎの時代』岩波新書、二〇〇五年
NHKスペシャル・ワーキングプア取材班編『ワーキングプア ―日本を蝕《むしば》む病―』ポプラ社、二〇〇七年
湯浅誠『反貧困 ―「すべり台社会」からの脱出』岩波新書、二〇〇八年
岡村道雄『縄文の生活誌』講談社、二〇〇二年
永原慶二『日本封建社会論』東京大学出版会、一九五五年
永原慶二『歴史学叙説』東京大学出版会、一九八三年
佐々木潤之介『大名と百姓』（日本の歴史15）中公文庫、一九七四年

松好貞夫『村の記録』岩波新書、一九五六年
竹内啓一編著『日本人のふるさと ―高度成長以前の原風景―』岩波書店、一九九五年
吉川洋『高度成長 ―日本を変えた六〇〇〇日―』読売新聞社、一九九七年
田代洋一『日本に農業はいらないか』大月書店、一九八七年
保母武彦『内発的発展論と日本の農山村』岩波書店、一九九六年
大野晃『山村環境社会学序説 ―現代山村の限界集落化と流域共同管理―』農山漁村文化協会、二〇〇五年
大野晃『限界集落と地域再生』高知新聞社、二〇〇八年
鈴木恕・毛利秀雄『生物IB・II』(高校生学習参考書) 文英堂、二〇〇三年

第二章

J・S・ミル『女性の解放』岩波文庫、一九七七年
ベーベル『婦人論』(上) (下) 岩波文庫、一九八一年
水田珠枝『女性解放思想の歩み』岩波新書、二〇〇〇年
アドルフ・ポルトマン『人間はどこまで動物か』岩波新書、一九六一年
時実利彦『人間であること』岩波新書、一九七〇年
三木成夫『胎児の世界』中公新書、一九八三年
松沢哲郎『進化の隣人ヒトとチンパンジー』岩波新書、二〇〇二年
尾木直樹『子どもの危機をどう見るか』岩波新書、二〇〇〇年
佐伯胖『幼児教育へのいざない ―円熟した保育者になるために』東京大学出版会、二〇〇一年
瀧井宏臣『こどもたちのライフハザード』岩波書店、二〇〇四年

第三章

『食料・農業・農村基本計画』農林水産省、二〇〇五年三月
『経営所得安定対策等大綱』農林水産省、二〇〇五年一〇月
農文協編『TPP反対の大義』農山漁村文化協会、二〇一〇年
石井圭一「フランス農村にみる零細コミューンの存立とその仕組み」『農林水産政策研究所レビュー』11号、二〇〇四年
長坂寿久『オランダモデル ―制度疲労なき成熟社会―』日本経済新聞社、二〇〇〇年
熊沢誠『リストラとワークシェアリング』岩波新書、二〇〇三年
塩見直紀『半農半Xという生き方』ソニー・マガジンズ、二〇〇三年
河野直践「〈半日農業論〉の研究 ―その系譜と現段階」『茨城大学人文学部紀要』第45号、二〇〇八年
河野直践『人間復権の食・農・協同』創森社、二〇〇九年
ビル・トッテン『「年収6割でも週休4日」という生き方』小学館、二〇〇九年
岩田進午『土のはなし』大月書店、一九八五年

第四章

尾形仂校注『蕪村俳句集』岩波文庫、一九八九年
記録映像番組『ふるさとの伝承』(各回40分)、NHK教育テレビ、一九九五〜一九九九年放送
農文協各県編集委員会編『日本の食生活全集』(2・8・21・25・47巻) 農山漁村文化協会、一九八五〜九一年
河井智康『日本の漁業』岩波新書、一九九四年
稲本正『森の博物館』小学館、一九九四年

稲本正編『森を創る森と語る』岩波書店、二〇〇二年
西口親雄『森林への招待』八坂書房、一九九六年
山岸清隆『森林環境の経済学』新日本出版社、二〇〇一年
浜田久美子『森の力 ―育む、癒す、地域をつくる』岩波新書、二〇〇八年
吉田桂二『民家に学ぶ家づくり』平凡社新書、二〇〇一年
江上徹「近代末期の地平から家族と住まいの一〇〇年を省みる」『住まいの一〇〇年』日本生活学会編、ドメス出版、二〇〇二年
増井和夫『アグロフォレストリーの発想』農林統計協会、一九九五年
小林俊夫「山羊とむかえる21世紀」『第4回全国山羊サミットinみなみ信州 発表要旨集』日本緬羊協会・全国山羊ネットワーク・みなみ信州農業協同組合生産部畜産課、二〇〇一年
日本放送出版協会 制作『国産ナチュラルチーズ図鑑 ―生産地別・ナチュラルチーズガイド』中央酪農会議・全国牛乳普及協会・都道府県牛乳普及協会、二〇〇〇年
スー・ハベル『ミツバチと暮らす四季』晶文社、一九九九年
色川大吉『近代国家の出発』（日本の歴史21）中公文庫、一九七四年
中村政則『労働者と農民 ―日本近代をささえた人々―』小学館ライブラリー、一九九八年

第五章

松村善四郎・中川雄一郎『協同組合の思想と理論』日本経済評論社、一九八五年
大塚久雄『共同体の基礎理論』岩波現代文庫、二〇〇〇年
河原温『中世ヨーロッパの都市世界』世界史リブレット23、山川出版社、一九九六年

祖田修『都市と農村の結合』大明堂、一九九七年
祖田修『市民農園のすすめ』岩波ブックレット№274、一九九二年
金岡良太郎『エコバンク』北斗出版、一九九六年
加藤敏春『エコマネー』日本経済評論社、一九九八年
藤井良広『金融NPO ―新しいお金の流れをつくる』岩波新書、二〇〇七年
井上有弘「欧州ソーシャル・バンクの現状と信用金庫への示唆」『金融調査情報』19―11、信金中央金庫総合研究所、二〇〇八年三月
大江正章『地域の力 ―食・農・まちづくり』岩波新書、二〇〇八年

第六章

石牟礼道子『苦海浄土 ―わが水俣病』講談社、一九六九年、『苦海浄土第二部 ―神々の村』藤原書店、二〇〇六年、『苦海浄土第三部 ―天の魚』筑摩書房、一九七四年
石牟礼道子『椿の海の記』朝日新聞社、一九七六年
ETV特集『花を奉る ―石牟礼道子の世界―』、NHK教育テレビ、二〇一二年二月二六日放送
原田正純「解説　水俣病の五十年」、新装版『苦界浄土 ―わが水俣病』講談社文庫、二〇〇四年に所収
NHKスペシャル『戦後五〇年　その時日本は　第4回チッソ・水俣　工場技術者たちの告白』NHK総合テレビ、一九九五年七月一日放送
田中角栄『日本列島改造論』日刊工業新聞社、一九七二年
本多勝一『そして我が祖国・日本』朝日文庫、一九八三年
吉川洋『20世紀の日本6　高度成長 ―日本を変えた六〇〇〇日』読売新聞社、一九九七年

大門正克・岡田知弘ほか編『高度成長の時代2　過熱と揺らぎ』大月書店、二〇一〇年
坂本雅子「『新成長戦略』は日本をどこに導くか―アジア戦略、『インフラ・ビジネス』を検証する」『経済』二〇一〇年十二月号、新日本出版社
谷口正次『メタル・ウォーズ』東洋経済新報社、二〇〇八年
伊藤恵子「脱近代的新階層の台頭と資本の自然遡行的分散過程」『立命館経済学』第61巻第5号、立命館大学経済学会、二〇一三年一月

第七章

気象庁編『地球温暖化の実態と見通し（IPCC第二次報告書）』大蔵省印刷局、一九九六年
IPCC編、環境庁地球環境部監修『IPCC地球温暖化第二次レポート』中央法規出版、一九九六年
IPCC編、気象庁・環境省・経済産業省監修『IPCC地球温暖化第三次レポート―気候変化二〇〇一―』中央法規出版、二〇〇二年
文部科学省・経済産業省・気象庁・環境省　仮訳『IPCC第四次評価報告書　統合報告書　政策決定者向け要約』環境省ホームページ、二〇〇七年十一月三〇日
気象庁訳『IPCC第四次評価報告書　第一作業部会報告書　政策決定者向け要約』気象庁ホームページ、二〇〇七年三月二〇日
環境省仮訳『IPCC第四次評価報告書に対する第二作業部会からの提案―気候変動二〇〇七：影響、適応、及び脆弱性―政策決定者向け要約』環境省ホームページ、二〇〇七年四月八日
（財）地球産業文化研究所仮訳『IPCC第四次評価報告書　第三作業部会報告書―気候変動二〇〇七：気候変動の緩和―政策決定者向け要約』（財）地球産業文化研究所ホームページ、二〇〇七年五月一四日

気候ネットワーク編『よくわかる地球温暖化問題　改訂版』中央法規出版、二〇〇七年
「特集　地球温暖化問題をどう受け止めるか」『日本の科学者』No.42二〇〇七年十二月号、日本科学者会議
「地球温暖化」『Ｎｅｗｔｏｎ』別冊、二〇〇八年
宇沢弘文『地球温暖化を考える』岩波新書、一九九五年
気候ネットワーク編『地球温暖化防止の市民戦略』中央法規出版、二〇〇五年
和田武・田浦健朗編著『市民・地域が進める地球温暖化防止』学芸出版社、二〇〇七年
諸富徹・鮎川ゆりか編著『脱炭素社会と排出量取引』日本評論社、二〇〇七年
朝日新聞特別取材班『エコ・ウオーズ　―低炭素社会への挑戦―』朝日新聞出版、二〇一〇年

第八章

西川富雄『環境哲学への招待　―生きている自然を哲学する』こぶし書房、二〇〇二年
川又淳司『進化人間学の技術論　―森を忘れない人間の物語―』文理閣、二〇〇六年
現代技術史研究会編『徹底検証　21世紀の全技術』藤原書店、二〇一〇年
池内了『科学と人間の不協和音』角川書店、二〇一二年
山田慶兒『制作する行為としての技術』朝日新聞社、一九九一年
常松洋『世界史リブレット48　大衆消費社会の登場』山川出版社、一九九七年
E・F・シューマッハ著、小島慶三・酒井懋訳『スモール・イズ・ビューティフル　―人間中心の経済学―』講談社学術文庫、一九八六年
サティシュ・クマール著、尾関修・尾関沢人訳『君あり、故に我あり　―依存の宣言―』講談社学術文庫、二〇〇五年

ヘレナ・ノーバーグ・ホッジ著、『懐かしい未来』翻訳委員会訳『ラダック　懐かしい未来』山と渓谷社、二〇〇三年
ヘレナ・ノーバーグ・ホッジ、辻信一『いよいよローカルの時代 〜ヘレナさんの「幸せの経済学」〜』大月書店、二〇〇九年
大友詔雄「原子力技術の根本問題と自然エネルギーの可能性」（上）（下）『経済』二〇一二年七月号・八月号、新日本出版社
尾関周二「脱原発・持続可能社会と文明の転換 ―〈農〉を基礎にしたエコロジー文明へ」『季論21』二〇一二年冬号、本の泉社
伊藤恵子「脱近代的新階層の台頭と資本の自然遡行的分散過程」『立命館経済学』第61巻第5号、立命館大学経済学会、二〇一三年一月

第九章

E・F・シューマッハ著、小島慶三・酒井懋訳『スモール・イズ・ビューティフル ―人間中心の経済学―』講談社学術文庫、一九八六年
E・F・シューマッハ著、酒井懋訳『スモール・イズ・ビューティフル再論』講談社学術文庫、二〇〇〇年
広井良典『定常型社会 ―新しい「豊かさ」の構想』岩波新書、二〇〇一年
神野直彦『人間回復の経済学』岩波新書、二〇〇二年
藤岡惇「自然史のなかの社会と経済」『立命館経済学』第52巻特別号3、立命館大学経済学会、二〇〇三年
宇沢弘文・内橋克人『始まっている未来 ―新しい経済学は可能か―』岩波書店、二〇〇九年
小貫雅男「【提言】あらためて戦後六五年の歴史の中で甲良の未来を考える ―四〇年先の二〇五〇年を見すえて―」

『甲良町新総合計画二〇一〇～二〇二〇』滋賀県甲良町、二〇一〇年四月
小貫雅男・伊藤恵子『菜園家族宣言』里山研究庵Ｎｏｍａｄホームページ http://www.satoken-nomad.com/、二〇一〇年

第十章

ドネラ・H・メドウズ他『成長の限界 ―ローマクラブ「人類の危機」レポート―』ダイヤモンド社、一九七二年
レイチェル・カーソン『沈黙の春』新潮社、一九八七年
N・ジョージェスク-レーゲン『エントロピー法則と経済過程』みすず書房、一九九三年
環境庁編『環境白書（総説）―二一世紀にむけた循環型社会の構築のために―』一九九八年
ダーウィン『種の起源』全三冊 岩波文庫、一九七一年
川上紳一『生命と地球の共進化』日本放送出版協会、二〇〇〇年
丸山茂徳・磯崎行雄『生命と地球の歴史』岩波新書、二〇〇一年
黒岩常祥『ミトコンドリアはどこからきたか』日本放送出版協会、二〇〇〇年
木村資生『生物進化を考える』岩波新書、一九八八年
中村桂子『生命誌の世界』日本放送出版協会、二〇〇〇年
スチュアート・カウフマン著、米沢登美子監訳『自己組織化と進化の論理』日本経済新聞社、一九九九年
アーヴィン・ラズロー『システム哲学入門』紀伊國屋書店、一九八〇年
アーヴィン・ラズロー『創造する真空《コスモス》 ―最先端物理学が明かす〈第五の場〉―』日本教文社、一九九九年
スティーヴン・W・ホーキング『ホーキングの最新宇宙論』日本放送出版協会、一九九〇年

スティーヴン・ホーキング
レナード・ムロディナウ『ホーキング、宇宙のすべてを語る』ランダムハウス講談社、二〇〇五年
サイモン・シン『ビッグバン宇宙論』（上）（下）新潮社、二〇〇六年
アリス・カラプリス編『アインシュタインは語る』大月書店、一九九七年
南部陽一郎『クォーク 第2版 ―素粒子物理はどこまで進んできたか―』講談社、一九九八年
ケネス・W・フォード『不思議な量子』日本評論社、二〇〇五年
相原博昭『素粒子の物理』東京大学出版会、二〇〇六年
村山斉『宇宙は何でできているか』幻冬舎、二〇一〇年
大栗博司『重力とは何か ―アインシュタインから超弦理論へ、宇宙の謎に迫る―』幻冬舎新書、二〇一二年
池内了『これだけは知っておきたい物理学の原理と法則』PHP研究所、二〇一一年

エピローグ

安藤昌益「稿本 自然真営道」『安藤昌益全集』（第一巻〜第七巻）、農山漁村文化協会、一九八二〜一九八三年
寺尾五郎「総合解説 ―安藤昌益の存在と思想、および現代とのかかわり」『安藤昌益全集』（第一巻）農山漁村文化協会、一九八二年
安永寿延編著、山田福男写真『写真集 人間安藤昌益』農山漁村文化協会、一九九二年
若尾政希『安藤昌益からみえる日本近世』東京大学出版会、二〇〇四年
川村晃生「安藤昌益の夢 ―三つのユートピア―」『ユートピアの文学世界』慶應義塾大学出版会、二〇〇八年
石渡博明・児島博紀・添田善雄編著『現代《いま》に生きる安藤昌益』御茶の水書房、二〇一二年

著者紹介

小貫雅男（おぬき・まさお）

1935年中国東北（旧満州）、内モンゴル・鄭家屯生まれ。大阪外国語大学モンゴル語学科卒業、京都大学大学院文学研究科修士課程修了。大阪外国語大学教授、滋賀県立大学教授を経て、現在、滋賀県立大学名誉教授、里山研究庵Ｎｏｍａｄ主宰。専門は、モンゴル近現代史、遊牧地域論、地域未来学。著書に『モンゴル現代史』（山川出版社）、『森と海を結ぶ菜園家族――21世紀の未来社会論――』（伊藤との共著、人文書院）、『菜園家族物語――子どもに伝える未来への夢――』（伊藤との共著、日本経済評論社）など、映像作品に『四季・遊牧――ツェルゲルの人々――』三部作・全６巻（伊藤との共同制作、大日）がある。

伊藤恵子（いとう・けいこ）

1971年岐阜県生まれ。大阪外国語大学モンゴル語学科卒業、同大学大学院外国語学研究科修士課程修了。滋賀県立大学人間文化学部非常勤講師を経て、現在、里山研究庵Ｎｏｍａｄ研究員、大阪大学外国語学部および立命館大学経済学部非常勤講師。専門は、モンゴル遊牧地域論、日本の地域社会論。主論文に「遊牧民家族と地域社会――砂漠・山岳の村ツェルゲルの場合――」（『人間文化』３号）、「脱近代的新階層の台頭と資本の自然遡行的分散過程」（『立命館経済学』第61巻第５号）、著書に『菜園家族21――分かちあいの世界へ――』（小貫との共著、コモンズ）などがある。

グローバル市場原理《しじょうげんり》に抗《こう》する
静《しず》かなるレボリューション――自然循環型共生社会《しぜんじゅんかんがたきょうせいしゃかい》への道《みち》――

2013年６月24日　第１版第１刷発行

著　者　小　貫　雅　男
　　　　伊　藤　恵　子

発行者　橋　本　盛　作

〒113-0033　東京都文京区本郷5-30-20

発行所　株式会社　御茶の水書房

電話　03-5684-0751

印刷・製本／シナノ印刷㈱

ISBN978-4-275-01035-3　C3036

生命系の経済学　ポール・エキンズ 編著　石見尚＋中村尚司他 訳　A5判・三五〇頁　価格 三四〇〇円

コミュニティの探求　ジョージ・メルニク 著　栗本昭 監訳　A5判・二二〇頁　価格 二四〇〇円

サンフランシスコ発：社会変革NPO　岡部一明 著　A5変・二九〇頁　価格 二六〇〇円

入門環境倫理学——持続可能性の設計　加藤尚武 著　A5判・一〇〇頁　価格 一〇〇〇円

環境問題の社会理論——生活環境主義の立場から　鳥越皓之 編　四六判・二二四頁　価格 一八〇〇円

持続可能性の危機——地震・津波・原発事故災害に向き合って　長谷部俊治・船橋晴俊 編著　菊判・三〇〇頁　価格 四二〇〇円

「3・11」からの再生——三陸の港町・漁村の価値と可能性　河村哲二・岡本哲志・吉野馨子 編著　菊判・三六二頁　価格 五六〇〇円

環境・農業・食の歴史——生命系と経済　伊丹一浩 著　A5判・二一四頁　価格 二二〇〇円

複雑適応系における熱帯林の再生　関良基 著　A5判・二八〇頁　価格 五七〇〇円

中国の森林再生——社会主義と市場主義を超えて　関良基・向虎・吉川成美 著　A5判・二七四頁　価格 二二〇〇円

開発フロンティアの民族誌——東アフリカ・灌漑計画のなかに生きる人びと　石井洋子 著　A5判・三二〇頁　価格 四八〇〇円